DIRECTEMENT EN ALLEMAND

Die Bundesrepublik Deutschland: Bilanz einer Entwicklung, Tübingen, 1967.

Gegen den Strom. Aufklärung als Friedenspolitik, Munich, 1975 (recueil de discours et d'articles).

Versuchte Beeinflussung. Zur Kritik und Ermunterung der Deutschen, Munich, 1981 (recueil).

Mit Deutschen streiten, Munich, 1987 (recueil).

Vernunft und Gewalt. Die französische Revolution und das deutsche Grundgesetz heute, Munich, 1989.

Die Kanzler (photos de Konrad Müller), Bergisch Gladbach, 1989.

Mein Deutschland, Hambourg, 1993.

Was ich denke, Munich, 1995.

Alfred Grosser

Une vie de Français

Flammarion

ISBN : 2-08-067281-9

Introduction

Mein Deutschland: le titre que j'avais donné à un ouvrage paru à Hambourg en 1993 devait-il m'inciter à intituler le présent livre *Ma France*? C'eût été établir une analogie trompeuse, laisser supposer une équivalence entre deux situations fort différentes. Certes, je suis né en Allemagne et, depuis maintenant un demi-siècle, je ne cherche pas seulement à faire mieux connaître et comprendre ce pays en France, mais aussi à peser, fût-ce faiblement, sur les évolutions allemandes. Mais il s'agit là d'une participation d'ingérence, alors qu'en France je vis une appartenance participante.

Se réjouir de développements positifs qu'on a cherché à favoriser, souffrir de développements négatifs qu'on a tenté de combattre: la formulation vaut assurément pour mes réactions à propos de l'un et de l'autre pays, mais la tonalité n'est pas la même. Je compare volontiers ma position « allemande » à ma position « catholique ». Observateur-participant venu du dehors, mais plein de sympathie agissante pour une partie particulièrement vivante de ceux de l'intérieur, je l'ai été et je le demeure comme incroyant pour le catholicisme français et comme Français en Allemagne. C'est ce qui explique qu'un chapitre soit consacré à chacun de ces deux ensembles. Pour la France prise globalement, l'appartenance exclut l'extériorité.

Mais non la distanciation. Ma question centrale à propos de toute éducation est depuis longtemps: « Comment peut-on libérer sans désinsérer? » Toute appartenance, pour être digne, pour n'être pas aliénante, pour ne pas absorber toute l'identité de la personne, pour ne pas conduire au mépris d'autres appartenances, devrait être regardée avec une certaine distance critique.

Ainsi, je crois encore rétrospectivement belle et justifiée l'émotion ressentie adolescent pendant la récitation du sonnet de Joachim du Bellay, *France, mère des arts, des armes et des lois.* L'admiration que le poète exilé à Rome ressentait pour son pays en train de devenir mon pays me semblait justifiée. Quels rires et quelles indignations cependant depuis lors devant tant d'affirmations vaniteuses et sottes de la supériorité française ! « Mère des arts » : écoutons André Malraux, ministre de la Culture, s'adressant, en novembre 1964, à l'Assemblée nationale. Il justifie l'envoi à Tokyo de la *Vénus de Milo* : « Il y a tout de même quatre millions de Japonais pour aller voir le drapeau français placé derrière cette statue. Au Japon, comme au Brésil, lorsque les gens viennent applaudir la France, ils viennent applaudir la générosité de l'esprit exprimé par le génie français. » Le génie français créateur de la sculpture grecque ? L'énormité ne fut pas relevée. Il faut croire d'ailleurs que les Grecs parlaient français, puisque c'est la plus belle langue du monde. Écoutons à ce sujet Maurice Druon, de l'Académie française, autre ministre de la Culture, s'adressant en 1973 au congrès des Alliances françaises : « C'est la langue la plus appropriée à l'expression de la pensée. Bien employé, le français ne permet pas aux hommes de se mentir, notamment dans le domaine de l'information. » Ou bien lisons un autre académicien, Marc Fumaroli, écrivant dans *Le Figaro* en mars 1996 : « Même aux États-Unis, même au Japon, le français est un objet de désir [...] La francophonie a été dès l'origine un pari sur la qualité, la singularité et la supériorité de l'éducation en français. » La supériorité ! Comme je suis heureux de savoir me distancier pour comprendre ce qu'une telle formulation peut avoir de méprisant, d'offensant pour ceux qui ont été formés dans des langues « inférieures » comme l'italien, l'anglais, l'allemand, l'espagnol !

« Mère des armes » : reprenons le célèbre discours prononcé par le général de Gaulle à l'Hôtel de Ville le 15 août 1944. « ... Paris libéré ! Libéré par lui-même, libéré par son peuple avec le concours des armées de la France, avec le concours et l'appui de la France tout entière. » On aurait pu s'imaginer que les armées anglo-américaines n'avaient pas joué un rôle négligeable ! Le Général les évoque un peu plus tard, mais par une formule qui en quelque sorte les subordonne :

« L'ennemi reste sur notre sol. Il ne suffira même pas que nous l'ayons, avec le concours de nos chers et admirables alliés, chassé de chez nous pour que nous nous tenions pour satisfaits... » Trente-cinq ans de participation heureuse à la formation de nos officiers supérieurs des armées de terre, de mer et de l'air ne m'ont jamais fait perdre la distance par rapport à un certain style oratoire qui me renvoie régulièrement à une pertinente formulation impertinente d'Alphonse Allais. En 1896, dans ce qu'on appellerait aujourd'hui une « brève de comptoir », il fait dire à deux personnages : « Jamais je ne croirai cela d'un général français ! – Pourquoi un général français serait-il plus honorable qu'un étameur danois, par exemple ? »

« Mère des lois » : mon admiration pour Montesquieu a toujours été grande, mais je n'ai jamais cru que notre Déclaration des droits de l'homme et du citoyen doive faire oublier le beau texte américain antérieur. Et quand, depuis des années et, hélas, à l'occasion de réglementations et de décisions de plus en plus nombreuses, j'essaie, avec d'autres, de m'opposer aux reculs de l'État de droit en France, je m'imagine la « mère des lois » dans l'affliction !

Chacun a des identités multiples parce qu'il a des appartenances multiples, qu'il les ait choisies ou non. Je suis homme et non femme, fonctionnaire et non chômeur réel ou potentiel, habitant d'un continent riche et non condamné par ma naissance à la misère. L'appartenance à la France, l'identité française est plus importante, plus décisive que la plupart des autres. C'est elle, en tout cas, qui est au cœur de ce livre, avec mes insertions dans divers secteurs de la société française. Des insertions qui m'ont influencé, mais qui m'ont également permis d'exercer une influence, quelque limitée qu'elle pût être.

J'évoquerai les évolutions de mes groupes d'appartenance plus que je ne parlerai de mon évolution personnelle. Il me faut en effet relever d'emblée ce que je considère comme la plus grande chance de ma vie, même si d'autres se font gloire de leurs transformations, y compris de leurs reniements. Lorsque, à quatorze ans, j'ai lu avec passion le *Jean Barois* de Roger Martin du Gard, je suis tombé en arrêt devant une phrase du personnage dont la pensée et les comportements me servent encore de référence aujourd'hui. Luce (comme lucidité, comme lumière...), sénateur dreyfusiste, mais non pas dreyfusard, dit: « J'estime qu'il faut rester le même, avec acharnement, mais grandir ! » Je dirais plutôt s'épaissir, élargir ses capacités de compréhension et les limites de son utilité. Rester le même, ce fut pour moi la recherche constante de la cohérence logique, base de la cohérence du jugement moral. Fût-ce contre les siens. En 1957, il y eut des manifestations pour obtenir l'interdiction d'une pièce de Robert Brasillach, condamné à mort et exécuté en 1945 pour collaboration et appels au massacre. J'écrivis au *Monde* pour protester contre la volonté d'obtenir une disparition intellectuelle posthume et relevai que les manifestants avaient justifié *a posteriori* ceux qui, appartenant à un autre camp, avaient obtenu l'interdiction d'un ballet soviétique et allaient inévitablement obtenir celle de réunions contre la guerre d'Algérie. Depuis 1990, je m'élève contre la loi Gayssot, qui sanctionne la négation du génocide hitlérien, dont une partie de ma famille fut victime – à l'exclusion notamment du génocide commis contre les Arméniens. En 1996, au cours d'une discussion à Valence où j'étais venu soutenir une association de défense des travailleurs immigrés, j'ai cru devoir faire remarquer aux intervenants plaidant le non-respect de la loi au nom d'une conviction morale que les commandos antiavortement avaient recours au même type de justification de l'illégalité, ce qui a fort choqué mon auditoire.

Je ne pense pas que j'aurai à me justifier de mes indignations devant les injustices commises après la libération de Marseille, ni à expliquer longuement mon admiration pour la cohérence morale d'Albert Camus écrivant en janvier 1945 à Marcel Aymé qui lui demandait de signer une pétition en faveur de la grâce de Robert Brasillach :

> Je signe cette demande de grâce pour des raisons qui n'ont rien à voir avec celles que vous me donnez [...] J'ai toujours eu horreur de la condamnation à mort et j'ai jugé qu'en tant qu'individu du moins je ne pouvais y participer même par abstention [...] Vous dites qu'il entre du hasard dans les opinions politiques et je n'en sais rien. Mais je sais qu'il n'y a pas de hasard à choisir ce qui vous déshonore. Et ce n'est pas par hasard que ma signature va se trouver parmi les vôtres, tandis que celle de Brasillach n'a jamais joué en faveur de Politzer ou de Jacques Decour.

En revanche, j'aurai sans cesse à me demander si ce que je dis, ce que j'évoque, est compréhensible pour mon lecteur, quel que soit son âge. Je ne veux pas ressembler à tant de membres des jurys de l'ENA qui, dans l'épreuve orale décisive, estiment scandaleux que la culture des candidats ne comprenne pas les livres, les pièces, les tableaux que eux ont aimés quand ils avaient leur âge. Pendant mes quatre décennies d'enseignement universitaire, je me suis toujours astreint, au début de chaque année, de me poser la question : « Quel âge avaient-ils donc en… À la fin de la guerre, à la mort de Staline, lors des accords d'Évian, en mai 1968, lors de l'élection de François Mitterrand… ? » L'interrogation est souvent à plusieurs niveaux. Voici, par exemple, un joli sonnet paru dans le joyeux petit livre *Si mai avait gagné*, paru dès 1968 dans la « Collection enragée » chez Pauvert. Frédéric Bon et Michel-Antoine Burnier présentaient le « fameux poème anonyme » *Le Beau Virage* :

Honteux qui, communiste, a pris un long virage
Ou comme Séguy-là, qui prêcha la raison
Et puis s'est retourné, préparant l'élection,
Rêver dans ses bureaux d'un nouveau torpillage.
Quand reverrai-je, hélas, une grève sauvage
Fermer les ateliers, et en quelle saison
Reverrai-je le jour de la Révolution
Qui m'est cent fois plus cher qu'un fragile avantage ?
Plus me plaît L'Enragé vendu par les affreux
Que de la CGT les journaux fallacieux,
Plus que de Matignon l'air du Quartier latin,
Plus mon petit pavé qu'un triste bulletin,
Plus que les syndicats la foule estudiantine,
Et plus que de Rochet la leçon de Lénine.

Comme la plupart des lycéens récents se sont encore vu proposer le sonnet de Du Bellay *Heureux qui, comme Ulysse…*, la qualité du pastiche ne leur échappera pas. En revanche, le sonnet de 1968 est-il compréhensible pour un jeune lecteur d'aujourd'hui ? Georges Séguy, secrétaire général de la CGT, membre du bureau politique du parti communiste, et Waldeck Rochet, secrétaire général de ce parti, ne sont-ils pas tombés dans l'oubli, ainsi que le rejet de leur légalisme électoraliste par de jeunes « révolutionnaires » pas précisément prolétaires ?

Six ans plus tard, les mêmes auteurs, renforcés par Bernard Kouchner, ont publié, en imitant les éditions scolaires des classiques, une ironique tragédie en cinq actes et en vers, *Les Voraces*, qui décrivait la campagne présidentielle de 1974. Selon les lois du genre, ils proposaient en annexe des sujets de dissertation. Avant « Le tragique dans le personnage de Messmer », on lisait : « Méditez cette belle maxime de M. Jean-Paul Sartre : “Élections, piège à cons.” Imaginez le commentaire qu'en ferait un ouvrier hongrois ou portugais. » Pour s'apercevoir qu'ils brûlaient ici ce que le sonnet de 1968 avait adoré, ne faut-il pas savoir que l'ouvrier hongrois de 1974 était le successeur de ceux dont la révolte libératrice avait été écrasée par les chars soviétiques en 1956, douze ans avant 1968 ? Et la référence portugaise, écrite alors que le régime oppresseur venait de tomber à Lisbonne, ne démontre-t-elle pas le désir présent alors chez les auteurs de mettre sur le même plan les deux camps s'affrontant à travers le monde ? L'air du temps n'était sans doute pas encore à l'opinion nette que tout un chacun aura à la chute du mur de Berlin, en 1989...

Comme tout un chacun, je vis dans cet « air du temps ». Je cherche simplement à le humer sans me laisser enivrer par lui. Naguère on célébrait Robespierre et Saint-Just, apôtres de la violence révolutionnaire ; en 1989, lors du Bicentenaire, la gloire de Lénine s'était évanouie, Robespierre avait cessé d'être grand en tant que précurseur du grand homme. Nombre d'idolâtres du triomphateur d'octobre 1917 avaient enfin eu la révélation que celui-ci avait renversé non le tsar, mais un régime parlementaire naissant. J'ai pu demeurer admirateur de Maximilien Robespierre, initiateur ou soutien de tant de changements féconds, parce que j'avais toujours détesté la guillotine, qu'il en fût le terrible utilisateur ou la victime, et n'avais cessé, depuis l'adolescence, de me délecter de la fine mais décisive dénonciation de l'objet de mort par Anatole France dans *Les Dieux ont soif.*

J'aurai à montrer comment, dans le milieu intellectuel français ou plutôt parisien, la gloire peut aller aux convertis autorisés à utiliser l'énormité de leur erreur d'hier comme preuve déterminante de leurs affirmations d'aujourd'hui. Pour ma part, j'ai tenté, dans les phases successives de mes engagements comme dans la présente rétrospective, de garder la même attitude peut-être trop raisonnable. Celle qui impose de croire à la pluralité des causes et à l'inanité de toute croyance en une clé qui ouvrirait toutes les portes de la connaissance.

Celle aussi qui fait penser et parler avec des termes simples. Je chercherai à expliquer des textes sans prétendre faire de l'« herméneutique ». Je mettrai en question des savoirs sans parler pour autant d'« épistémologie ». Telle constatation me conduira à telle idée sans que j'évoque sa valeur « heuristique ». Et j'ai déjà signalé la continuité de mes valeurs de référence sans insister sur mes refus de « changer de paradigme ».

Ce rejet du langage prétendument scientifique a peut-être une cause toute personnelle : j'ai fait l'apprentissage du français en sachant que je faisais un apprentissage, au lendemain de mon arrivée en France, le 19 décembre 1933, plus de huit années après ma naissance allemande à Francfort.

Chapitre 1

L'enracinement

Je savais en gros pourquoi nous quittions l'Allemagne, mes parents, ma sœur et moi. Au printemps de 1933, j'avais directement éprouvé la contagion de la haine, puisque les coups de quelques camarades de classe avaient entraîné une brève hospitalisation du petit juif que j'étais pour eux. Mais je ne comprenais pas vraiment quelle tragédie vivait mon père, quel déchirement constituait sa décision d'émigrer.

Né à Berlin en 1880, comme fils d'un libraire-éditeur, Paul Grosser avait passé son doctorat en médecine à Leipzig en 1903, puis s'était installé comme pédiatre à Francfort en 1911. Après la guerre, en 1922, il s'y mariera. Une guerre qui l'a profondément marqué. Pas seulement parce que son frère cadet y est mort. Selon le livret de famille, celui-ci a été tué le 31 mai 1918 « à Plaisance, ferme près de Grisolles, au nord de Château-Thierry, propriété de Mme Vve Lot, 34, rue de Chaillot à Paris ». Surtout parce que le docteur Grosser l'a faite comme médecin militaire de bout en bout. Ses états de service vont du « combat de Neufchâteau dans la Meuse », le 22 août 1914, jusqu'aux « combats sur l'Aisne du 22 octobre au 11 novembre 1918 ». Avec une seule absence – hors permissions – du sol français : un stage de formation sur les soins à apporter aux soldats victimes des gaz de combat.

Ma mère m'a raconté plus tard ce qui l'avait déterminé à partir. Certes, il y avait eu la lettre du doyen lui demandant de suspendre son enseignement de pédiatrie à la faculté de médecine où il était professeur sans chaire depuis 1923, sa sécurité ne pouvant plus être assurée face à la prétendue colère antijuive des étudiants ! Il y avait eu aussi l'« aryanisation » de l'hôpital pour enfants dont il était le directeur et médecin-chef depuis 1930. Mais le choc le plus dur a été son expulsion des associations d'anciens combattants, lui qui avait été décoré de la Croix de fer de première classe, un peu l'équivalent de la médaille militaire française. Médecin, franc-maçon, électeur tantôt libéral, tantôt social-démocrate, « de confession israélite », comme disaient tous ses papiers, il s'est senti prioritairement rejeté, renié par sa patrie allemande. Il l'avait pleinement servie, même si ce fut sans chauvinisme : n'avait-il pas perfectionné sa connaissance du français en soignant aussi les habitants des régions françaises où son unité s'était trouvée stationnée ? Lors d'un voyage exploratoire dans l'été de 1933, je n'avais pas été surpris par l'accueil chaleureux reçu dans telle ferme champenoise. Plus tard, je me suis demandé si ces fermiers n'avaient pas été mal vus par les autres villageois pour s'être fait soigner par un militaire allemand.

Savoir le français – même parlé avec un fort accent – constituait une bonne raison pour aller s'installer en France. Mais ce choix comportait aussi un grand risque. Aux États-Unis, mon père aurait dû apprendre la langue, mais il aurait pu prétendre à un enseignement universitaire et, en tout cas, ouvrir un cabinet. En France, la non-reconnaissance des diplômes étrangers l'obligeait, à cinquante-trois ans, à tout recommencer à partir du baccalauréat. Il avait pourtant décidé de créer une sorte de sanatorium pour enfants près de Paris et avait loué une grande villa à Saint-Germain-en-Laye. Il fallait trouver un médecin français qui accepterait d'assumer officiellement la direction médicale. Le jeune docteur Hubert Canale – dont la femme était également médecin – donna son accord. Mais ce n'est pas à ce titre qu'ils devinrent confidents et amis, ni les médecins attitrés de l'établissement de la rue d'Ourches : mon père mourut d'une crise cardiaque peu de semaines après notre arrivée en France, à une date qui a compté dans l'histoire politique française : la nuit du 6 au 7 février 1934.

Sa mort m'a fortement marqué. Pendant des années, je me suis très souvent arrêté au cimetière de Saint-Germain-en-Laye, situé tout à côté du collège municipal (devenu aujourd'hui lycée technique). Et la pensée quotidienne, vivifiante et stimulante, de la mort, de ma mort, date de là.

Mais comment ne pas reconnaître que la disparition de mon père a facilité mon assimilation française, puisque, lui vivant, j'ai été le témoin de ses difficultés d'intégration, de ses inévitables problèmes d'identité? Je n'ai jamais su s'il se considérait comme définitivement transplanté, comme immigré plutôt que comme émigré. Un siècle plus tôt, Heinrich Heine et Ludwig Börne ne s'étaient établis à Paris qu'en attendant l'avènement de la liberté politique en Allemagne, même s'ils ont finalement été ensevelis tous deux au Père-Lachaise. Dans les années soixante, j'ai fait la connaissance de Werner Ludwig, maire de Ludwigshafen de 1965 à 1993. Son père, syndicaliste et député socialiste, l'avait emmené en émigration en France. Adolf Ludwig est rentré en 1945 pour recréer syndicat et parti dans le Palatinat. Son fils est resté à Toulouse jusqu'à la fin de ses études de droit, puis est rentré en 1948, sans avoir jamais cessé d'être allemand, pour l'aider, puis le suppléer dans son action syndicale et politique: un destin à la fois semblable au mien et radicalement différent!

Ma mère, elle, considéra d'emblée, bien que sa connaissance de la langue française fût très limitée, que la transplantation était définitive. À trente-neuf ans, elle devait assumer une lourde responsabilité éducative et matérielle, d'autant plus que, si en 1933 et, en fait, jusqu'en 1939, l'émigration hors de l'Allemagne hitlérienne était facile, elle impliquait de renoncer à la plupart des biens possédés jusqu'alors. Avec l'aide de Suzanne et Hubert Canale, avec surtout l'aide de Thérèse, l'ancienne assistante de consultation de mon père, venue nous rejoindre par pur attachement parce que, catholique wurtembergeoise, elle n'aurait rien risqué à rester en Allemagne, le sanatorium projeté devint home d'enfants avec vingt-cinq lits. Ce ne fut pas facile, mais nous nous trouvions entourés de sympathies actives et revigorantes. Un cas précis m'est resté fortement en mémoire parce qu'il a pris valeur de symbole. Après la mort de mon père, l'artisan électricien est venu voir ma mère. Il avait entrepris, et déjà largement avancé, la transformation du système électrique du bâtiment. « Votre mari a laissé une grosse dette. Mais il était ancien combattant, comme je le suis. Pas du même côté, bien sûr, mais ancien combattant, c'est ancien combattant. Vous paierez quand vous pourrez ! »

À l'école, l'accueil fut chaleureux. Pourtant, ma première réaction n'était pas de nature à me rendre populaire. Le 5 janvier 1934, je suis entré en dixième (l'actuel cours élémentaire première année) au collège municipal. À la récréation, mes nouveaux camarades m'ont demandé : « Comment tu t'appelles ? » Comme je ne comprenais pas, j'ai cru à une injure et j'ai voulu cogner. Mais ce fut là ma seule expérience négative. Dès les premiers jours, j'ai appris une récitation aux mots à l'époque mystérieux. « En hiver, quand la bûche chante dans la cheminée, le petit grillon des foyers vient chanter sa chanson monotone... » – je ne me souviens pas de la suite.

Puis tout a été très vite. Je suis resté un trimestre en dixième. À Pâques, on m'a admis en neuvième, puis laissé passer en huitième en octobre. À la fois parce que j'étais bon élève et parce que le professeur de septième avait une réputation de brute, j'ai demandé à sauter cette classe, ce qui me fut accordé. C'est ainsi que j'ai pu entrer en sixième à la rentrée de 1935, donc à l'âge normal de dix ans et demi. Il est vrai que l'adaptation avait été rapide. J'ai devant moi deux fascicules portant chacun sur la couverture *Université de France. Académie de Paris. Collège de garçons de Saint-Germain-en-Laye. Carnet de notes.* L'un avec « classe de 8e. Année 1934-1935 ». En octobre, je suis troisième sur 38 en français avec 15 3/4, note et rang se trouvant maintenus en mai. L'autre, avec « Classe de 6^{e}A, 1935-1936 », me donnait quatrième en français sur 29 élèves en octobre et triomphalement premier avec 17 sur 20 en mai.

Mon mérite était mince. Quelle reconnaissance ne dois-je pas à mes admirables institutrices ! Mme Faudry, Mlle Michel, Mme Frette-Damicourt – pourquoi ne pas les nommer, même si leurs noms ne disent rien au lecteur ? Elles se sont particulièrement occupées de moi, m'ont enseigné la grammaire la plus rigoureuse, communiqué la passion de la langue – et aussi, cette fois de façon involontaire – remodelé mon identité par leur enseignement de l'Histoire de France. Les salles étaient vétustes, les toilettes carrément sales, la barbe du surveillant général répugnante parce qu'il prisait et éternuait un tabac glaireux. En neuvième, le cours de gymnastique que devait assumer la vieille institutrice durait trois minutes : « Levez-vous de vos bancs. Mettez-vous entre les rangs. Les bras verticalement. Les bras latéralement. Les bras horizontalement. Asseyez-vous. » Qu'importe ? En dixième, en neuvième, en huitième, je n'ai jamais été en classe sans plaisir parce que je m'y sentais accueilli et soutenu. Aujourd'hui, il me faut assurément ajouter que nous étions seulement deux étrangers et que j'étais évidemment destiné à devenir un Français parmi les autres. Si un tiers, si la moitié de la classe avait au départ ignoré le français, la tâche des institutrices eût été beaucoup plus redoutable, surtout avec des familles réticentes à l'idée d'une acculturation des enfants capable de les séparer de leurs parents.

En 6eA (latin et anglais), j'ai eu la chance d'avoir pour professeur de lettres un homme de trente-cinq ans qui allait devenir et rester jusqu'à sa mort en 1981 un paternel ami. Sa femme pour plus longtemps encore, puisqu'elle ne s'est éteinte, toujours à Saint-Germain, qu'en 1990. Emmanuel Robin avait reçu en 1929 le prix du Premier Roman, décerné par un jury de choix puisqu'il comprenait Jean Giraudoux, Julien Green, Georges Bernanos et André Maurois. *Accusé, lève-toi !* (devenu, pour la belle réédition de 1989, *L'Accusé* tout court) était une œuvre terriblement noire dont le jeune héros meurtrier annonçait aussi bien *L'Étranger* que Beckett. Or, Emmanuel Robin était un professeur joyeux, ouvert, libérateur, formant avec sa femme un couple merveilleusement uni. J'ai ainsi appris fort jeune à me méfier de l'identification de l'auteur à ses personnages et à ne pas céder à la rage d'établir des correspondances entre la vie de l'écrivain et ses écrits, quitte à laisser passer une pertinente explication psychanalytique.

La pédagogie d'Emmanuel Robin avait un seul inconvénient : nous nous sommes tous ennuyés en cinquième parce que nous en savions trop ! Sa méthode était hétérodoxe. Dès le premier mois, il y avait des épreuves avec classement. Il formait alors des équipes de deux, le premier avec le dernier, le deuxième avec l'avant-dernier et ainsi de suite. Sauf pour les inévitables compositions « officielles », les notes n'étaient plus attribuées qu'aux équipes. Le « bon » devenait encore meilleur à force d'expliquer au plus faible. Et celui-ci profitait ainsi de leçons particulières, tout en s'efforçant de progresser pour ne pas couler son coéquipier. Mais l'essentiel, pour Robin, c'était de nous permettre le difficile passage du primaire au secondaire, du maître unique aux enseignants multiples. Aussi voulut-il rester professeur de sixième pendant presque toute sa « carrière » dans le même collège de Saint-Germain.

En fait, j'avais trois vies. L'une à l'école, une autre au *home* d'enfants de la villa Ker Maria où ma sœur, de trois ans mon aînée, et moi devions aider, notamment en étant à la fois camarades et « coéducateurs », ce qui n'allait pas sans tensions avec nos pensionnaires. La troisième était ma vie scoute. Il y avait à Saint-Germain les scouts catholiques qui n'acceptaient à l'époque que des enfants catholiques, et les Éclaireurs unionistes protestants. En 1934, je fus donc accueilli à la meute unioniste. J'étais certes un louveteau un peu lent, un peu lourd – d'où mon totem *Loup placide et laborieux*. D'où aussi ma participation sans joie – car choisi parce que gros – à un spectacle de la meute, à la salle des fêtes de la ville, comme Fée Culina chantant « Oui, c'est moi Culina pour qui Vatel se transperça ». Mais j'étais aussi actif et ambitieux. Je devins vite sizenier de la sizaine des Loups fauves et ma sizaine gagna un concours des sizaines – ce qui me désignait pour porter le totem de la meute au défilé du 11 novembre devant le monument aux Morts. J'en fus troublé et allai trouver la cheftaine. « Akéla, je vais sûrement devenir français, mais je ne le suis pas encore. Est-ce bien à moi d'être en tête de la meute ? » Mlle Latham (je n'ai jamais su son prénom) répliqua : « Que fêtons-nous le 11 novembre ? Pas la victoire, mais la paix retrouvée. C'est merveilleux au contraire que ce soit toi ! » Je me suis toujours demandé si mon intégration n'aurait pas été ralentie par la réponse opposée.

J'eus le droit de passer éclaireur à onze ans, en 1936. Je fus heureux dans la troupe, même si elle pratiquait parfois une totémisation sévère. Michel Rocard aura plus de chance dans la sienne : *Hamster érudit* a meilleure allure que *Limace laborieuse*. Il est vrai que mes deux « cototémisés » étaient *Musaraigne fatiguée* et *Ourson rageur* ! Mais l'unité joyeuse de la troupe était formatrice, surtout lorsque nous prîmes part au jamboree de Bloemendaal, en 1937, aux Pays-Bas. Chaque délégation nationale devait présenter un grand jeu « dans l'arène devant la reine en uniforme », comme disait bizarrement le programme. Les responsables français optèrent pour un combat naval (avec bateaux en bambou, pétards et amidon) opposant les forces du bien aux forces du mal. Les Scouts de France avaient décidé qu'ils seraient les forces du bien à eux seuls, les Éclaireurs unionistes, les Éclaireurs de France laïques et les Éclaireurs israélites devant incarner tous ensemble les forces du mal ! Le pire, c'est que nous devions évidemment nous laisser battre. Le groupe français n'en fut pas moins fort homogène. Moins que ma troupe elle-même. Lorsque, dans les années soixante, notre chef *Chamois*, devenu pasteur antiapartheid en Afrique du Sud, fit un passage en France, nous fûmes plus de trente anciens sur quarante à nous réunir autour de lui à Saint-Germain, certains accourant de fort loin. Non, vraiment, je n'ai jamais compris, je n'ai jamais admis le mépris dont le scoutisme s'est trouvé et se trouve encore accablé ! Peut-être est-ce la volonté de formation morale qui est condamnée. Or, on verra plus loin à quel point cette volonté aura toujours constitué l'axe de mes enseignements et de mes engagements.

Je suis entré en cinquième en 1936. L'année du Front populaire au pouvoir ? Plutôt, pour moi, l'année où le Racing-Club de Paris a réussi le doublé coupe/championnat ! Et si j'ai gardé en mémoire la composition de l'équipe, ce n'est pas parce que le gardien de but, Rudi Hiden, était d'origine autrichienne ou parce que Raoul Diagne, l'arrière gauche, était le fils d'un député sénégalais, mais parce que le premier effectuait des plongeons et des envolées incroyables et parce que le second avait une manière particulièrement élégante et efficace d'enlever le ballon à l'attaquant adverse. Je savais sûrement qu'il se passait des choses importantes, souvent difficiles à comprendre. Ainsi les élections législatives donnèrent un député communiste à Saint-Germain et les municipales de 1937 un maire Croix de feu. Je ne savais pas que la circonscription du député comprenait Poissy avec ses usines et ses ouvriers. Le maire de droite allait se montrer, en 1939-1940, particulièrement bienveillant et efficacement protecteur pour les gens de notre sorte.

Il est vrai que nous avions changé d'identité le 1er octobre 1937. Ce jour-là, le président de la République française (Albert Lebrun), sur le rapport du garde des Sceaux, ministre de la Justice (Vincent Auriol), décréta :

> Article premier : Est naturalisée française Rosenthal (Lily Émilie), Veuve Grosser, née le 2 juin 1894 à Francfort sur Mein (Allemagne), demeurant à Saint-Germain-en-Laye (Seine et Oise)

Ayant deux enfants mineurs :

1° Margarete, née le 13 avril 1922 à Francfort sur Mein (Allemagne)

2° Alfred Eugen Max, né le 1er février 1925 à *id.*

Le décret parut le 10 octobre au *Journal officiel.* Nous figurions sur une longue liste. En la regardant aujourd'hui, je ne suis pas surpris par les lieux de naissance des naturalisés, situés surtout en Italie et en Pologne. Je suis frappé, en revanche, par les professions : ouvriers d'usine, peintres en bâtiment, manœuvres, maçons, mouleurs, aides-cuisiniers, journaliers, le coiffeur faisant figure d'exception bourgeoise, comme le maroquinier, le dentiste, le médecin. C'était bien le peuple de France qui s'enrichissait d'un apport populaire nouveau, même en période de crise économique non surmontée.

Comme j'étais de toute façon un lycéen parmi d'autres, la naturalisation ne changea rien à ma vie scolaire. En quatrième, je me mis au grec, abandonné ensuite à la fin de la troisième. Dans la perspective du baccalauréat, il valait mieux prendre la combinaison latin/allemand/anglais : bien que nous nous entretenions en français dans la vie courante, ma mère tenait à ce que ma sœur et moi ne perdions pas l'atout que constituerait notre connaissance de l'allemand – ni nos possibilités d'accès aux richesses culturelles allemandes. Je parlais allemand avec Thérèse qui n'arrivait pas à maîtriser le français et je lisais aussi des livres allemands.

Mais mes lectures habituelles, scolaires et personnelles, étaient bien françaises. Avec les livres quasi obligatoires de l'adolescence et les livres choisis par curiosité personnelle. Parmi les premiers, l'inévitable et émouvant *Sans famille* d'Hector Malot, puis, quelques années plus tard, le *Germinal* de Zola. Pourquoi les citer ? Parce que je me sers depuis longtemps de ces deux références pour expliquer partiellement le conflit culturel franco-allemand sur l'énergie atomique. Au cœur de *Sans famille,* le récit détaillé et prenant d'une catastrophe minière. Le roman *Germinal,* lui, est entièrement centré sur la mine. Le grisou et la silicose ont été présents dans la formation de plusieurs générations de Français. En 1963 encore, Georges Pompidou n'a pas compris à temps qu'une grève de mineurs rencontrait une sympathie toute spéciale et obtenait un soutien d'opinion émotionnel. Le Premier ministre a dû s'incliner, alors qu'il s'était fait menaçant. D'où le charbon danger réel, l'atome danger potentiel. En Allemagne, en revanche, malgré l'éminente place du charbon, le mineur n'a guère eu droit à une attention particulière, ce qui a permis aux Verts de proposer, contre l'atome, un retour au charbon.

Histoire et littérature sont si étroitement imbriquées en France que j'ai du mal à les séparer dans ma formation française. Pas au lycée, où l'Histoire n'était plus l'histoire de France, comme dans le primaire, mais celle de l'Égypte, de la Grèce, de Rome, puis, année après année, des siècles successifs, avec quelque franco-centrisme mais peu de chauvinisme. Dans les volumes denses de la célèbre collection « Malet/Isaac », les chapitres consacrés à la guerre de 1870 puis à celle de 1914 étaient suivis, en annexe, de la traduction des chapitres équivalents d'un manuel allemand. Pour la Révolution, j'avais anticipé sur le programme scolaire en dévorant *Quatrevingt-Treize* de Victor Hugo, que je considère toujours comme un grand roman, avec sa présentation contrastée de la guerre de Vendée et les choix tragiques dont mouraient les deux principaux personnages. Mes passions et mes hésitations n'ont pas peu contribué à la constitution de mon identité française. Fallait-il exécuter Marie-Antoinette ? La Vendée devait-elle être traitée avec une telle brutalité ? L'Empereur – dont le culte, y compris dans la défaite, m'a été imposé par le Victor Hugo des *Misérables* et de *La Légende des siècles* – n'aurait-il pas mieux fait de rester le Bonaparte créateur du Consulat ? Que de morts inutiles ! En revanche, je ne prendrai conscience des massacres en Allemagne, pendant la guerre de Trente Ans, que des décennies plus tard : ce n'était pas *mon* passé ! Mon passé, c'était Saint Louis, c'était Jeanne d'Arc, c'était la Révolution, c'était aussi la République colonisatrice.

Sauf sur un point – à partir duquel s'explique aussi mon haut-le-cœur devant les boucheries napoléoniennes, même à la lecture du prenant « Cimetière d'Eylau » de mon cher Hugo. Dès l'enfance, j'ai éprouvé colère et écœurement devant les massacres de la guerre de 1914. Sans doute parce que le seul livre vraiment sérieux que j'aie lu à Francfort et emmené en France était un « roman de guerre pour la jeune génération » intitulé *Der Schädel des Negerhäuptlings Makaua* (*Le Crâne du chef nègre Makawa*). Il avait paru en 1931 et devait être réédité en 1979 avec le titre sans intérêt *Le garçon qui a oublié son anniversaire.* Le crâne en question avait fait l'objet de l'article 246 du traité de Versailles. L'Allemagne s'engageait à rendre dans les six mois cette relique qu'elle aurait prise en Afrique et que nombre d'Africains vénéraient. La France avait cherché à motiver une partie de ses troupes africaines par l'espoir de la récupération du crâne. L'auteur de ce roman fort pacifiste en avait fait le symbole des motivations imposées par les propagandes nationales aux combattants de la Grande Guerre. Le héros, un garçon polonais de quatorze ans, adopté par une unité allemande avec laquelle il vit sur le front russe, puis sur le front français, finit par déserter quand on veut faire de lui un héros officiel dont l'exemple renforcerait le moral des troupes et la générosité patriotique des souscripteurs d'emprunts de guerre.

Le passage au *Feu* d'Henri Barbusse et au roman traduit d'Erich Maria Remarque, *À l'Ouest, rien de nouveau,* se fit tout naturellement, avec, en 1937, le choc confirmateur du film *La Grande Illusion.* Quoi de plus naturel alors que d'être sensible aux larmes de joie de ma mère à l'annonce que la paix allait être sauvée l'année suivante par la rencontre Daladier/Chamberlain/Mussolini/Hitler à Munich ? Et d'être ému par le discours radiodiffusé d'Édouard Daladier s'adressant à Adolf Hitler comme ancien combattant parlant à un ancien combattant ? La raison montrait pourtant le nazisme agressif et expansionniste. Le sentiment était, parallèlement, à l'indignation en apprenant (mal et insuffisamment) ce qu'avait été la Nuit de cristal du 9 novembre 1938, avec l'incendie des synagogues et les brutalités contre les juifs d'Allemagne, indignation rejaillissant sur le gouvernement français qui recevait cordialement Ribbentrop à Paris en écartant du dîner festif les ministres juifs. Mais contre toute raison, contre toute colère, le désir passionné de paix demeurait, au moins jusqu'à l'invasion de la Tchécoslovaquie en mars 1939. Même ensuite, l'horreur face à la guerre n'a pas complètement cessé de nourrir des illusions.

La guerre déclarée, il y eut, dès septembre, une distribution de masques à gaz à la population. À Saint-Germain, j'appris à mettre la main sur le trou de passage de l'oxygène pour voir si la personne étouffait, donc si le masque était étanche. Comme je me suis foulé le bras en transportant un tas de masques trop lourd, je pouvais presque me considérer comme le premier blessé français de cette guerre ! Plus sérieusement, la guerre nous a plongés dans des difficultés financières considérables. Ma mère a fermé le home d'enfants parce qu'elle ne voulait pas assumer la responsabilité de pensionnaires alors que des bombardements devenaient possibles. Au collège pour moi, au lycée de jeunes filles pour ma sœur, rien, en revanche, n'était changé, sauf l'absence des professeurs mobilisés. En 1939-1940, j'ai « fait ma seconde » dans la tranquillité de la « drôle de guerre ». Une tranquillité troublée cependant par un fait douloureux et incompréhensible : citoyenne allemande, donc « ennemie », Thérèse fut internée dans un camp improvisé aux Mesnuls, non loin de Neauphle-le-Château, suffisamment près de Saint-Germain pour que je puisse lui rendre visite à bicyclette.

***

« Les Allemands arrivent ! » Que faire ? Puisque tout le monde part, partons – surtout nous qui avons plus à craindre que les Français de naissance ! Seulement, ma mère ne peut pas partir. En 1938, sa mère à elle, ma seule grand-mère (mes autres grands-parents étaient morts bien avant ma naissance), était venue de Francfort nous rejoindre. En juin 1940, elle gisait mourante à l'hôpital – où elle décédera fin juillet – et sa fille ne voulait pas la quitter. Il fut donc décidé que Margot et moi nous partirions sur nos bicyclettes, après les avoir lourdement chargées. Destination Vichy, où une grand-tante éloignée était supposée nous attendre.

Je ne sais comment René Clément s'y est pris lorsque, en 1951, il a réalisé *Jeux interdits*. Mais quiconque s'est trouvé sur les routes de France à ce moment peut attester la perfection de la reconstitution de l'exode, au début du film. Nous sommes partis le 10 juin, faisant étape à Versailles, Malesherbes, Cosne-sur-Loire, Moulins. Là, double déception : un coup de téléphone nous apprend qu'il n'y a plus personne à Vichy pour nous accueillir et nous cherchons en vain à nous loger pour la nuit. La veille, à Nevers, les hôtels avaient refusé de nous héberger parce que nous étions trop sales, mais un garçon livreur s'est arrêté et nous a pris chez lui. Il avait dix-neuf ans, sa femme dix-huit, leur gosse un an et demi. Ils nous ont donné à manger, nous ont fait dormir, puis, après le petit déjeuner, ont refusé tout paiement.

Nous décidons de bifurquer vers Biarritz, où sont arrivés des cousins éloignés, mais amis. La dernière étape vélocipédique nous conduit jusqu'à Montluçon. Mon vélo n'a plus de freins et ma sœur est épuisée. D'autant plus qu'elle vient d'être assise pendant des centaines de kilomètres tout en ayant ses règles. Je ne l'ai su que plus tard : on ne parlait pas de ces choses à l'époque. Je devais l'apprendre au printemps suivant, lorsque l'infection contractée alors s'est étendue et qu'elle en est décédée à Saint-Raphaël, le 29 avril 1941, après un mois de grandes souffrances : pour combattre la septicémie, on pratiquait alors des abcès de fixation. Si la pénicilline avait existé, une ou deux injections eussent suffi à vaincre son mal.

De Montluçon à Bordeaux, puis de Bordeaux à Bayonne, nous utilisâmes le train. Dans une lettre envoyée ensuite à ma mère et conservée par elle, je lis :

> Il y a un train à 0 h 27. À 0 h 20 arrive un train. Nous sommes seuls à avoir pris des billets. Arrivons à Limoges à 8 heures, avec quatre heures de retard. Le train ne continue pas. Le prochain part le lendemain matin à 3 h 45. Nous passons le temps en allant deux fois au cinéma. Retour à la gare, nous trouvons des gens couchés partout, sur les quais, dans les salles, sur les escaliers. Personne ne sait sur quelle voie arrivera le train ni quand. Sur un quai, un train rempli à craquer de voyageurs tristes. La locomotive est prête à partir, le conducteur est là. Mais personne, pas même le chef de gare, ne sait où le train doit aller. Le nôtre arrive à 9 heures. Il s'agit d'une micheline pour quarante personnes, alors que le quai est noir de monde. Finalement on ajoute deux wagons antiques. C'est pire que dans le métro à 6 heures du soir. Le train s'ébranle, roule trois quarts d'heure, puis s'arrête une heure, repart, s'arrête longuement, et ainsi de suite jusqu'à Bordeaux.

Il est inutile d'entrer dans le détail des pérégrinations qui nous feront aboutir à Saint-Raphaël, où notre mère a pu nous rejoindre ultérieurement. Sauf peut-être pour dire qu'à Ustaritz, près de Bayonne, où nous avons passé quelques jours dans un petit hôtel, j'ai lu presque toute la bibliothèque de celui-ci, composée exclusivement d'œuvres de Paul Bourget et de Henry Bordeaux – qui m'ont peu marqué ! Sauf aussi pour raconter deux aventures vécues avec un ami rencontré par hasard. Encore militaire, il cherchait à passer en

Grande-Bretagne et je voulais partir avec lui. On nous informe qu'un bateau embarque à Saint-Jean-de-Luz. Nous arrivons une heure après son départ ; ce fut notre chance, car il n'est jamais arrivé à destination. Nous cherchons alors à passer en Espagne. À Saint-Étienne-de-Baïgorry, nous sommes interceptés par des gendarmes.

« Pourquoi voulez-vous passer en Espagne, surtout vous, le militaire ?

— Mais les Allemands arrivent ! »

Je n'ai jamais oublié l'hilarité des gendarmes en entendant une telle énormité. Les Allemands à la frontière espagnole – quelle absurdité ! Ils sont arrivés le surlendemain.

Sauf enfin pour dire que, au cours de nos différents déplacements dans les Basses-Pyrénées, il m'a été possible, grâce à mon vélo, d'aller jusqu'au camp de Gurs, où nous avions appris que Thérèse avait été transférée. Je pus l'entr'apercevoir et lui parler brièvement. Chaleur écrasante, poussière, promiscuité, sous-alimentation : il s'agissait bien d'un lieu de souffrance. Encore n'étais-je nullement conscient de ce que représentaient déjà – et ne pouvais-je imaginer ce qu'allaient représenter – *Les Camps de la honte*, pour reprendre le titre du livre-bilan qu'Anne Grynberg leur a consacré en 1991. Mais même aujourd'hui encore, combien de mes compatriotes français ont-ils connaissance, fût-ce par ouï-dire, d'ouvrages comme ceux de Barbara Vormeier et Hanna Schramm, *Vivre à Gurs*, ou de Claude Laharie, *Le Camp de Gurs. 1939-1945*, parus respectivement en 1979 et 1985 ? J'aurai à montrer dans un autre chapitre, à propos d'un témoignage devant le tribunal d'Orléans, en 1995, les différences et les ressemblances entre les camps de cette période et les « centres de rétention » pour étrangers en situation irrégulière dans la France d'aujourd'hui. Thérèse, elle, se trouva bientôt libérée : elle était allemande sans être juive ou « politique ». Elle put rentrer à Saint-Germain.

À Saint-Raphaël, à part les soucis du ravitaillement, la vie était calme, avec une inquiétude plus limitée qu'il n'eût fallu. Ma préoccupation centrale était la préparation du baccalauréat dans une petite ville qui n'avait pas d'établissement secondaire. J'eus une double chance. L'une ne m'apparut comme telle que plus tard : n'étant détourné de la lecture des classiques par aucun maniaque de l'explication ligne par ligne, j'ai pu lire librement, beaucoup et avec joie. Je me suis pris de passion pour les jeunes filles à la fois aimantes et fermes de caractère – chez Racine, Monime dans *Mithridate*, Aricie dans *Phèdre*, chez Corneille Laodice dans *Nicomède*. Je rêvais aussi à l'idéal que constituerait le mélange de deux personnages de Giraudoux – Isabelle, la jeune fille rêveuse et calme d'*Intermezzo*, et Alcmène, dans *Amphitryon 38*, qui, souriante et raisonnable, contraint sans le vouloir Jupiter à lui donner sa nuit « la plus conjugale ». Il fallut attendre plus de quinze ans pour que mon rêve devînt réalité.

L'autre chance fut la présence à Saint-Raphaël d'un autre « replié », de dix ans mon aîné. Anatole Abragam – qui devait être ultérieurement pendant vingt ans professeur de magnétisme nucléaire au Collège de France – me prit en main en mathématiques et en physique, tout en me faisant travailler en latin. Je me croyais « nul en maths ». Il me fit comprendre et aimer des disciplines dont j'ai tout oublié ensuite, mais auxquelles je dois le goût de la rigueur analytique. Après la réussite, en juin 1941, à la première partie du bachot (écrit à Cannes, oral à Nice), il me convainquit de préparer, ce qui était permis, à la fois la section « Philosophie » et la section « Mathématiques élémentaires ». Pour la philosophie, je me rendais à Cannes afin de prendre des leçons particulières avec un vieux professeur bienveillant et passionnant. Abragam fut encore plus heureux que moi lorsque, en juin 1942, j'obtins la mention « Bien » en « maths élém » et seulement « Assez bien » en philo.

À la suite d'un imbroglio administratif, j'avais eu à passer deux fois les matières orales communes. J'ai ainsi appris ce qu'était la part de hasard dans les examens. En sciences naturelles, j'avais fait l'impasse sur l'anatomie végétale. « Parlez-moi de la reproduction chez les cryptogames vasculaires », me demanda l'examinatrice de la section philo. « Qu'est-ce qu'un cryptogame vasculaire ? » osai-je répondre (je sus ensuite qu'il s'agissait de fougères). « Merci. Vous, au moins, vous ne me faites pas perdre mon temps », me répondit-elle en m'attribuant un quart de point. Le lendemain, en série « maths élém », je tirai « la circulation sanguine » et eus 9 sur 10. À l'oral de philosophie, j'appris quel encouragement pour un candidat pouvait être le dialogue avec un examinateur humain. « Parlez-moi des rapports de la science et de la morale. » Du haut de mes dix-sept ans, je répondis :

« C'est un sujet qui me passionne, mais je ne suis pas encore parvenu à une opinion définitive.

— Comme cela se trouve ! Moi non plus. Eh bien, discutons-en ! »

Seul ou avec Anatole Abragam, je découvrais à bicyclette les beautés du département varois. À l'époque, je n'aurais pas su décrire ce que je ressentais face à la mer, assis ou debout dans la pinède haut perchée. En 1946, lorsque mon professeur de philosophie de khâgne me fit découvrir *Le Cimetière marin*, il me suffit de laisser parler Paul Valéry :

Ici venu, l'avenir est paresse.
L'insecte net gratte la sécheresse :
Tout est brûlé, défait, reçu dans l'air,
A je ne sais quelle sévère absence.
La vie est vaste, étant ivre d'absence
Et l'amertume est douce et l'esprit clair.

Toute la Provence était sujet d'émerveillement. Les Maures et l'Esterel, les villages alors si calmes comme Saint-Paul-de-Vence ou Èze. Ou encore les Préalpes, où Abragam et moi faillîmes périr dans la neige parce que nous ignorions que la route de Saint-Vallier à Thorenc n'avait pas été déblayée de tout l'hiver. Si, après la guerre, je suis revenu si souvent à Saint-Raphaël, si, plus tard, avec ma femme, née à Digne, nous avons assidûment fréquenté la région de Forcalquier, avant de nous implanter en Bretagne, c'était pour retrouver les sensations d'une période à la fois chargée de menaces et pleine de joies.

Que faire après le baccalauréat ? D'abord gagner de l'argent. Je fus accepté comme professeur de mathématiques en seconde et première dans un petit collège privé qui s'était ouvert à Saint-Raphaël. Mon recrutement prouvait à lui seul le peu de sérieux de l'établissement, mais mes relations avec ma douzaine d'élèves, garçons et filles, furent chaleureuses et me confirmèrent dans l'idée que l'enseignement était peut-être ma vocation. Mais Anatole Abragam m'incitait à suivre son exemple et à viser l'établissement dont il était lui-même issu, l'École supérieure d'électricité. Comment faire dès lors que la faculté des sciences de Marseille refusait de m'inclure dans le *numerus clausus* des étudiants juifs ? Abragam me fit travailler dur dans l'espoir que, la guerre finie, j'aurais l'occasion de présenter les certificats de mathématiques générales et de physique générale. J'avais du temps parce que je ne travaillais guère la discipline dans laquelle j'avais été admis à la faculté des lettres d'Aix-en-Provence, à savoir la germanistique. En allant suivre quelques cours à l'Institut d'études littéraires de Nice où enseignait le professeur de l'université d'Aix et des professeurs des grandes classes de Nice, je ne me rendais guère compte des exigences du travail universitaire. En juin 1943, j'ai tout de même réussi le certificat d'études littéraires générales et le certificat de philologie allemande.

En pleine guerre? Dans la France vaincue? Sous le régime de Vichy qui avait institué le statut des juifs? Rétrospectivement, je m'en étonne encore. Il y eut une seule alerte. Vichy soumettait à révision toutes les naturalisations. Je m'adressai à tous mes professeurs. Aucun ne se déroba. Tous vantèrent mes extraordinaires qualités et attirèrent l'attention des autorités sur les avantages considérables que la Nation retirerait de mes capacités et de mes vertus. Nous n'entendîmes plus parler de rien. Mais d'autres menaces se précisaient. Nullement celle de l'occupation italienne. Dans son beau livre *Vichy-Auschwitz*, Serge Klarsfeld a démontré abondamment ce que la plupart des Français continuent à ignorer : l'armée italienne a protégé les juifs le plus longtemps et le mieux possible, notamment en interdisant à la police française de les arrêter. Mais Vichy pouvait encore se durcir et les Allemands arriver. Ma première fausse carte d'identité porte le cachet de la mairie de Vidauban, dans le Var. D'autres allaient provenir de la préfecture de la Drôme. Mon lieu de naissance était désormais Vendôme (Loir-et-Cher). C'est que la mairie de Vendôme avait brûlé en 1940. Il était possible d'y écrire pour recevoir la réponse suivante :

> Comme suite à votre demande du... tendant à obtenir un extrait de l'acte de naissance de..., j'ai l'honneur de vous informer que les archives de la Mairie, ainsi que celles du Tribunal ont été détruites par suite d'événements de guerre, le 15 juin 1940.
>
> Dans ces conditions, il ne m'est pas possible de vous donner satisfaction et je vous en exprime tous mes regrets.

En principe, il suffisait de ce papier et de deux témoins pour faire dresser un acte de notoriété permettant d'obtenir une vraie fausse carte d'identité. Mais cela n'allait pas sans risque et il valait mieux trouver des fonctionnaires de mairie ou de préfecture courageusement disposés à aider les clandestins. Sans doute imprudemment, je gardai nom et prénom, me contentant de me rajeunir d'un an en 1943-1944 pour ne pas avoir l'âge du Service du travail obligatoire.

Nous eûmes vent de dénonciations. Ma mère, devenue Mme Garnier, partit pour Cannes où elle devint l'adjointe de la directrice d'une maison d'enfants. Elle y fut honteusement exploitée. « Je sais que vos papiers sont faux. Faites tout ce que j'exige de vous, sinon… » De mon côté, j'avais eu des contacts qui m'incitaient à me rendre à Grenoble. C'est deux jours après notre départ que la dénonciation produisit son effet. J'ai su que trois hommes s'étaient présentés pour nous arrêter, un Allemand et deux Français. À Grenoble, j'avais rendez-vous avec quelqu'un qui devait m'amener dans le Vercors. Nous ne nous sommes pas trouvés – un hasard qui m'a fait échapper à une horrible tuerie allemande.

Un prêtre rencontré à Saint-Raphaël m'avait suggéré de chercher refuge dans une communauté à Chabeuil, près de Valence. Il s'agissait en fait d'un groupe qu'on qualifierait aujourd'hui d'intégriste. Son supérieur, le père Vallet, me mit devant la scandaleuse alternative : « Baptême et aide ; pas de baptême, pas d'aide. » L'incroyant que j'étais a opté pour l'acceptation, sans pour autant se sentir devenir catholique. L'aide fut efficace : je fus envoyé, précédé d'une recommandation, au scolasticat des frères maristes à Saint-Paul-Trois-Châteaux, toujours dans la Drôme. L'accueil fut aussi chaleureux que franc. On ne me demanda aucune manifestation d'appartenance religieuse. On me proposa de devenir professeur dans l'école que la congrégation tenait à Marseille, la grande ville devant permettre plus facilement de ne pas se faire remarquer. J'allais y être porteur d'attestations successives, changées en fonction de mes cartes d'identité :

> Je soussigné, Frère Provincial de la Congrégation des frères maristes déclare et certifie que M. Alfred GROSSER, né le 1er février 1926 (carte d'identité n° 58 335 Série H) du SCOLASTICAT des frères maristes de ST-PAUL-TROIS-CHÂTEAUX (Drôme) se trouve actuellement à Marseille comme professeur stagiaire.

Je ne crois pas avoir pris alors toute la mesure des risques assumés par le frère Aragon, provincial, et par le frère Ancenis, directeur de l'école Saint-Joseph, les deux seuls à être au courant de ma situation. Peut-être parce que, pendant l'année scolaire 1943-1944, il n'y eut aucun incident, aucun danger immédiatement perceptible pour le jeune professeur qui vivait dans l'établissement et en sortait peu.

L'école Saint-Joseph de la rue Sainte-Victoire, près de la place Castellane, avait excellente réputation à Marseille. Les parents fort bourgeois qui y mettaient leurs garçons, souvent des petites classes jusqu'au baccalauréat, ne devaient pas être très au courant des qualifications à exiger d'un professeur de l'enseignement secondaire. Avec une demi-licence en lettres, j'étais en effet l'enseignant le plus diplômé de l'établissement. Les frères qui enseignaient avaient pour la plupart le brevet, les laïques étaient en général bacheliers. Je fus chargé de l'une des deux secondes. J'enseignais environ vingt-cinq heures par semaine le français, l'histoire-géographie, les mathématiques, la physique et les sciences naturelles. Pas l'allemand parce que l'anglais était langue vivante unique. L'essentiel était le français et j'ai eu joie à faire naître le plaisir aux classiques et à des auteurs plus récents chez ma trentaine d'élèves.

Avoir joie : dans le journal que je tenais à l'époque, j'écrivais qu'il était facile d'appliquer la devise pédagogique que je m'étais donnée, *aimer, sourire, intéresser.* À dix-huit, puis dix-neuf ans, j'étais simplement l'aîné de mes élèves et ils se confiaient plus volontiers à moi qu'aux frères, d'autant plus qu'ils n'avaient pas le droit de leur parler en tête à tête, tant la crainte d'incidents homosexuels semblait forte dans la congrégation. Plusieurs élèves allaient rester en contact avec moi pendant bien des années, l'un d'entre eux devenant un ami. Ma principale difficulté à leur égard était qu'il me fallait faire silence sur mon incroyance, même quand l'un me demanda si je pensais qu'il devait songer à se faire prêtre. J'estimais en effet – et j'estime toujours – que j'avais un devoir d'État comme professeur auquel les frères avaient confié des adolescents.

Mes rapports avec mes collègues, laïques et religieux, étaient excellents. J'éprouvais pourtant une sorte de pitié pour ces derniers. Ayant prononcé les mêmes vœux de pauvreté, de chasteté et d'obéissance que les prêtres, mais ne pouvant accéder au sacerdoce, disposant d'une culture religieuse limitée et de connaissances restreintes dans les matières d'enseignement, ils étaient pour la plupart peu épanouis. Le destin du plus jeune d'entre eux fut tragique. Il était fils de cantonnier. Son père était mort en tombant dans du goudron incandescent. Le frère recruteur était venu voir la veuve et avait dit que l'enfant pourrait se préparer à une foule de métiers en entrant au scolasticat. En fait, lorsqu'il eut quinze ans, on lui dit : « Tu as été à la charge de la congrégation pendant bien des années. Tu finiras la préparation du brevet en commençant à enseigner en onzième. » Du coup, il ne passa jamais l'examen et, lorsque vint l'âge des premiers vœux, il les prononça, non par vocation, mais parce qu'il ne pouvait rien faire d'autre. Sur un coup de tête désespéré, il partit et s'engagea dans le premier régiment de France que Vichy avait créé et fut tué dans un affrontement avec le maquis. J'avais essayé de l'aider à trouver un équilibre, mais il n'avait guère été soutenu par les frères plus âgés. La reconnaissance que je devais et que je portais en effet à la congrégation m'a longtemps empêché d'évoquer cette sécheresse, en particulier son indifférence aux souffrances causées par le bombardement du 27 mai 1944.

Les bombes américaines sur Marseille firent plus de trois mille morts. L'action des quatre vagues de bombardiers était politiquement stupide. La veille, la ville avait en effet connu une grande grève contre les Allemands. Elle était militairement absurde. Il s'agissait de couper la ligne Paris-Nice. Or, celle-ci pouvait contourner le cul-de-sac qu'était Marseille avec sa gare Saint-Charles. De plus, le bombardement ne se fit pas dans le sens des voies, mais perpendiculairement à elles. Dès qu'il n'y eut plus d'explosions, je sortis avec un groupe d'élèves. Il s'agissait de contribuer à l'accomplissement d'une double tâche : dégager d'éventuels survivants et ramasser les morts, entiers ou par morceaux. C'est le deuxième jour, je crois, que nous avons hélé un camion vide pour y charger des cadavres. Nous voulions les déposer au cimetière. Le gardien nous a refusé l'accès, mais nous avons trouvé une autre entrée et déposé les morts entassés, avant de nous faire ramener dans le quartier de la Belle-de-Mai, le plus atteint.

Le premier jour, j'ai pu constater jusqu'où pouvait aller l'égocentrisme. D'abord il y eut ce couple qui nous criait : « Venez creuser ici. Nous avons entendu comme des appels. » Notre effort mit au jour leur argenterie. Puis ce furent les maristes. De retour rue de la Victoire dans l'après-midi, poussiéreux et affamé, je m'entendis dire qu'il n'y avait rien à manger au-delà de l'heure normale du déjeuner. Les jours suivants, nous avons travaillé côte à côte avec les jésuites de l'École de Provence qui avaient manifestement une autre conception de la solidarité. On ne nous a donné des gants qu'au troisième jour. Il est vrai que, de toute façon, nous n'avions pas respecté les règles élémentaires d'hygiène. Tel déjeuner sur place était composé de pâtes trouvées dans les décombres et cuites dans un seau crasseux avec l'eau du ruisseau. Au bout d'une semaine, on m'a dit d'arrêter notre effort, même si tous les débris humains n'étaient pas encore ramassés. Qui était ce « on » ? Le 20 juin est arrivée une lettre à en-tête du Commissariat général à la jeunesse, en fait une circulaire personnalisée par le nom du destinataire : « Le chef départemental des équipes nationales à l'équipe GROSSER, école Saint-Joseph, rue Sainte-Victoire, MARSEILLE » :

> Après les tristes événements du 27 mai, les travaux de secours étant arrêtés, je tiens à vous exprimer toute ma gratitude pour l'ardeur avec laquelle vos jeunes entraînés par leurs chefs ont pris part aux lourdes tâches qui nous incombaient.
>
> Dans un esprit de dévouement remarquable, en pleine abnégation, ils ont tous effectué des travaux bien au-dessus de leurs forces.
>
> Ils ont prouvé par là que la jeunesse française savait encore servir…

Lorsque le directeur m'a donné la lettre, j'ai eu deux réactions. L'une d'ironie : « Me voici donc vichyste et collabo. » L'autre d'effroi : quelle folle imprudence de m'être ainsi mis en avant et d'avoir donné mon nom ! Mais il n'y eut pas de conséquences. De toute façon, tout le monde se préparait aux suites du débarquement allié qui ne pouvait manquer de se produire dans le Midi pour soulager le front de Normandie et prendre les Allemands à revers. Il eut lieu en effet le 15 août près de Saint-Raphaël.

Quelques jours plus tard cependant, c'est une nouvelle d'un autre ordre qui vint me heurter. La BBC annonça que les détenus du camp de Theresienstadt avaient été transférés à Auschwitz pour y être exterminés. Or, je savais que ma tante Ida, sœur de mon père, et son mari, le docteur Kurt Landsberger, avaient été enfermés à Theresienstadt. La probabilité était qu'ils étaient morts dans des conditions atroces. (La totale certitude n'est venue qu'en 1995, lorsqu'une chercheuse allemande m'a écrit pour m'informer qu'on avait retrouvé leurs noms sur une liste concernant le dernier convoi de Theresienstadt à Auschwitz.) J'avais passé plusieurs semaines chez eux, à Berlin, en 1931. Ils étaient venus souvent nous voir à Francfort. Ils n'avaient pas voulu émigrer. J'ai même retrouvé, dans les papiers de ma mère, après sa mort en 1968, une carte-photo de 1935, datée de Weggis, en Suisse. Kurt, Ida et ma mère y souriaient à l'objectif: ils ont pu quitter l'Allemagne pour un séjour de vacances, mais sont rentrés à Berlin!

Cette nuit d'août 1944 fut libre de telles considérations. Elle fut consacrée à me maîtriser. Je ne puis que répéter ce que j'ai eu souvent l'occasion d'écrire et de dire. Au matin, j'étais sûr, définitivement sûr, que la haine pour une collectivité n'était pas la bonne réponse à une haine collective. Et qu'il ne devrait jamais y avoir de condamnation globale d'un groupe humain, en l'occurrence les Allemands, quelle que fût la monstruosité des crimes et quel qu'ait été le nombre des criminels.

L'armée du général de Lattre de Tassigny avançait vers Marseille que les troupes allemandes commençaient à évacuer. Pourquoi ne me suis-je jamais prévalu, plus tard, d'un petit papier portant comme en-tête «Jeunes de la Libération nationale. Comité provincial de Provence» et comprenant la seule phrase: «Alfred Grosser a combattu dans les rangs des corps francs du MLN pour la libération de Marseille et de sa banlieue»? Certes, je pouvais tirer fierté de la découverte que mes chefs indirects d'alors avaient été de vrais résistants – Gaston Defferre, Max Juvénal, Francis Leenhardt –, mais je n'ai jamais participé à de vrais combats. Oui, des soldats allemands cachés dans le bureau de poste de la rue Dragon ont tiré. Oui, nous avons trouvé un petit canon chargé dont l'obus, parti par hasard, a dû mettre le feu à une pharmacie de la place Castellane, mais cela en l'absence d'Allemands. Oui, il y a eu des morts à déplorer à Marseille (y compris les occupants français d'une jeep montant vers les forts tenus par les Allemands et tués par un tir français mal réglé). Mais je n'ai jamais voulu participer à la naissance ou à la confirmation de mythes, dont celui de l'héroïsme collectif d'une population, fût-elle parisienne ou marseillaise.

Parmi les grands blessés, il y avait le germaniste Henri Pizard, ami très cher, dont le foie avait été atteint par un éclat d'obus. Il a agonisé à l'hôpital pendant plusieurs jours. À son chevet le plus souvent et le plus longtemps possible, je me suis aussi entretenu avec un blessé voisin de lit, un jeune prisonnier allemand, de deux ans mon cadet. Il ne s'étonna guère de pouvoir converser dans sa langue. Il se racontait facilement et répondait à mes questions. Je constatai à quel point il se posait peu de problèmes, n'avait aucun trouble de conscience, sur fond de grande ignorance. Le mot SS n'évoquait pour lui que des unités militaires particulièrement vaillantes. Il est probable que mon désir ultérieur de contribuer à la transformation intellectuelle et morale de jeunes Allemands soit né pour une bonne part de ces entretiens.

À côté de la joie profonde de la liberté retrouvée, du danger personnel écarté, j'ai aussi connu l'écœurement. Les femmes tondues, les « collabos » maltraités par des gens dont la plupart avaient à se faire pardonner faiblesses et abstentions – que de scènes ne générant pas l'enthousiasme ! Le répugnant épicier de l'incisif roman de Jean Dutourd *Au bon beurre* ne représente évidemment pas la pleine réalité du passage d'un régime à un autre, mais il en incarne une part non négligeable. Peu enthousiasmant était aussi le désordre qui régnait à la préfecture. Le nouveau « patron », Raymond Aubrac, ne pouvait pas connaître toutes les réalités locales. Mais je pense encore à la colère désabusée de tel militant communiste, vrai combattant confirmé des FTP (francs-tireurs et partisans) qui me racontait comment lui et les siens étaient mis à l'écart pour faire place à nombre d'ouvriers de la onzième heure, y compris des convertis récents au parti communiste. Je ne sais à quelle catégorie j'appartenais, pourtant il me fut proposé d'entrer au secrétariat général de la préfecture. « Mais seulement si tu sais quand même un peu de droit administratif. Tu en connais sûrement ! » J'ai avoué ma totale ignorance. J'avais enseigné les sciences naturelles après avoir appris un chapitre de manuel la veille de chaque cours – mais ce n'était pas du même ordre !

J'ai voulu m'engager dans la première armée. On me dit qu'il me fallait d'abord donner un coup de main ailleurs. La Gestapo de Marseille avait tenté d'incendier ses archives, mais le papier trop tassé avait mal brûlé.

« Toi qui sais l'allemand, fais un tri, donne au capitaine ce qui est intéressant et jette le reste !

— Mais vous ne me connaissez pas. Je n'ai même pas de vrais papiers !

— On te fait confiance. »

J'ai trié pendant quelques jours, puis on m'a dit d'arrêter. Parmi les documents trouvés, il y avait un chéquier. Sur les talons, des noms d'industriels de Marseille. J'aurais pu faire fortune par le chantage, mais j'ai sagement remis le chéquier à mon supérieur. À ma connaissance, il n'a jamais refait surface.

L'officier de la première armée que j'allai trouver me demanda de réfléchir : « Rends-toi compte que l'engagement vaudra jusqu'à la fin de la guerre, même si le Japon résiste encore pendant des années. Réfléchis quelques jours et va demander conseil à ta mère. » Je pris donc le vélo pour aller à Monaco où elle avait trouvé refuge. Au bout de quelques kilomètres, je me suis réveillé sous un car et ai entendu des cris : « Il est mort, il est mort ! » Le chauffeur avait lâché le volant pour tuer un bourdon et m'avait percuté par-derrière. Le vélo était détruit, mais je n'étais pas très sérieusement atteint. Une clavicule cassée guérit assez vite, mais la poignée de frein était entrée dans mon genou. Après l'hôpital et l'immobilisation, il m'a fallu marcher avec une canne pendant plusieurs mois (en fait, je l'ai gardée plus longtemps que nécessaire. Je m'en suis honteusement servi pour monter en priorité dans les tramways et les bus surpeuplés de Marseille). Ma carrière militaire se trouvait arrêtée avant d'avoir commencé.

***

Ma mère put me rejoindre à Marseille. Nous étions dépourvus d'argent, mais non de ressources. Je trouvai un poste de secrétaire dans une entreprise de manutention sur le port de Marseille. J'y découvris que les dockers exerçaient – à l'époque – un métier très dur, avec un recrutement quotidien assuré par le syndicat et que celui-ci, grâce à son monopole, jouissait d'un pouvoir énorme. (Quarante-cinq ans plus tard, je pus apprécier la perfection de notre gestion sociale : je reçus notification des quelques points de retraite que ces mois dans l'entreprise m'avaient valus.) Ma mère se retrouva adjointe à la directrice d'un hôpital militaire sur le boulevard du

Prado. J'aurai à parler de la femme admirable qu'était Marie d'Amigny, infirmière en chef bénévole à la Croix-Rouge, dont la fille avait pris des leçons de mathématiques avec moi. Nous n'avions pas grand-chose à manger, la pénurie étant plus grande après la Libération qu'auparavant. Pour la première et dernière fois, je donnai mon sang contre compensation, alors que, au cours des décennies suivantes, le donneur de sang eût été horrifié si on lui avait offert une rémunération : pour les quatre cents centilitres de prélèvement chez les hommes, on avait droit à une grosse boîte de rations américaines contenant notamment de l'inestimable corned-beef.

Dès janvier, je pus m'employer de façon plus intéressante, tout en préparant à la hâte la session spéciale de février de la faculté d'Aix, qui me permit de réussir les certificats de littérature et d'études pratiques d'allemand et de me trouver ainsi licencié ès lettres. Je devenais censeur militaire de la presse marseillaise. Je reconnais que le poste comportait un avantage matériel non négligeable : à côté d'une rémunération honorable, je profitai, comme « lieutenant assimilé », de l'accès au mess des officiers. Mais il me permit surtout de découvrir le monde des journaux.

L'organisation de la censure était facilitée par le nombre des quotidiens marseillais. Comme ils étaient cinq, chaque censeur passait cinq soirées dans chacune des rédactions et assurait la permanence à la censure le sixième soir. L'alternance avait du bon : aucun directeur ne pouvait reprocher à la censure de lui avoir affecté un censeur particulièrement rigide. Nous nous consultions d'ailleurs régulièrement en passant par la permanence pour harmoniser nos décisions, par exemple pour l'application d'une consigne aussi claire que « rien qui puisse entamer le moral de la population » ! Le travail était fort dur à cause du grand nombre d'éditions locales. Nous devions lire en vitesse les morasses (dernières épreuves, faites à la brosse) à partir de dix heures du soir jusqu'à deux ou trois heures du matin.

La lecture rapide pouvait avoir des inconvénients. Un matin, je fus convoqué par le chef de la censure. Dans son bureau m'attendaient deux officiers de marine venus de Toulon.

« Comment avez-vous pu laisser passer ces attaques contre l'amirauté dans *Rouge-Midi* ?

— Je n'ai rien laissé passer.

— Regardez vous-même. »

La rédaction connaissait nos habitudes. Un article, dont le titre portait sur l'électricité dans le Midi, traitait ce sujet au commencement et à la fin. J'avais donc jugé la morasse innocente, alors qu'au milieu figurait une violente critique de la Marine nationale. L'admonestation que je reçus était ainsi justifiée. En sortant, je téléphonai au rédacteur en chef pour lui dire « Bien joué ! ».

Dire que nous étions aimés dans les salles de rédaction et dans les imprimeries serait excessif, parce que la censure est une institution offensante et parce que nos consignes étaient stupides (pas d'indications météorologiques : l'aviation allemande aurait pu utiliser la précieuse information qu'il avait plu à Aubagne la veille !). Mais les relations personnelles étaient cordiales et le métier de censeur ne doit pas déshonorer définitivement puisque l'un d'entre nous, Roger Malinconi, est devenu bâtonnier du barreau de Marseille. Malgré la fatigue (études dans la journée, censure la nuit), je me pris de passion pour la vie au « marbre », la grande plaque sur laquelle s'effectuaient les dernières opérations conjointes des rédacteurs et des typographes. Aujourd'hui, ce cœur de la vie du journal ne bat plus. Il n'y a plus besoin de marbre ni même de typographes. Je suis sûr de n'être pas le seul à éprouver la nostalgie de la salle du marbre, avec son odeur caractéristique. Encore ne l'ai-je connue que quelques mois. La passion d'Albert Camus pour le marbre de *Combat* aura été autrement plus fondée et plus forte.

La censure ne fut supprimée qu'au début de juillet. L'hôpital militaire était fermé depuis longtemps. Ma mère et moi avons donc décidé de rentrer à Saint-Germain. Auparavant, j'avais connu mes nuits les plus difficiles de censeur. Début mai, la fin de la guerre en Europe paraissait toute proche. Chaque journal voulait être le premier à annoncer la victoire. Il fallait les empêcher d'anticiper sur l'événement, donc retenir les éditions spéciales composées à l'avance. Les rédactions prenaient ainsi des risques. *La Marseillaise* n'avait pas prévu qu'il y aurait un décalage entre l'annonce de la capitulation allemande et les discours officiels des hommes d'État victorieux. (Le général de Gaulle évoque ces discours dans ses *Mémoires de guerre* en écrivant modestement : « À Londres, Winston Churchill, à Washington Harry Truman parlent en même temps que moi. ») L'édition spéciale, prête depuis plusieurs jours, parla donc d'allocutions et de joyeuses salves de canons qui n'avaient pas encore eu lieu. Je crois me souvenir que le rédacteur en chef y a perdu sa place.

Il était entendu avec mon professeur d'Aix que, si je travaillais dur, je pourrais soutenir mon mémoire pour le diplôme d'études supérieures d'allemand en novembre, c'est-à-dire en ultime session de l'année universitaire 1944-1945. Victor Michel avait déjà manifesté à mon égard toute sa générosité bienveillante depuis le début de mes études en 1942. Comme il me savait intéressé par les questions religieuses et grand admirateur de Tolstoï, il me suggéra de travailler sur un gros roman de Gerhart Hauptmann, prix Nobel de littérature en 1912, connu surtout pour ses drames naturalistes, dont *Les Tisserands. Der Narr in Christo Emmanuel Quint* (*Emmanuel Quint, le fou en Jésus-Christ*), publié en 1910, bien oublié en Allemagne et jamais traduit en français, raconte l'histoire, à la fin du XIXe siècle, d'un jeune compagnon-menuisier silésien. Converti par les frères moraves, branche du piétisme luthérien, il se prend peu à peu pour le Christ et proclame une doctrine de renoncement, d'amour et de paix que l'auteur a trouvée aussi chez Tolstoï. Hauptmann se tient à distance ironique de son héros et du lecteur, avec la constante question implicite : « Et si Emmanuel était vraiment Jésus revenu parmi nous ? » Je parvins à finir dans les temps. Ultérieurement, j'eus la chance de pouvoir publier une synthèse du mémoire dans une revue universitaire.

La réinstallation n'avait pourtant pas été aisée. Il n'était pas question de retourner dans la grande maison de Saint-Germain, où s'était d'ailleurs installée la famille du propriétaire. Celui-ci nous loua le petit bâtiment biscornu qui avait été la maison des gardiens. Ma mère et moi allions y vivre ensemble, en compagnie de la fidèle Thérèse, jusqu'à mon mariage en 1959. La réinstallation a été facilitée par la mort en Grande-Bretagne d'un vieil oncle de ma mère. Ce qu'il lui laissa était suffisant pour nous permettre de vivre sans ressources supplémentaires pendant un an. L'année 1945-1946 fut ainsi la seule où je n'eus pas à exercer des activités rémunérées.

Comment utiliser cette période ? L'obtention du DES m'aurait donné le droit de me présenter à l'agrégation d'allemand à la session de juin 1946 – si j'avais été citoyen français depuis dix ans. C'était la durée requise alors pour pouvoir devenir fonctionnaire. Il me fallut donc retarder la présentation au concours. À Marseille, j'avais déjà fréquenté, de façon fort irrégulière à cause de mon travail à la censure, la khâgne du lycée Thiers. Je décidai de préparer le concours de l'École normale supérieure – dont les élèves n'étaient pas encore « fonctionnarisés » à l'époque. Je m'inscrivis en première supérieure au lycée Condorcet, moins pour éviter d'être refusé à Henri-IV ou à Louis-le-Grand qu'à cause de la grande proximité de la gare Saint-Lazare, où arrivaient les trains de Saint-Germain.

C'était une khâgne à effectifs réduits. Nous étions une douzaine, d'un niveau de faiblesse tel que j'apparus comme le meilleur espoir, Condorcet n'ayant sans doute plus eu d'admis à l'école depuis Jean-Paul Sartre. Deux professeurs me marquèrent durablement. M. Bodevin, auteur d'excellents manuels d'allemand, m'apprit, en méthode et en contenu, ce que j'aurais dû savoir depuis longtemps et que mes bizarres études universitaires ne m'avaient pas enseigné. L'autre était celui de philosophie. Il ne s'agissait pas du jeune et brillant maître qui, en octobre, nous parla de Hegel, de Husserl et de phénoménologie : Raymond Polin nous quitta vite pour enseigner à la faculté de Lille. La première heure avec son successeur nous déconcerta : le petit homme à la voix douce répondit plusieurs fois « je ne sais pas » aux questions qu'il nous incitait à poser. Très vite, je découvris les vertus de la maïeutique socratique à laquelle il nous soumettait. Il nous aidait à nous découvrir et à nous poser des questions essentielles. Grâce à lui aussi, je fis la connaissance de philosophes français comme Lachelier et Lagneau, injustement méprisés et écartés dans l'après-guerre hégélo-heideggérienne. Poète lui-même, il nous montra comment philosophie et poésie peuvent se rejoindre, en particulier chez Paul Valéry. Nommé ultérieurement inspecteur général, Georges Perret est resté pour moi, pendant le restant de sa vie, un ami exigeant.

Au concours, j'échouai dès l'écrit. La position de meilleur recalé ne constituait pas une compensation. Je n'étais assurément pas au niveau, mais je ressentis deux notes comme injustes. Le correcteur de latin, un professeur à la Sorbonne, mit zéro à quiconque avait fait un barbarisme en thème. Le mien était si élémentaire que je ne l'aurais même pas commis en cinquième : j'avais laissé passé un *sequit*, alors que le verbe est déponent et qu'il eût fallu écrire *sequitur*. Nous fûmes, je crois, quelques dizaines notés zéro. En allemand, j'avais, selon Bodevin, rendu un travail de grande qualité, mais le correcteur avait été critiqué l'année précédente par le directeur de l'école pour avoir mis de trop bonnes notes par rapport à celles de grec. Il se limita au 14.

Comme j'ai toujours été incapable de regretter, l'échec me parut vite comporter deux avantages. L'un, c'est que j'échappais à un milieu, à l'adaptation probable à des conventions de langage et d'attitudes intellectuelles. L'autre était la possibilité de préparer tout de suite l'agrégation, alors qu'à l'école (où l'on pouvait alors entrer déjà muni de la licence et du DES) il m'eût fallu patienter une ou deux années supplémentaires.

Je n'allais pas voir mes études interrompues par le service militaire. Je profitai d'une énorme chance. En 1945, l'armée avait appelé la classe 1944. En 1946, on revint à la normale en appelant la 1946. La classe 1945 fut dispensée. J'eus à passer devant le conseil de révision, fus déclaré apte, puis reçus le livret militaire qui portait la mention « Est considéré comme ayant accompli ses obligations militaires ». Mon fascicule de mobilisation disait, à la rubrique « lieu de convocation » : « Maintenu provisoirement dans ses foyers. Rejoindra sur nouvel avis. » En revanche, il me fut demandé d'effectuer une préparation militaire qui aurait lieu le dimanche en forêt de Fontainebleau. L'obligation ne devait pas être très stricte, puisque nous étions en général une cinquantaine, alors qu'il y avait deux cents inscrits. Or, le ravitaillement était livré pour deux cents. Comme la pénurie alimentaire demeurait grande, nous avons passé le plus clair du temps à manger ; les quelques exercices de tir ne m'ont guère permis d'atteindre la maîtrise du fusil.

Comment concilier la lourde préparation de l'agrégation avec un travail rémunéré ? J'avais déjà fait quelques articles pour l'hebdomadaire marseillais *Vérité* (ils ont été perdus et je ne sais de quoi j'y parlais). En juin 1946, l'hebdomadaire alors démocrate-chrétien *Carrefour* avait accepté un article nécrologique après la mort de Gerhart Hauptmann, consacré plus à son attitude sous le régime nazi qu'à son œuvre. J'ai cherché et trouvé deux collaborations régulières. L'une, en allemand, au *Wochenkurier*, hebdomadaire publié par le ministère de la Guerre pour les prisonniers allemands en France, l'autre à *Tour-à-tour. L'hebdomadaire de la famille.* J'y tenais la rubrique de la radio, avec des incursions dans la critique théâtrale.

Comme je n'avais pas tellement le temps d'écouter les émissions, le directeur me convoqua pour me faire quelques critiques justifiées. Ayant déjà une certaine expérience de la presse, j'écrivis à quelques connaissances dans diverses villes de province. Chacun fit une lettre au journal pour dire à quel point la rubrique radio lui paraissait excellente. Le directeur me dit alors : « Puisque le public aime ce que vous faites, gardez votre rubrique ! »

Je passais la plupart de mes journées à la Bibliothèque nationale, arrivant à l'ouverture, déjeunant dans le petit restaurant pour lecteurs qui s'y trouvait alors et pliant bagage dès que retentissait le sonore et impératif « On ferme ! » proféré vingt minutes avant l'heure de fermeture annoncée. Le jeudi, je suivais les six heures de cours et d'exercices pratiques à la Sorbonne. C'était le jour de repos hebdomadaire dans les écoles et la quasi-totalité de mes camarades, moins favorisés que moi, avaient un lourd service d'enseignement à assurer. Je fis la connaissance d'Edmond Vermeil, grand patron de la discipline, dont le dernier livre d'avant-guerre, *L'Allemagne. Essai d'explication*, avait été mis au pilon par l'occupant. Il s'intéressa beaucoup à moi, tout en me mettant de mauvaises notes, comme c'était la coutume. Dès le concours réussi, il me téléphonait :

« Pouvez-vous assurer des travaux pratiques de thème à la rentrée ?

— Mais vous ne m'avez jamais mis la moyenne pendant l'année écoulée !

— Cela n'a aucune signification. »

La préparation la plus efficace ne s'est pas faite à la Sorbonne. Aujourd'hui encore, du reste, bien des agrégatifs travaillent, en dehors de leurs cours à l'université, au collège Sévigné. L'enseignant pour l'agrégation d'allemand était Joseph-François Angelloz, professeur à la faculté de Caen, plus tard recteur-fondateur de l'université de Sarrebruck. Il était en particulier le grand spécialiste de Rainer Maria Rilke – et le poète était au programme ! J'y appris aussi à travailler en équipe, notamment avec la fille d'un pharmacien breton, remarquable germaniste. Elle fut reçue première chez les filles, tandis que j'étais premier chez les garçons. Contrairement à notre attente, c'est sans joie délirante que nous nous sommes attablés dans un café du Quartier latin après l'affichage des résultats. Nous venions en effet d'assister à une sorte de transsubstantiation des autres reçus. Ils se considéraient désormais comme appartenant à une autre espèce que celle de leurs camarades qui avaient eu, par malchance, quelques points de moins qu'eux. Conséquence directe de ce spectacle de comédie humaine : je n'ai jamais adhéré à la Société des agrégés.

Au programme, il y avait donc eu Rilke. Et Goethe. Et le drame du *Sturm und Drang*. Et un texte en allemand du Moyen Âge. Et Hitler ? Et l'Allemagne du XXe siècle en général ? Et l'Allemagne écrasée de 1945 avec ses immenses problèmes ? Ce n'eût pas été de la germanistique ! Il me semblait pourtant aberrant de faire comme si la réalité allemande n'existait pas, comme si aucune tragédie ne venait d'avoir lieu. Je voulus au moins découvrir l'Allemagne en ruines matérielles et morales. Lorsque je m'y rendis, au début d'août 1947, c'était comme « agrégé de l'Université ». L'arrêté de nomination marquant mon entrée dans la fonction publique française fut daté du 1er octobre 1947 – exactement dix ans après le décret de naturalisation.

Chapitre 2

Querelles allemandes

Tout a vraiment commencé avec mon voyage de 1947. Tout, c'est-à-dire un demi-siècle d'efforts pour exercer une double influence, fût-elle minime, pour mener une double querelle. L'une en France : faire connaître et comprendre les réalités allemandes, par-delà et le plus souvent contre les idées reçues, les visions et jugements sommaires, les commodités de l'ignorance péremptoire. L'autre en Allemagne, où l'objectif était à son tour double : d'une part, élargir là-bas une vision raisonnable de la France ; de l'autre, contribuer à assurer la solidité de la nouvelle démocratie allemande, ce qui présupposait qu'on établisse et qu'on maintienne par contraste à travers les générations une ample connaissance des abdications de la république précédente et des horreurs du régime hitlérien.

Je partis le 11 août, muni de trois précieux papiers. Un ordre de mission à en-tête du ministère de la Guerre (direction générale des prisonniers de guerre de l'Axe. Rédaction du *Neuer Kurier*) me chargeant d'effectuer, dans toutes les régions allemandes qui me seraient accessibles, une enquête sur les conditions de vie en Allemagne. Un laissez-passer ou *pass* rayé de tricolore, à en-tête du commandant en chef français en Allemagne, qui me donnait pour adresse le camp de presse de Baden-Baden et m'autorisait notamment à utiliser les trains militaires. Enfin une *Correspondent's Accreditation Card* me permettant de profiter des facilités consenties aux journalistes en zones britannique et américaine.

J'ai ainsi pu parcourir pendant six semaines les trois zones occidentales, en profitant pleinement de mes atouts. Comme agrégé de l'Université, j'étais mieux reçu par les fonctionnaires de l'occupation française, souvent des universitaires, que si j'avais vraiment été journaliste. Comme jeune enquêteur français parlant allemand, manifestement surtout désireux de savoir, j'ai pu entrer en contact et avoir de longues conversations avec des Allemands de toute sorte, maires, hommes politiques, syndicalistes, militants chrétiens, étudiants, lycéens, jeunes ouvriers. À Mayence, l'interlocuteur le plus intéressant fut le secrétaire local du parti communiste, à Hanovre, le numéro 2 du parti social-démocrate, Erich Ollenhauer, rentré d'émigration en 1945. En Bavière, je découvris la tragédie des millions de Poméraniens, Silésiens, Allemands des Sudètes massivement expulsés par la Tchécoslovaquie et la Pologne de territoires habités depuis des siècles. Partout je rencontrai l'obsédante interrogation sur les culpabilités personnelles, sur les responsabilités collectives. À Heidelberg, j'ai eu la chance de pouvoir en discuter avec le philosophe Karl Jaspers, de nouveau professeur à l'université après être revenu de son proche exil à Bâle. À Nuremberg, j'ai pu observer la prostitution de misère et assister une nuit à la « location » d'une jeune fille par sa mère à un soldat américain contre un paquet de café. À Trèves, j'ai rendu visite à la famille du gamin qui s'était proposé, à la gare, de transporter ma valise dans sa carriole. Il allait malgré tout à l'école le lendemain matin. Il faisait vivre ses parents chômeurs avec ses pourboires. De quoi était-il donc coupable ?

À Francfort, en revanche, je n'eus pas d'hésitation pour dire aux dirigeants de la Chambre des médecins ce que je pensais de l'abdication du corps médical en 1933. Les retrouvailles avec notre quartier ne me bouleversèrent pas. Notre maison avait été détruite dans un bombardement. Il y eut certes émotion, mais aucun sentiment de retour. J'entrevis une réalité que j'ai formulée en 1971, dans la *laudatio* que je prononçai pour la comtesse Dönhoff, directrice de l'hebdomadaire *Die Zeit*, lorsqu'elle reçut, en la *Paulskirche* de Francfort (l'église Saint-Paul désaffectée où la démocratie parlementaire allemande était née en 1848), le prix de la Paix décerné annuellement par l'Union des éditeurs et libraires allemands. Devant le président de la République fédérale et surtout devant le maire de la ville, un peu choqué par ma formule, je dis que Francfort était mon lieu de naissance (*Geburtsort*) et non ma *Heimatstadt*, ma ville-patrie, puisque à huit ans on n'a pas encore vraiment de *Heimat*. Marion Dönhoff, elle, fuyant en 1944 sa Prusse natale, était adulte et perdait sa *Heimat* – ce qui rendait d'autant plus méritoire son acceptation de l'inclusion de celle-ci dans la Pologne élargie vers l'Ouest. (Aujourd'hui cependant, ma définition serait sans doute différente : ma *Heimatstadt* est Saint-Germain-en-Laye parce que mon père, ma grand-mère, ma sœur, ma mère y sont enterrés dans le même Ancien cimetière.)

Rentré à Paris à la fin de ce mois de septembre de 1947, il me semblait que j'avais plus à dire et pour un public tout autre que ce que je pourrais écrire dans l'hebdomadaire des prisonniers et travailleurs libres allemands encore en France. Le rêve était d'être publié par le quotidien que j'admirais depuis la Libération – et pas seulement à cause des éditoriaux d'Albert Camus. Je demandai donc un rendez-vous au directeur de *Combat*, Claude Bourdet. Je vis « seulement » le jeune rédacteur en chef, Maurice Laval. Je lui proposai une série sur la jeunesse en Allemagne.

« Nous en avons déjà reçu une.

— Pas aussi bonne que la mienne !

— Montrez-la-moi.

— Elle n'est pas encore écrite, mais je vous la remettrai dans quelques jours. »

Il eut la gentillesse d'accepter et je rédigeai sept très longs articles – qu'il fallut ensuite réduire à quatre, tout de même chacun de bonne longueur. Ils parurent fin octobre sous le titre « Jeunesse d'Allemagne » que j'avais donné à la série. Malheureusement les autres titres et sous-titres furent l'œuvre de la rédaction. Le premier était intitulé « Faut-il désespérer de la génération du marché noir et des ruines ? ». Le dernier titre semblait demander le salut des Allemands par la culture française, alors qu'il s'agissait surtout d'un plaidoyer pour l'ouverture de la frontière française à de jeunes visiteurs allemands.

Le jeune Allemand ne se tient pas pour responsable de la folie criminelle du régime hitlérien. En quoi il a raison. Il n'y a pas de responsabilité collective pour les enfants et les adolescents. Il faudrait donc avoir une politique nette à l'égard de la jeunesse allemande. Une fois officiellement proclamé qu'on ne la tient pas pour responsable, il faudrait lui ouvrir les fenêtres, l'informer, la mettre en rapport avec la jeunesse d'autres pays [...] La jeunesse allemande, inquiète, cherche sa voie. Elle risque, si elle se sent isolée, excommuniée, de se laisser aller au plus complet des découragements...

Les réactions à la série furent nombreuses et presque toutes positives. La plus encourageante vint d'Allemagne. L'hebdomadaire *Benjamin*, édité par de jeunes adultes de Hambourg, lança un appel s'ouvrant sur une longue citation de ma conclusion : « Que de jeunes Allemands se portent volontaires pour participer à la reconstruction d'Oradour-sur-Glane ! » Les rares survivants du village rejetèrent la proposition pour des raisons parfaitement compréhensibles, mais le geste était le signe d'une belle disponibilité. De Baden-Baden vint une approbation en même temps qu'une rectification. Dans l'un des articles, j'avais fait l'éloge de l'action culturelle française ; dans un autre, j'avais vivement critiqué les formes les plus détestables de notre occupation (marché noir, autoritarisme bête, petitesses). La lettre m'apprit tout ce qui avait déjà été réalisé en matière de politique de jeunesse et de culture populaire, de contacts et d'échanges avec de jeunes Français. Mon appel contribuait à leur développement – et m'engageait à une participation personnelle, ce à quoi m'invitait Jean Moreau, auteur de la lettre et responsable de ce service de l'occupation. Ma présence en Allemagne allait être fréquente.

Parmi les créations françaises les plus intéressantes, il y avait aussi la radio de Baden-Baden, le *Südwestfunk*. Celle-ci n'allait pas seulement être l'instigatrice et le mécène d'une nouvelle vie musicale, en aidant par exemple un jeune compositeur français nommé Pierre Boulez, mais aussi constituer un lien avec la France par la coopération avec une nouvelle section Allemagne de la Radiodiffusion française. Cette dernière fut dirigée par l'historien – juif – Henri Brunschwig, dont le livre sur la Prusse avait corrigé bien des idées reçues. Ayant lu mes articles, Brunschwig me confia, à Paris en 1948, des émissions régulières à destination des jeunes Allemands, avec une totale liberté dans le choix de mes sujets et la façon de les traiter, souvent en dialogue avec les services de jeunesse des radios allemandes, en particulier celle de la Radiodiffusion de Hesse à Francfort.

Mais la conséquence la plus importante des articles de *Combat* fut ma présence dans l'équipe fondatrice d'une association dont j'allais assurer le fonctionnement jusqu'à sa dissolution en 1967. L'initiative venait d'Emmanuel Mounier, directeur de la revue « catholique de gauche » *Esprit*, encore affaibli par la grève de la faim qu'il avait menée dans les prisons de Vichy. Le sens de notre travail avait déjà été défini à l'avance. Dès le 16 mai 1945, le vieil Alsacien Jean Schlumberger – cofondateur de la *Nouvelle Revue française* – avait écrit, dans *Le Figaro*, un article intitulé « La question courageuse » :

> Après le traité de Versailles, notre attitude fut trop souvent celle d'une défensive fataliste. Nous nous bornions à nous demander : « Que vont-ils encore inventer pour troubler l'ordre ? » Une seule question convient [...] : « Qu'allons-nous inventer pour créer l'ordre ? »

Le 24 octobre suivant, sous le titre « Problème allemand », il rappelait les manquements français, de la trahison de Munich à la livraison des réfugiés politiques allemands, de « nos miliciens et mercantis faisant cause commune avec les pires scélérats de chez eux » jusqu'à la contradiction entre politique coloniale et droits de l'homme. Il concluait :

> Ce ne seront pas nos troupes d'occupation, c'est nous-mêmes, chez nous, qui ferons triompher ou échouer notre politique germanique. En dernière analyse, il n'y a qu'un problème majeur : il n'est pas allemand, mais français.

Le même mois, *Esprit* publiait un long article de Joseph Rovan, libéré en mai du camp de Dachau où il avait réussi à cacher ses origines juives. Déporté comme résistant, il intitulait sa contribution : « L'Allemagne de nos mérites », une formule qui résumait parfaitement le sens de l'action à entreprendre.

Nous aurions dû aussi être attentifs au préambule de la Constitution d'octobre 1946. J'avoue que je ne l'ai constamment cité que bien plus tard, surtout quand, grâce au Conseil constitutionnel de la Ve République, ce préambule est devenu, avec la Déclaration de 1789, la charte française des droits et des libertés. Sa première phrase dit en effet que la victoire a été remportée « sur les régimes qui ont tenté d'asservir et de dégrader la personne humaine », et non sur des États, des nations ou des peuples. Bien des constituants savaient à la fois que nombreux étaient les Français à avoir servi Hitler, directement ou indirectement, et que bien des Allemands s'étaient opposés à lui et avaient été ses victimes. Ceux qui revenaient de Dachau ou de Buchenwald avaient découvert combien d'Allemands y étaient déjà morts ou y souffraient encore lorsque les premiers déportés étrangers étaient arrivés.

Il en était ainsi pour Rovan ou pour David Rousset, auteur du grand livre sur Buchenwald, *Les Jours de notre mort.* Il accepta immédiatement de faire partie des fondateurs du Comité. Emmanuel Mounier voulait réunir des hommes de tous horizons acceptant les principes de l'action à mener. Il échoua dans un secteur qui lui tenait pourtant à cœur : les communistes. Il eût été bon d'avoir dans la présidence de l'association Robert Antelme, déporté ayant écrit *L'Espèce humaine*, réflexion profonde sur les camps. Mais le parti fit savoir qu'il exigeait deux des cinq sièges de la présidence. Mounier me demanda de négocier avec celui que le PC avait chargé de présenter cette exigence. J'eus donc un dialogue cordial, mais ferme, avec Edgar Morin qui venait de publier un excellent livre, *L'An zéro de l'Allemagne*, mais qui était encore – pour peu de temps ! – un porte-parole orthodoxe du PCF. Comme je savais que 2 + 1 = 3, donc qu'un seul changement de vote pouvait donner la majorité aux communistes, phénomène que la direction de la CGT avait vécu après la Libération, j'incitai Mounier au refus et il n'y eut pas de communiste patenté dans l'équipe, pas plus que la moindre préoccupation de ventilation politique des membres.

Les cinq présidents furent Mounier lui-même, David Rousset, Vercors, Edmond Vermeil et Rémy Roure. L'acceptation immédiate de ce dernier m'émut particulièrement. Ses contacts avec l'Allemagne s'étaient réduits jusqu'alors à un camp de prisonniers pendant la Première Guerre mondiale, à la déportation pendant la Seconde et à la mort de sa femme à Ravensbrück. Ancien éditorialiste au *Temps,* il était chef du service politique du *Monde.* Au Comité directeur figuraient Henri Frenay et Claude Bourdet, anciens chefs du mouvement

« Combat », Jean Schlumberger, chroniqueur au *Figaro*, Robert d'Harcourt, non parce qu'il était membre de l'Académie française, mais parce qu'il avait été un courageux pourfendeur catholique du régime nazi, le jésuite Jean Du Rivau, créateur dès 1945 du Centre franco-allemand d'Offenburg avec ses deux revues, le père dominicain Maydieu, Henri Brunschwig, le pasteur Albert Finet, directeur de l'hebdomadaire *Réforme*, et aussi Jean-Paul Sartre et Maurice Merleau-Ponty, éditeurs des *Temps modernes*. J'avoue ne pas me rappeler si c'est leur présence, une hostilité de Mounier ou un refus qui a empêché la présence de Camus. Le seul « non » qui me fut personnellement opposé me peina. Roger Martin du Gard approuva notre initiative, mais ne voulut pas s'y joindre. « Je les ai trop haïs », me dit-il.

Les statuts de l'association avaient quatre particularités. Le nom fut soigneusement choisi : Comité français d'échanges avec l'Allemagne nouvelle. Français : ce ne serait pas une association franco-allemande. Échanges : nous ne pratiquerions pas le paternalisme de la « rééducation » et nous nous fonderions sur le principe de l'égale dignité des participants des deux pays. L'article 2 définissait le but :

> Faire progresser la connaissance de l'Allemagne en France, la connaissance de la France en Allemagne et soutenir dans leur lutte contre les éléments résiduels ou renaissants du nazisme les Allemands disposés à participer à un travail de reconstruction dans la communauté internationale.

Deux dispositions faisaient allusion au passé français :

> Pour faire partie de l'Association, il faut être français et jouir de ses droits civiques et politiques [...] Nul ne peut faire partie du Comité directeur s'il a encouru une condamnation pour faits de collaboration avec l'ennemi.

Une autre indiquait à la fois notre volonté d'indépendance et notre désir d'apparaître à nos partenaires allemands comme Français de France et non comme occupants :

> Nul ne peut faire partie du bureau s'il appartient au ministère

des Affaires étrangères, au Commissariat aux affaires allemandes et autrichiennes ou à l'administration civile ou militaire d'occupation en Allemagne.

Ce passage concernait aussi Joseph Rovan, à l'époque chargé du bureau de la Culture populaire dans les services culturels de la Zone française d'occupation, après avoir été secrétaire de rédaction à *Esprit*. Son successeur dans cette fonction, Jean-Marie Domenach, accepta d'être le trésorier de l'association – une tâche fort aisée puisqu'il n'y eut jamais de trésor, sauf les cent mille francs (d'alors) que me remit en liquide Jacques de Bourbon-Busset, directeur du cabinet de Robert Schuman, ministre des Affaires étrangères. Je fus à la fois secrétaire général et directeur du bulletin bimestriel *Allemagne*, dont le premier numéro parut en avril 1949.

Il comprenait deux éditoriaux, l'un d'Emmanuel Mounier, l'autre de Rémy Roure, et un article d'Edmond Vermeil sur la création, à l'automne de 1948, de l'Institut franco-allemand de Ludwigsburg, près de Stuttgart, né de l'initiative de deux hommes politiques de poids, Theodor Heuss et Carlo Schmid, qui devint notre principal partenaire allemand. Alain Clément, correspondant du *Monde* en Allemagne occidentale, présentait un tableau politique de celle-ci. Walter Dirks, codirecteur de la revue *Frankfurter Hefte*, un peu l'équivalent d'*Esprit*, donnait « le point de vue d'un Allemand », tandis qu'un encadré annonçait, pour le 9 mai, notre première conférence dans l'amphithéâtre Richelieu de la Sorbonne. Elle porterait sur « l'Allemagne d'aujourd'hui » et serait faite par Eugen Kogon, l'autre codirecteur de la revue de Francfort, mais surtout auteur de *Der SS-Staat – L'enfer organisé*, titre de l'édition française du livre, très lu dans les deux pays, que Kogon avait tiré de ses longues années de détention à Buchenwald.

Pour ma part, j'avais écrit deux petits articles non signés, donc assumés par la rédaction. L'annonce que nous signalerions régulièrement les faits déplaisants qui marqueraient l'occupation française nous valut des réactions irritées. « L'esprit du Höllhof » marquait plus nettement l'orientation qui était la mienne, sans que je raconte pour autant ce que j'avais ressenti en allant parler et discuter dans cette ancienne auberge en Forêt-Noire, transformée par un responsable local français en centre d'information et de formation pour anciens gradés des Jeunesses hitlériennes non directement coupables de crimes. Ils restaient trois semaines – n'obtenant aucun diplôme, aucun débouché – à entendre des intervenants extérieurs et à parler avec eux. Comment en effet les rendre « utilisables » ou plutôt utiles dans une société démocratique, sinon en ne les laissant pas macérer dans l'exclusion et en leur faisant découvrir le monde extérieur, présent et passé, à commencer par les motivations morales de résistants allemands ? Lorsque, à l'automne de 1948, j'étais allé passer une journée au Höllhof, j'avais été troublé par l'idée qu'aucun d'entre eux n'aurait sans doute refusé, peu d'années auparavant, de me pousser dans une chambre à gaz s'il avait été affecté à un camp d'extermination où j'aurais pu être déporté. Mais je me repris, convaincu qu'il fallait soutenir le créateur de ce centre dans sa juste visée.

Le bulletin *Allemagne* a connu cent numéros de 1949 à 1967. Il a été tiré invariablement à cinq mille exemplaires, ce qui était beaucoup pour un début et constituera ensuite plutôt un échec. La variété des positions politiques au sein du Comité directeur s'est parfois traduite par des numéros un peu embarrassés, déjà à propos du plan Schuman, plus encore pour la Communauté européenne de défense. J'ai écrit les éditoriaux de presque tous les numéros, sauf en 1950-1951, l'année que j'ai passée à l'Unesco, qui ne permettait pas à ses fonctionnaires de s'exprimer publiquement. On ne saurait affirmer que les membres du Comité directeur aient été assidus ou même se soient toujours montrés intéressés. Sa composition a varié. Sartre est fort courtoisement parti. Raymond Aron est arrivé. Mais tout le monde s'est trouvé constamment d'accord avec trois orientations essentielles.

En premier lieu, notre champ d'action était la République fédérale d'Allemagne, parce qu'elle était de même nature que la France républicaine, ne serait-ce que par la pratique de la liberté de critique. À l'est, l'État sous domination communiste n'était accessible qu'à ceux qui acceptaient de ne pas le critiquer sur ses fondements. Nous avons décidé que, en tant que comité, nous n'avions ni à l'attaquer ni même à l'analyser. Chaque membre était libre dans son attitude à l'égard de la République démocratique allemande. Mais, puisque c'était la liberté qui distinguait l'Ouest de l'Est, nous avions le devoir de signaler ce qui nous déplaisait, ce qui nous choquait en République fédérale – ou en France. D'où, par exemple, des éditoriaux vigoureux sur les méthodes contestables de recrutement utilisées par la Légion étrangère en Allemagne, sur l'enlèvement à Munich du colonel Argoud par les services spéciaux français ou sur les dérives de la presse française parlant de l'Allemagne.

Nous étions surtout unanimes pour la définition de la notion de culture. Nous nous réclamions d'un double élargissement. Élargissement du public : on s'adressait par priorité aux « multiplicateurs » – associations, éducateurs, syndicalistes, mouvements confessionnels. Élargissement du contenu : la connaissance des réalités politiques, sociales, économiques des deux pays, la découverte de ce que le passé avait été pour les autres, la compréhension des différences dans le système éducatif ou dans le fonctionnement du syndicalisme faisaient partie de la culture au moins au même titre que la musique.

C'est dans ce sens que fut mise en œuvre l'activité la plus visible du Comité : les conférences de personnalités allemandes faites à la Sorbonne. Non que les vénérables amphithéâtres aient toujours vu affluer des foules. Encore aujourd'hui, je sursaute quand, passant dans la cour de la Sorbonne, j'entends la grande horloge sonner. Que de soirs où, organisateur désolé, j'ai arpenté cette cour : les deux coups de la demie, et la salle est presque vide, les trois coups de 20 h 45, et le public demeure rare. Neuf heures sonnent – il faut commencer, mais que dire à l'orateur, personnalité de poids venue d'Allemagne sans rémunération, logée dans un petit hôtel après avoir eu droit à un dîner dans un restaurant de second ordre ? Mais tous ces dirigeants de parti, de syndicat, de mouvement, ces journalistes, ces universitaires, ces ecclésiastiques étaient contents, surtout au cours des premières années, de pouvoir s'exprimer et s'expliquer à Paris. Les audiences les plus nombreuses étaient pour les dialogues franco-allemands avec un sujet précis comme les manuels d'histoire, la politique du logement, la presse, les Églises et la politique dans les deux pays.

Le triomphe, ce fut, en 1960, la visite à Paris de Theodor Heuss, président de la République fédérale de 1949 à 1959. J'avais eu une réponse positive à mon invitation – que j'avais confirmée seulement après m'être assuré de l'accord et de l'appui de l'ambassadeur de France à Bonn, le chaleureux François Seydoux, de l'ambassade allemande à Paris et du ministère des Affaires étrangères, celui-ci consultant l'Élysée. L'ambassade allemande avait vivement souhaité que nous prenions le grand amphithéâtre de la Sorbonne. J'ai refusé : trois mille places, c'était trop ! Je suis resté ferme et la conférence eut lieu dans l'amphi Richelieu avec ses huit cents places. Les journaux français et surtout allemands s'émerveillèrent du succès remporté par l'ancien président : il avait fallu fermer les portes et refuser l'entrée à environ quatre cents personnes (dont le correspondant de l'agence de presse allemande : sa colère contribua à accréditer l'idée de triomphe). Le grand amphi eût été à moitié vide !

Les autres aspects de la visite ne furent pas moins réussis. Le déjeuner à l'Élysée rassembla autour du général de Gaulle les éminences de la République, celui offert par Maurice Couve de Murville au Quai d'Orsay ne faisait pas moins penser à une visite d'État, ce que les journaux allemands relevèrent d'autant plus que Heuss n'avait pas eu droit à une telle visite pendant la décennie de sa présidence. Il y eut aussi la visite au général Speidel, ami personnel de Heuss, au QG de l'OTAN à Fontainebleau. C'est ainsi qu'aux côtés de l'ancien président je passai en revue une unité allemande qui nous rendait les honneurs. « Pour vous, cela doit être encore plus étonnant que pour moi ! » me chuchota-t-il. Dans sa modestie fort consciente, il était très flatté de l'accueil et croyait à ce qu'écrivait la presse allemande, notamment qu'il avait été acclamé par la population parisienne. En fait, prenant l'apéritif à la terrasse du café de la Paix, place de l'Opéra, il avait été reconnu et applaudi par quelques touristes allemands...

Le travail quotidien du Comité était peu spectaculaire. Il s'agissait de créer des contacts, de favoriser des rencontres et des échanges. Nous disposions d'un bureau que mettaient à notre disposition gratuite nos amis du Centre d'échanges internationaux – un organisme privé qui n'a cessé de se développer jusqu'aujourd'hui. J'assumais le secrétariat général à titre bénévole. Le vrai travail était effectué par la secrétaire, à savoir ma mère, rétribuée à mi-temps pour une activité à temps plein. Ainsi la mise en paquets, le routage du bulletin, assuré pendant mes quatre années d'assistanat à la Sorbonne par des étudiants volontaires, fut ensuite effectué à Saint-Germain par ma mère et la fidèle Thérèse. Si, en 1967, j'ai demandé au Comité d'accepter de dissoudre l'association, c'était officiellement parce que nous avions accompli notre tâche, notre utilité s'étant heureusement réduite, notamment depuis la création de l'Office franco-allemand pour la jeunesse. La raison était valable, mais il y en avait une autre : je savais que ma mère avait un cancer – ce qu'elle a toujours ignoré – et je n'imaginais pas le Comité sans elle.

Après sa mort, à soixante-quatorze ans, en septembre 1968, *Die Zeit* publia un long article sur elle, accompagné de sa photo. Il était dû à Paul Frank, premier secrétaire à la première représentation allemande à Paris en 1950, ultérieurement directeur des Affaires politiques au ministère des Affaires étrangères, puis secrétaire général de la présidence de la République. Il y décrivait ce qu'avait été notamment sa capacité d'accueil et de dialogue ainsi que l'aide confiante qu'elle avait apportée aux premiers jeunes Allemands arrivant à Paris. Il terminait par une citation de Georges Bernanos pour l'appliquer à la vie et à l'action de ma mère : « La plus haute forme de l'espérance, c'est le désespoir surmonté. » En 1975, dans sa *laudatio* pour mon prix de la Paix, il ajouta : « Si elle vivait encore, elle se tiendrait aujourd'hui aux côtés de son fils, qu'elle n'a pas seulement pas détourné de son chemin, qu'elle n'a pas seulement laissé faire, mais à qui sa bonté a donné la certitude inébranlable qu'il était sur la bonne voie. » Puis il parla du travail auquel elle s'adonnait « pour que la jeunesse du pays qui lui avait pris ce qu'elle avait de plus cher s'entende avec le pays qui l'avait accueillie en libre citoyenne ».

Souvent, on m'a – et je me suis – demandé comment j'avais pu entrer si facilement dans l'action franco-allemande, sans haine ni ressentiment, tirant de la nécessité de la mémoire l'obligation de cet engagement. J'ai toujours donné, je me suis toujours donné, la même double réponse. Il y eut, dès le premier voyage en Allemagne, le contact avec tant de femmes et d'hommes allemands qui œuvraient à reconstruire moralement leur pays qu'il eût été lâche de jouer au jeu si couramment pratiqué en France et ailleurs, tout particulièrement au sein du judaïsme : « Je les observe de loin. S'ils échouent, je m'empresserai de proclamer que je l'avais bien dit et que "les" Allemands ne changeront jamais ! » Mais il y eut surtout l'exemple et l'inspiration de ma mère. C'est en pensant à elle que mon verset préféré des Écritures est un passage de l'Épître aux Galates (V, 22) : « Le fruit de l'Esprit est charité, joie, paix, serviabilité, bonté, confiance dans les autres. »

***

Mes activités franco-allemandes ont été très partiellement effectuées sous le signe du Comité. D'ailleurs, je n'avais pas à me prévaloir de ma fonction de secrétaire général pour exprimer une opinion dans la presse. Il y eut toutefois deux exceptions. Une fois, plusieurs dirigeants de l'association me reprochèrent d'avoir engagé celle-ci dans une tribune du *Monde* parue le 1er octobre 1953, au lendemain de la seconde élection législative en République fédérale. Intitulée « Que vouliez-vous qu'ils fissent ? » elle montrait, non sans agressivité, que les médias français, y compris *Le Monde* (ce qui amena Hubert Beuve-Méry à ajouter une réplique à l'article), se seraient montrés inquiets et soupçonneux pour l'avenir allemand quels que soient les résultats – en l'occurrence face à la victoire d'Adenauer : si les sociaux-démocrates, à l'époque hostiles à l'Europe des Six, avaient gagné, c'eût été la preuve que le nationalisme allemand était de retour. J'avais demandé que l'article me présente comme assistant à la Sorbonne. Je le fus, à tort, comme secrétaire général.

En revanche, j'avais eu la pleine approbation du bureau pour répliquer vigoureusement, au nom de l'association, à une diatribe de François Mauriac dans un de ses « Blocs-notes » de *L'Express.* Ma longue lettre de lecteur, adressée à un homme que j'admirais et aimais par ailleurs, parut en février 1959 dans l'hebdomadaire dont j'avais aussi été le collaborateur.

> François Mauriac n'a jamais voulu connaître, encore moins comprendre l'Allemagne d'après guerre. C'est son droit le plus strict. Mais on ne saurait laisser passer sans les démentir les extravagantes affirmations que contient son « Bloc-notes » : « cervelles d'adolescents furieux », le pas de l'oie, la croix gammée qui flotte à Hambourg, « partout une jeunesse éprise de force, dédaigneuse des valeurs morales, antisémite comme aux plus beaux jours… ».
>
> … À supposer même que le mal soit plus grave que nous ne le pensons, il n'en reste pas moins que les réconfortants éléments positifs n'existeraient pas si, depuis 1945, il n'y avait eu des Français antinazis […] pour comprendre et aider une rénovation

allemande que la pratique d'une fureur à la Mauriac aurait rendue à jamais impossible.

Ce fut encore comme secrétaire général du Comité que je fus nommé en 1965 membre du conseil d'administration de l'Office franco-allemand pour la jeunesse, organisme constitué l'année précédente conformément au traité de l'Élysée de janvier 1963 et destiné à faire se rencontrer jeunes Français et jeunes Allemands par centaines de milliers. J'en ai fait partie jusqu'en 1971, date à laquelle j'ai demandé au ministre de la Jeunesse de ne pas me faire effectuer un troisième mandat. Il est regrettable que, dans l'un et l'autre pays, on n'ait pas assez mis en relief les spécificités positives de cette étonnante institution, solide et véritablement binationale. Solide parce que le général de Gaulle et le chancelier Adenauer n'étaient pas des rêveurs. Ils savaient qu'un organisme n'est stable que s'il est financé sur une ligne budgétaire permanente et ne dépend pas du renouvellement annuel d'une subvention. C'est ce qui a permis à l'OFAJ de fonctionner efficacement jusqu'aujourd'hui.

En second lieu, le pouvoir au sein de l'Office appartenait, d'une part, à un conseil d'administration paritaire, les deux ministres de la Jeunesse étant seulement présidents de ce conseil et non pas présidents de l'Office (ce que je me faisais un malin plaisir de rappeler presque à chaque session), d'autre part à un secrétaire général nommé pour six ans, son successeur devant être obligatoirement de l'autre nationalité. Le conseil comprenait dix Allemands et dix Français, chaque groupe étant composé de quatre représentants des ministères et de six responsables d'associations privées. Autrement dit, si on votait « privés » contre « fonctionnaires » (cas très fréquent !), le secteur associatif était majoritaire. L'inconvénient du système, c'était la double fonction des dirigeants de mouvements de jeunesse ou de fédérations sportives, amenés, comme membres du conseil, à se distribuer d'abondantes subventions.

L'OFAJ n'a pas été pour moi un lieu d'action privilégié. Le Comité ne l'a été qu'au cours des premières années, et encore, de façon limitée : j'ai toujours préféré intervenir à titre personnel, ne serait-ce que pour mettre en œuvre la méthode que je n'ai jamais cessé d'utiliser, celle du double langage.

Deux aspects différents et également vrais d'une même réalité étaient présentés l'un en France, l'autre en Allemagne, le but étant le progrès de la réflexion dans les deux pays. Dès mes premiers articles français, j'ai évoqué les terribles bombardements alliés sur les villes allemandes, les pires ayant été ceux sur Hambourg et surtout sur Dresde. Mais, en 1948, à Fribourg, lors d'une de mes premières conférences en Allemagne, je sursautai en entendant le maire, dans sa présentation, dire que lui-même et ses administrés avaient compris l'horreur des bombardements lorsque sa ville avait été durement touchée. Je commençai mon discours en disant qu'il eût mieux valu comprendre lorsque les bombes allemandes étaient tombées sur Coventry et sur Rotterdam...

Nous avions aidé à ouvrir le milieu intellectuel parisien au premier représentant de la République fédérale en France, le très digne et estimable écrivain Wilhelm Hausenstein, assez froidement accueilli malgré la personnalité attachante de sa femme, d'origine belge et juive. Mais la liberté de langage devait rester entière face à l'ambassade. L'incident le plus vif se produisit en février 1968, à l'occasion de l'inauguration de l'hôtel de Beauharnais magnifiquement restauré. L'immeuble de la rue de Lille redevenait la résidence des ambassadeurs d'Allemagne. Le lendemain, j'écrivis à l'ambassadeur en fonction :

> À la sortie de la réception d'hier, il m'a été remis un exemplaire du petit livre sur l'hôtel de Beauharnais. Je viens de le lire et voudrais me permettre de vous dire à quel point j'ai été choqué et blessé par cette lecture.
>
> Depuis vingt ans, malgré ce que ma famille et moi-même avons vécu, j'essaie d'imposer en France l'image d'une Allemagne nouvelle, parce que je crois que cette Allemagne nouvelle existe. Or le texte du comte von Welczeck (ambassadeur en 1938) et l'approbation que semble lui donner votre préface pourraient m'en faire douter.
>
> Le service d'Hitler était donc un service diplomatique comme un autre, les violations du traité de Versailles et le chantage à la guerre de Munich étaient des procédés diplomatiques normaux. Et, surtout, il est possible de parler du meurtre du conseiller von Rath sans dire un mot du contexte, sans évoquer d'un seul mot la Nuit de cristal qui a suivi!...

Je sus par une indiscrétion que l'ambassadeur avait demandé à ses collaborateurs comment on pourrait me sanctionner. Mais ceux-ci exprimèrent leur compréhension pour ma position et il ne se passa rien – sauf le retrait de la brochure.

Il me semble cependant que le meilleur exemple du double langage à tenir porte sur la Prusse. En Allemagne, j'ai eu, au moins à deux reprises, à évoquer ses aspects négatifs. Il s'agissait dans les deux cas de prononcer un discours pour le centenaire d'un monument prussien, avec la proposition d'assurer une sorte de désinfection idéologique. La première fois, il s'agit de la *Germania* du *Niederrheindenkmal*, statue énorme couronnant un monument dressé sur une colline surplombant le Rhin, face à la France. Je rappelai en particulier à quel point la majorité des Rhénans avaient ressenti, après 1815, le pouvoir prussien comme une sorte de domination coloniale. Le 18 juin 1996 est venu le centenaire du *Kyffhäuserdenkmal*. Le *Kyffhäuser* est la (petite) montagne à l'intérieur de laquelle, selon la légende, l'empereur Frédéric Barberousse dort, la barbe prise dans une table de marbre, en attendant que des corbeaux viennent lui annoncer la résurrection du *Reich*, de l'Empire romain et germanique qu'il avait créé. L'empereur Guillaume II avait inauguré ce lourd monument le jour anniversaire de Waterloo. Il célébra surtout la grande statue équestre de Guillaume Ier, roi de Prusse couronné empereur d'Allemagne à Versailles, à l'occasion de la défaite française de 1870. En 1996, les organisateurs avaient invité trois fanfares militaires, une allemande, une danoise et une qu'on a fait jouer juste avant mon discours. J'ai pu ainsi commencer en montrant du doigt la statue dressée derrière moi : « Vous venez de voir le cheval se cabrer et l'empereur grimacer de fureur en entendant la musique du quatrième régiment de cuirassiers français venant de Bitche en Alsace ! » Je citai ensuite le roman *Der Untertan* (*Le Sujet*) de Heinrich Mann, écrit en 1913. Le triste héros – un petit industriel chauvin et lâche – acclame l'empereur passant à cheval sous la porte de Brandebourg à Berlin.

> « Hourra ! » cria Dietrich, car tous criaient [...] Sur le cheval, sous la porte des entrées triomphales, il y avait le Pouvoir [...] Le Pouvoir qui passe par-dessus nous et dont nous baisons les sabots !

Qui passe par-dessus la faim, l'opposition, la dérision ! Contre lequel nous ne pouvons rien, parce que nous tous, nous l'aimons !

En France, en revanche, il s'est agi de dénoncer, d'expliquer, de combattre la hantise prussienne, ce qui n'était pas évident tant elle était forte en 1945, puisque le document numéro 1, du 20 juillet 1945, donnant les directives pour notre action en Allemagne, établies au nom du Gouvernement provisoire de la République française, parlait beaucoup plus de la Prusse que de Hitler. Voici ce qu'il disait, en substance :

> ... Nous devrons chercher aussi bien la destruction de l'édifice prussien que celle de l'édifice hitlérien [...] une politique de déprussianisation administrative et culturelle [...] les dirigeants prussiens des mines devraient notamment être rapidement éliminés [...] un moyen d'échapper à l'emprise de la Prusse [...]

Dans les *Carnets* de Vincent Auriol, à la date du 28 décembre 1948, le président de la République et l'ambassadeur André François-Poncet parlent du président du parti social-démocrate allemand, enfermé dans un camp de concentration dès juillet 1933, détenu pendant presque toute la durée du régime hitlérien.

> « Schumacher est un type terrible, lance le chef de l'État.
> — C'est un Prussien recuit, répond A. François-Poncet.
> — Schumacher me paraît être un nationaliste presque fasciste, renchérit alors Auriol.
> — Oui, c'est un Hitler de gauche. C'est un Prussien », conclut l'ambassadeur.

Il y avait encore du travail à faire. Même le général de Gaulle n'échappait pas à ces idées reçues. En février 1962, j'eus l'honneur d'être son invité car il voulait me parler de mon livre, *La IVe République et sa politique extérieure.* Évoquant la RDA, il me dit : « De l'autre côté, c'est la Prusse ! » Je compris à quel point Adenauer profitait du fait qu'aux yeux du chef de l'État il était d'abord rhénan, donc un Allemand positif.

Le Prussien comme ennemi haïssable est une image maintenue après la guerre de 1870 par des œuvres littéraires justement durables, alors que l'admiration pour la science, pour l'administration, les universités prussiennes est tombée dans l'oubli, sauf quand, rue Saint-Guillaume, à Sciences-Po, on rappelle que l'École libre des sciences politiques est précisément née en 1872 de l'image admirative des structures prussiennes. Relisons Alphonse Daudet. Dans les *Contes du lundi*, ce sont les Prussiens, non les Allemands, qui arrivent à la fin de « La dernière classe » ; c'est en criant « Les Prussiens ! » que le vieil officier français tombe raide mort parce qu'il a vu les soldats étrangers défiler sur les Champs-Élysées, alors qu'il croyait les troupes françaises aux portes de Berlin. Chez Maupassant, dans *Deux amis* – nouvelle particulièrement émouvante dans sa simplicité –, les courageux petits-bourgeois de Paris surpris au cours d'une partie de pêche sont certes fusillés par des soldats allemands, mais l'officier qui les fait tuer est prussien. Dans *Boule-de-Suif* aussi, l'officier concupiscent est prussien. De même encore, dans la terrible nouvelle *La Mère sauvage*: elle brûle de jeunes soldats allemands pour venger son fils, puis elle est fusillée sur ordre d'un Prussien.

Le résultat de toute cette tradition, j'ai pu le constater à une réception au consulat de France à Stuttgart. Une jeune Française me désigna du doigt un homme à monocle et à la nuque lourde et rasée. « Je ne savais pas qu'il en restait ! » me chuchota-t-elle. Je souris en lui révélant la vérité : « Mais non ! C'est le consul général de France et il porte le nom fort peu prussien de Faure. » Je lui fis aussi remarquer qu'en revanche Emmanuel Kant n'avait eu ni le « type prussien » ni une philosophie de l'irrationalité et de l'agressivité méprisante.

Comment ne pas rappeler alors qu'Hitler n'a pas conquis les masses, puis le pouvoir, à partir de la Prusse ? Et que ce ne furent pas les protestants prussiens qui ont cherché refuge auprès de Louis XIV, mais qu'au contraire les protestants français persécutés ont été accueillis, après la révocation de l'édit de Nantes, dans un État fort militaire, mais en même temps, au XVIIIe siècle, modèle continental de tolérance ?

Faire mieux connaître la France en Allemagne : la formule sonne bien, mais elle est loin d'être univoque. En principe, les instituts français implantés dans de grandes villes ou dans de petites villes universitaires allemandes assument cette fonction. Mais ils ont subi d'emblée une double limitation. Ils dépendaient et dépendent toujours de la direction des Affaires culturelles du Quai d'Orsay. Le *Goethe Institut*, lui, avec ses centres dispersés à travers le monde, jouit d'une large indépendance, tout en vivant partiellement sur fonds publics. La dépendance financière des instituts français les contraint à d'incessantes négociations avec Paris. Leur dépendance est en fait multiple, ce qui entraîne la seconde et principale limitation de leur action. La France n'est que rarement présentée dans sa vie politique et sociale ; le passé littéraire et artistique et les aspects les moins conflictuels de la vie intellectuelle remplissent les programmes. Peu de censure, mais beaucoup d'autocensure préventive. Pendant longtemps aussi, l'obsession linguistique a conduit à ne s'adresser qu'au public francophone, donc à écarter de la connaissance de la France les forces vives de la société allemande.

Une histoire comme celle qui m'est arrivée à Hambourg dans les années soixante ne pourrait cependant plus se produire aujourd'hui. Le directeur de l'Institut français m'invite pour un exposé sur la situation politique en France au lendemain d'élections législatives. J'accepte avec joie, puisque ce type de sujet devrait être constamment à l'ordre du jour des instituts.

« Je parlerai évidemment en allemand.

— C'est impossible. La conférence doit avoir lieu en français.

— Mais les dirigeants politiques, industriels, syndicalistes, les rédacteurs des grands hebdomadaires publiés à Hambourg ne savent pas le français. Or c'est eux qu'il s'agit d'informer par priorité.

— Nous aurons un interprète.

Alors je ne viens pas. »

On aboutit à un compromis : la conférence a lieu en allemand à l'université, en collaboration avec celle-ci, le public extérieur se trouvant lui aussi invité.

Cela ne veut pas dire qu'il ne faille pas diffuser en Allemagne et ailleurs la connaissance de notre langue. Les instituts tiennent ici une place d'autant plus importante que l'enseignement allemand a abandonné de plus en plus le français.

Les accords entre gouvernements n'y changent rien, puisque, comme la politique française l'a voulu en 1948-1949, la République fédérale est en effet un État fédéral dans lequel l'enseignement n'est pas du ressort du gouvernement central.

Et l'apprentissage de la langue et de la civilisation françaises est conduit, en milieu universitaire, par des spécialistes de linguistique, de littérature, d'histoire intellectuelle ni capables ni désireux de faire connaître aux étudiants la France réelle de la seconde moitié du XXe siècle. En 1977, j'avais été invité à prononcer une sorte de discours d'orientation pour le congrès des romanistes allemands, sous le titre « *Was sollen die Romanisten lehren ?* » (« Que doivent enseigner les romanistes ? »). Les souhaits que j'exprimais ne sont guère devenus réalité deux décennies plus tard.

Heureusement, d'autres institutions, d'autres disciplines ont pris en charge l'étude de la société française et de la diffusion des connaissances acquises. À Berlin, à Fribourg, à Sarrebruck, à Dresde, à Leipzig, des historiens, des politologues, des sociologues, des économistes, souvent fort jeunes au départ, se sont consacrés à l'étude de la France. Il en est même résulté, sous l'égide du *Deutsch-französisches Institut* de Ludwigsburg, une association très vivante dont le volume annuel, le *Frankreich-Jahrbuch*, mériterait une édition française, tant il contient d'apports originaux d'enseignants et de chercheurs allemands et français. Et, en 1995, l'institut de Ludwigsburg a lancé la série *Aktuelle Frankreich-Analysen*, dont chaque numéro développe un thème particulier. Ainsi « La réforme du système de Sécurité sociale par le gouvernement Juppé », « La politique de privatisation en France », « La réforme du système éducatif en France ».

Dans mes interventions publiques en Allemagne, l'information sur la France peut avoir des finalités différentes. Il s'agit souvent d'expliquer, parfois aussi d'agresser, pour ébranler une certitude. La grande majorité des Allemands éprouve une forte crainte à l'égard de l'atome « civil » comme de l'atome militaire et ne comprend guère ni les certitudes françaises ni la quasi-absence de débat politique sur le sujet en France. L'explication présuppose un regard en arrière. Je dis souvent qu'au lendemain de l'explosion de Tchernobyl ma vanité nationale s'est trouvée flattée puisqu'on mesurait les dégâts en becquerels et en curies : aux origines de la science de l'atome, des savants français ! Le transfert au Panthéon des cendres de Pierre et Marie Curie a fourni une indication complémentaire. Puis je rappelle qu'en 1945, lorsque le général de Gaulle a créé le Commissariat à l'énergie atomique, il a placé à sa tête Frédéric Joliot-Curie, prix Nobel de physique, mais aussi membre du Comité central du parti communiste français : l'atome, en France, n'a pas eu de localisation politique et n'a pas rencontré un antagonisme d'extrême gauche. D'autant plus que, lors de la nationalisation de l'électricité, en 1946, il a été décidé que un pour cent du chiffre d'affaires irait aux anciens propriétaires et un autre pour cent au comité d'entreprise pour ses œuvres sociales. Un comité dominé par la CGT, elle-même pas franchement séparée du PCF. Toute construction d'une centrale par EDF avait donc des retombées telles que la dénonciation des risques n'était vraiment pas une priorité syndicale. En 1996, j'ai pu apprendre à mes auditeurs allemands que le un pour cent des ex-possédants n'était pas prolongé au bout de cinquante ans, conformément au texte de 1946, mais qu'on avait trouvé un moyen pour maintenir le un pour cent « social ». Mais ce n'est pas de cela qu'il s'est agi lorsque, en 1995, une vague de protestations a parcouru l'Allemagne à l'annonce par Jacques Chirac de la reprise des essais nucléaires. En France, j'ai vivement critiqué la décision du président de la République, mais en Allemagne j'ai dénoncé les appels au boycott en contre-attaquant. J'ai dit à la télévision, ironiquement, mais sérieusement, que j'allais lancer en France un appel au boycott des produits allemands, puisque les Allemands laissaient des soldats français, alliés et amis, mourir en ex-Yougoslavie pour la paix, sans accepter eux-mêmes de prendre aucun risque. Leur refus d'assumer leurs coresponsabilités européennes était plus grave que quelques essais limités, dont la dangerosité n'était pas pleinement démontrée.

La référence française peut aussi servir d'argument pour mieux fonder la critique d'une situation allemande. Malgré les lois Pasqua, malgré le comportement de tels de nos ministres et de tant de nos préfets, je puis continuer à faire l'éloge de la définition citoyenne de la nationalité française, face au maintien (de moins en moins vigoureux) de la définition « ethnique » (*völkisch*) allemande. La référence au Français togolais et breton Kofi Yamgnane, défendant comme secrétaire d'État à l'Intégration du gouvernement Rocard, puis comme président d'une fondation privée, la notion d'« intégration républicaine », me permet de déplorer que le mot République n'ait pas encore acquis en Allemagne, à cause d'une histoire différente, la connotation affective qu'il a en France.

Il ne s'agit nullement pour autant de taire les faiblesses françaises ou ce qui peut apparaître comme tel vu du dehors, par exemple la constante passion pour le prestige national et pour le statut de la

France. Tantôt l'analyse de la faiblesse sert à expliquer une situation, par exemple pour les difficultés de la négociation sociale en France, difficultés incompréhensibles sans référence précise à l'histoire syndicale et patronale ainsi qu'à la place de la loi comme objectif de revendication. Tantôt la référence est d'ordre rhétorique. L'orateur français qui concède une faiblesse française est mieux écouté dans sa critique de manquements allemands. En novembre 1974, j'ai eu l'honneur de prononcer, dans la salle des séances du Bundestag, le discours annuel pour le *Volkstrauertag*, la journée nationale de deuil. J'ai fortement insisté sur la façon dont l'immense majorité des Allemands avait limité son deuil aux compatriotes ou plutôt à ceux seulement qu'on leur présentait comme tels. Mais j'ai ajouté qu'au XIXe et au XXe siècle on n'a pas porté le deuil pour les Algériens musulmans tombés pour ou par la France – et que bien des Français sont morts ensuite parce qu'on n'avait pas voulu comprendre les deuils algériens.

Mes interventions en Allemagne ont cependant de moins en moins eu pour but de faire comprendre des situations françaises, d'éclairer par comparaison des réalités françaises. Depuis quelques années, il y a à cela une raison particulière: dans bien des domaines, je me sens tellement affecté par des évolutions négatives en France que je ne vois pas comment je pourrais les présenter hors de France de façon positive, ni même avec une compréhension bienveillante. La raison principale, c'est que j'ai été conduit à m'ingérer de plus en plus dans les conflits internes à l'Allemagne. Le 12 octobre 1975, dans mon discours de remerciement pour le prix de la Paix des éditeurs et libraires allemands, j'ai dit dans l'introduction:

> J'ai le droit de penser que l'attribution de ce prix constitue une approbation toute particulière d'un aspect de la fonction de médiateur que j'essaie d'exercer. À savoir, ma tentative incessante, ma tentation permanente d'influencer quelque peu l'évolution de la République fédérale [...] comme observateur extérieur plein de sympathie vigilante. Je considère ce prix comme un encouragement à continuer de m'exposer en République fédérale au reproche de m'immiscer dans les affaires d'autrui [...]

Cette cérémonie, point culminant annuel de la Foire du livre de Francfort, a marqué un tournant dans mon action «allemande». À une journaliste qui me demandait un peu bêtement pourquoi j'avais accepté ce prix, j'ai répondu que c'était à la fois un très grand honneur et une chance énorme d'élargir mon audience en Allemagne, donc mes possibilités d'influencer. Le prix, avait fait justement remarquer un article de journal lors de l'annonce du lauréat au printemps, était tantôt donné à des célébrités dont le nom rehaussait le prestige de l'institution, tantôt à des gens au mérite peu connu auxquels le prix conférait une notoriété certaine. J'étais évidemment situé dans la seconde catégorie. La décision du jury relève le plus souvent d'une intention de morale politique. Martin Buber, l'un des premiers lauréats, avait été récompensé comme grand penseur juif du respect de l'autre, le cardinal Bea et le pasteur Vissert'hof comme promoteurs de l'œcuménisme, frère Roger, en 1974, parce que Taizé était un lieu créateur de paix. Teddy Kollek, le grand maire pacificateur de Jérusalem, avait exercé une action politique directe. En 1989, Vaclav Havel reçut le prix *in absentia*: il était interdit de voyage et personne n'imaginait qu'il serait président de la République quelques mois plus tard. En 1994, c'est moins l'ancien ministre espagnol de la Culture qui était distingué en Jorge Semprun que l'ancien détenu de Buchenwald devenu un écrivain modèle de probité intellectuelle. En 1975, je fus choisi comme « médiateur entre Français et Allemands, incroyants et croyants, Européens et hommes d'autres continents ».

La presse parla de mes activités avant la cérémonie. Ensuite, le débat public porta sur mon discours. J'avais pris pour sujet « La République fédérale, la paix internationale et la paix intérieure ». Les deux parties comprenaient des constats positifs, mais plus encore des réserves et des critiques. Mes remarques sur les contributions de la République fédérale à la paix, tout particulièrement par l'intégration délibérée de millions de réfugiés, et, du côté négatif, sur sa fuite devant les responsabilités internationales, furent peu évoquées au cours des jours et semaines suivants. J'avais pourtant espéré qu'on discuterait ce passage pour moi essentiel :

> Je sais bien : si on m'avait dit, en 1945, que trente ans plus tard je reprocherais aux Allemands de ne pas vouloir avoir de politique mondiale, j'aurais pris cela pour une plaisanterie ou une provocation. Et pourtant : même si la constatation qu'on n'est plus une grande puissance est juste et bonne, la fuite devant les responsa-

bilités serait blâmable pour une des grandes puissances économiques mondiales qui dirait simplement : « Nous sommes si petits ! Laissez-nous limiter à l'Europe notre contribution à la paix et pratiquer ailleurs un commerce fructueux. Que l'Amérique se charge de tout ! »

C'est que, après l'éloge du fonctionnement exemplaire de la démocratie de Bonn, j'avais consacré le plus long passage à la dénonciation des *Berufsverbote*, ces interdits frappant notamment des candidats à la fonction publique et aux services publics, qu'ils appartinssent au parti communiste recréé en 1968 ou qu'ils fussent simplement considérés comme subversifs en tant que gauchistes.

Si je comprends bien, des jeunes gens doivent être exclus à titre préventif parce qu'ils ne changeront plus d'idéologie et parce qu'on croit qu'ils violeront leurs obligations à l'égard de l'État de droit, alors que la République fédérale a pu se permettre de confier d'importantes positions dans l'État à des hommes qui avaient totalement failli comme défenseurs de l'État de droit. Si l'on avait commenté froidement la législation antisémite, on pouvait devenir secrétaire d'État dans le nouvel État de droit (Hans Globke, secrétaire général du gouvernement auprès d'Adenauer). Si l'on avait justifié la Gestapo dans un traité du droit de la Police, on pouvait devenir recteur d'Université et ministre de l'Éducation d'un Land dans l'ordre libéral (le professeur Theodor Maunz à Munich). Les critères qui doivent désormais interdire de devenir douanier ou instituteur de village me paraissent autrement plus sévères !... Le plus grand danger qui puisse menacer une démocratie de l'intérieur, ce ne sont pas tellement les petits groupes qui lui sont hostiles. C'est le suivisme.

On le voit bien depuis quelques années dans les universités allemandes. Si quelques révolutionnaires, dont l'intolérance obstinée et brutale a largement produit l'intolérance opposée, peuvent troubler, peuvent détruire la paix des amphithéâtres, c'est parce que les centaines d'étudiants présents témoignent de la même passivité que leurs prédécesseurs en 1933.

(Ce passage n'allait être cité ni par mes critiques ni par ceux que je défendais.) Et d'ajouter :

> Mais quand chaque candidat à une situation dans le service public doit se voir sonder le cœur et les reins, quand le lycéen voit déjà clairement ce qu'il ne doit pas faire et ce qu'il doit sagement dire pour n'avoir pas de difficultés plus tard, on évite moins des dangers pour l'ordre démocratique qu'on ne pousse de jeunes générations au conformisme et à un suivisme dangereux.

Je m'en prenais aussi au Tribunal constitutionnel qui avait parlé de ceux qui « refusent l'ordre étatique juridique et social ».

> Faut-il en déduire que l'ordre social dans la République fédérale doit être considéré comme aussi exemplaire et digne d'être préservé que le pluralisme politique et les droits fondamentaux ? S'il en était ainsi, il y aurait un réel danger : qu'un nombre sans cesse croissant de jeunes à exigences morales croient qu'on ne peut remédier aux injustices de l'ordre social qu'en éliminant en même temps l'État de droit !

Du jour au lendemain, je me trouvai au cœur du débat allemand. En France, une telle situation n'aurait pas pu naître. Qu'on imagine l'indignation française devant une situation analogue : un étranger reçoit solennellement un prix en présence du chef de l'État ; il prononce un discours dont le texte n'a été soumis à personne, sauf aux rédactions des grands journaux devant le publier *in extenso* le lendemain ; la cérémonie est intégralement transmise en direct par le principal programme de télévision et par les radios ; au lieu de faire l'éloge de la France, forcément sa seconde patrie, il critique la politique française. Pendant la guerre d'Algérie, il proclame l'inévitabilité de l'indépendance algérienne, comme j'ai proclamé à Francfort le caractère définitif de la frontière polonaise. Après mon discours, en revanche, lorsque j'ai quitté la tribune pour me rasseoir à côté du président Scheel, celui-ci m'a simplement glissé à l'oreille, avec un sourire : « *Ich hatte noch schlimmeres erwartet !* (Je m'attendais à encore pire !) »

Je n'avais pas parlé par sympathie pour le gauchisme, mais pour dénoncer le risque de dérive de la démocratie libérale vers une intolérance dont les pays communistes donnaient l'exemple. Aussi ai-je eu rapidement à aller à contre-courant dans l'autre sens. Dès novembre 1975, à Berlin, devant des groupements de jeunesse, plus encore à Munich en mai 1976. J'avais accepté de parler à une manifestation en faveur d'un instituteur fort militant frappé d'interdit, avec lequel je suis d'ailleurs resté en contact cordial depuis lors. Déjà, à l'aéroport, j'avais surpris les organisateurs.

« Il reste du temps pour que je passe voir un vieil ami à la place Salvator.

— Près du ministère de l'Éducation ?

— Au ministère même. L'ami est le ministre, Hans Maier.

— Mais vous allez protester tout à l'heure contre sa décision !

— Si un désaccord politique, même important, cassait une amitié, que serait l'amitié ? »

Selon la presse du lendemain, la manifestation rassembla quatre mille personnes à l'intérieur et à l'extérieur du *Löwenbraukeller*, la salle à bière qu'Hitler avait rendue célèbre. Par chance, je devais parler en dernier et entendis les autres orateurs dénoncer la République fédérale comme État méprisable où les libertés n'étaient que « formelles ». Négligeant les notes préparées, j'entrepris de défendre l'ordre politique de la démocratie de Bonn, ajoutant que je luttais contre les *Berufsverbote* non parce qu'ils émanaient de la nature de cette démocratie, mais parce qu'ils représentaient une violation de ses principes.

J'eus droit à quelques applaudissements et à beaucoup de sifflets. Mais j'étais habitué à l'imperméabilité intellectuelle des gauchistes, plus encore des communistes. Avant et après Francfort, j'étais intervenu – en particulier dans un tête-à-tête télévisuel avec le ministre de l'Éducation de Hesse – en faveur de Silvia Gingold, fille d'un résistant communiste qui avait vécu en France. Son engagement envers le parti lui valait un refus pour devenir institutrice titulaire. Elle eut finalement un statut de contractuelle permanente. Lorsque je lui dis : « Si vous aviez été critique du régime à Prague, on ne vous aurait jamais laissée enseigner du tout et peut-être vous aurait-on mise en prison », elle me répliqua qu'elle était choquée par ma comparaison absurde et inacceptable !

Un public peut être réticent sans être pour autant hostile. En 1983, les dirigeants du *Evangelischer Kirchentag*, le grand rassemblement protestant, m'avaient invité à parler de ma conception du problème de la paix pour l'Allemagne. Dans l'un des halls de la foire de Hanovre, j'eus à m'exprimer devant quelque sept mille porteurs du foulard violet, emblème de la conviction pacifiste. La partie du discours consacrée à la critique de leurs positions fut écoutée courtoisement et suscita une discussion intéressante, grâce à une technique originale : les questions étaient remises par écrit à un « avocat du public » siégeant à mes côtés et synthétisant intelligemment les objections auxquelles j'étais appelé à répondre.

Un public peut être réticent sans cesser d'être réceptif. Pour le cinquantième anniversaire du déclenchement de la guerre par Hitler en 1939, j'ai parlé au soir du 1er septembre à Cologne, dans l'église Sankta Maria im Kapitol, sur invitation de l'archevêché. J'ai insisté sur les défaillances de l'Église catholique allemande à partir de 1933. Le lendemain, à Dortmund, dans la *Westfalenhalle*, connue par les vieux lecteurs de *L'Équipe* comme haut lieu des Six Jours cyclistes, j'ai pu m'adresser au rassemblement du souvenir organisé par le DGB, la confédération des syndicats allemands. J'y ai rappelé comment le syndicalisme avait capitulé devant Hitler au printemps de 1933, avant d'être détruit par lui.

Il ne s'est évidemment jamais agi de se limiter à la critique. Souvent il était nécessaire de rappeler ou de souligner des données pleinement positives que nombre d'intellectuels et de journalistes allemands ont toujours eu tendance à sous-estimer, qu'il fût question du fonctionnement de la démocratie ou de la confrontation avec le passé nazi. À force de reprocher à leurs compatriotes de ne pas assez garder le souvenir des crimes, de ne pas en assumer suffisamment la charge morale, ils refusent eux-mêmes de voir ce qui a été accompli. Lorsque, à l'occasion du quarantième anniversaire du 8 mai 1945, Richard von Weizsäcker prononça un très beau discours, on fit comme s'il avait été le premier président à parler ainsi. Je rappelai – en particulier dans un livre collectif consacré au texte présidentiel – que Walter Scheel avait été au moins aussi clair et ferme dix années auparavant. en proclamant que la tragédie allemande avait commencé en 1933, non en 1945, et en disant :

> Hitler voulait la guerre. Il a transformé le pays en une gigantesque machine de guerre et chacun de nous en a été un rouage.

On pouvait s'en apercevoir. Mais nous avons fermé les oreilles et les yeux, espérant qu'il en serait autrement.

Dans son discours d'intronisation, en juillet 1994, Roman Herzog fit preuve de la même clarté, alors qu'on avait annoncé que le successeur de Richard von Weizsäcker serait différent. Puis, après le 27 janvier 1995, j'ai évoqué sans cesse dans les deux pays l'image forte du président allemand venant simplement et silencieusement à l'entrée de l'ancien camp d'Auschwitz-Birkenau, libéré cinquante ans auparavant, pour y être accueilli par Jean Kahn, président du CRIF (Conseil représentatif des institutions juives de France) et du Congrès juif européen. En 1995, il y eut aussi deux discours du ministre fédéral de la Défense qui se situaient exactement dans la ligne du préambule de 1946 et de notre action au lendemain de la guerre. En donnant, le 5 janvier, le nom de Julius Leber – opposant socialiste maltraité dès 1933, finalement exécuté – à la première caserne de la Bundeswehr à Berlin, il souligna que la résistance au nazisme fournissait la base morale de l'armée allemande d'aujourd'hui. Le 9 octobre, à Erfurt, pour le quarantième anniversaire de la Bundeswehr et le cinquième de l'unité allemande, il indiqua que les recrues de toute l'Allemagne ont pour tâche « de défendre [la] constitution démocratique » et « assum[ai]ent une coresponsabilité pour la liberté et la dignité humaine d'autrui ».

De même encore, il ne faut pas laisser tomber dans l'oubli la résolution commune adoptée le 12 avril 1990 par les groupes parlementaires de la première et dernière assemblée librement élue de la RDA. Elle proclamait la charge morale pour tous les Allemands des crimes comprenant Auschwitz, les effroyables massacres en Union soviétique, mais aussi l'invasion de la Tchécoslovaquie en 1968.

L'unification allemande a doublement modifié le langage à tenir en Allemagne, à cause du passé communiste à l'est et du fossé social, intellectuel, culturel que l'unité institutionnelle n'est toujours pas parvenue à combler. Le discours le plus difficile que j'aie eu à faire fut prononcé dans la *Herderkirche* de Weimar, en novembre 1991, à l'occasion d'un colloque sur le double passé du camp de Buchenwald, situé non loin de la ville de Goethe. Il était ardu de faire admettre par les anciens détenus du camp nazi, surtout les communistes, que, à partir de 1945, dans le camp transformé en nouveau lieu d'enfermement pour « fascistes », les détenus étaient morts par milliers. Et les survivants de cette seconde période, la plupart enfermés parce que opposants – réels ou supposés – à la soviétisation, étaient peu enclins à accepter ce que le président Scheel avait dit en 1976, à savoir qu'on ne comprenait rien à la RDA si on ignorait la résistance des communistes contre le régime hitlérien.

Le souvenir appelait à la comparaison. Une comparaison sans cesse présente depuis 1990 dès lors qu'il s'agit de punir, d'épurer, d'acquitter, d'accepter. Venant de France, j'avais plus de chances d'être écouté dans l'une et l'autre partie de l'Allemagne qu'un compatriote inévitablement étiqueté en fonction de sa situation et de ses attitudes antérieures. De même, il m'était plus facile de tenir un langage critique. À l'ouest, surtout pendant les premières années, en raison du manque éclatant de solidarité avec les nouveaux concitoyens ; à l'est, à cause d'une autocompassion négligeant deux comparaisons pourtant importantes – avec les régions et les personnes déshéritées dans l'ancienne République fédérale et avec les autres pays anciennement sous domination communiste.

J'avoue que ce nouveau champ d'action a pris de plus en plus d'importance pour moi, au détriment de la dimension strictement franco-allemande. Lorsque, en novembre 1994, dans la belle salle rénovée de la Wartburg, en Thuringe, la forteresse où Luther avait traduit la Bible et où, en 1823, s'étaient réunis les mouvements étudiants allemands épris de liberté, j'ai reçu le prix Wartburg, j'ai été heureux que ce fût aussi pour mes efforts de médiation entre les deux parties d'une Allemagne mal unifiée. Il s'agit en particulier d'appeler les Allemands de l'Ouest à combler un peu l'incroyable ignorance, qui règne chez tant d'entre eux, des réalités humaines dans les « nouveaux Länder ». J'ai ainsi l'occasion fréquente de dire que, si tant de Français intéressés par l'Allemagne continuent à tout ignorer de la partie orientale de la République fédérale, c'est qu'ils fréquentent uniquement leurs amis et connaissances d'Allemagne de l'Ouest qui n'en savent pas plus qu'eux.

***

En France, l'ouverture du mur de Berlin, le 9 novembre 1989, a été un événement heureux pour la grande majorité des gens. On finissait de célébrer le deux centième anniversaire de la Révolution et la fin du Mur devenait un peu, comme symbole de la liberté, l'équivalent de la prise de la Bastille. Pour moi, ce fut une fin de journée un peu particulière. Vers 19 h 15, j'étais à Sciences-Po en train d'achever ma séance hebdomadaire de commentaires de l'actualité, lorsque le directeur est entré derrière la chaire dans l'amphithéâtre, m'a glissé un papier dans la main et a annoncé l'événement aux quelque trois cents étudiants présents. Tonnerre d'applaudissements et émotion. J'ai su ensuite qu'une cinquantaine d'entre eux étaient partis le plus vite possible pour Berlin, en voiture ou en train, afin de participer au moins une fois dans leur vie à une vraie joie politique. Sur le petit papier, deux lignes me disaient qu'Antenne 2 avait appelé et qu'on m'attendait au journal de vingt heures. Je téléphonai qu'il était trop tard. Réponse : le rédacteur en chef adjoint viendrait me prendre avec sa moto. Il est arrivé avec un casque pour moi et j'ai eu la peur de ma vie, car il a foncé en montant sur les trottoirs et en prenant des sens interdits – mais à 19 h 57 j'étais aux côtés de Christine Ockrent pour commenter l'heureuse nouvelle.

Il y eut cependant des réactions très négatives. Elie Wiesel, dans un article de *Die Zeit*, dit qu'il comprenait bien la joie des habitants de Berlin-Est, mais qu'il déplorait que le maire de Berlin-Ouest ait déclaré considérer ce 9 novembre comme une date historique : il eût fallu rappeler que ce jour était aussi l'anniversaire de la Nuit de cristal de 1938. Et les jeunes Allemands si joyeux n'allaient-ils pas omettre désormais de demander à leurs parents ce qu'ils avaient fait sous le nazisme ? Ne fallait-il pas craindre que l'Allemagne réunifiée se fasse nationaliste et conquérante ? Dans le même numéro, Dominique Moïsi, directeur adjoint de l'Institut français de relations internationales, disait heureusement le contraire : « Pour moi, écrivit-il, la destruction du Mur signifie la réconciliation de mes trois identités : comme Français, comme Européen et comme juif. » De mon côté, je répliquai à Wiesel dans un article d'*Ouest-France*, « Les 9 novembre », rappelant au passage que cette date était aussi celle de la prestation de serment des SS au jour anniversaire du putsch de Munich de 1923, ainsi que celle de la mort du général de Gaulle. Mon livre, *Le Crime et la Mémoire*, paraissait au même moment. J'y reprochais à Elie Wiesel de ne pas accepter l'idée qu'un jeune Allemand ait le droit de critiquer la politique d'Israël. Et je disais la même chose qu'à propos du 9 novembre : la meilleure façon pour les générations allemandes d'après-guerre de rejeter le nazisme, c'est de défendre la liberté, c'est d'être soucieux des droits de l'homme partout – particulièrement sur le sol allemand.

La marche rapide vers l'unification fut une surprise pour moi et j'ai reçu des critiques justifiées pour mon erreur de prévision. J'ai simplement répliqué qu'il y avait erreur sur mon erreur. Je m'étais fortement trompé non sur l'Allemagne, mais sur l'Union soviétique. L'analyse avait été correcte : l'URSS pouvait se permettre d'accorder quelque liberté à la Hongrie et à la Pologne, dont les citoyens se sentaient prioritairement hongrois et polonais ; mais, si elle laissait un espace de liberté se créer en RDA, il n'y aurait plus de RDA, puisque celle-ci n'existait que par la dictature du parti, lui-même entièrement dépendant de Moscou. La conclusion avait été fausse : l'Union soviétique n'allait pas laisser disparaître son meilleur partenaire soumis, qu'il s'agisse d'économie, de politique ou de défense. Je ne m'étais pas rendu compte de l'ampleur de l'affaissement soviétique. Encore au printemps de 1990, je ne croyais pas que Gorbatchev consentirait à l'extension de l'OTAN à l'ensemble de l'Allemagne. En revanche, une prévision judicieuse m'a valu bien des commentaires ironiques : l'unité allemande serait, pendant une période indéterminée, une cause d'affaiblissement économique et social pour la République fédérale, tant l'inclusion de la partie pauvre dans la partie riche créerait de difficultés.

De toute façon, il convenait de rappeler que les événements de 1989-1990 exauçaient le souhait que la France avait fort officiellement proclamé le 23 octobre 1954, dans la Convention conclue à Paris par les trois Occidentaux et la République fédérale pour mettre fin au régime d'occupation :

> En attendant un règlement de paix, les États signataires coopéreront en vue d'atteindre par des moyens pacifiques leur but commun : une Allemagne réunifiée, dotée d'une Constitution libérale et démocratique, telle celle de la République fédérale, et intégrée dans la Communauté européenne.

Certes, ce but avait été fixé à un moment où il semblait totalement hors d'atteinte. Aux yeux des Allemands aussi. Depuis 1990, je rappelle souvent en Allemagne que, pendant trente ans, j'avais été fréquemment interpellé dans les discussions : « Les Français veulent-ils vraiment la réunification ? » et que j'avais toujours répliqué : « Vous non plus ! La réunification suppose le partage avec vos compatriotes si longtemps désavantagés, et vous ne voudrez pas partager. » Mais les conditions de l'unification étaient remarquablement conformes au texte de 1954. (Le mot réunification renvoie à l'Allemagne unitaire de 1945. Le mot unification convient mieux à la situation de 1990, puisque la République fédérale et la RDA n'ont jamais constitué auparavant une Allemagne unie.)

Il fut en effet décidé d'appliquer l'article 23 de la Constitution ouest-allemande et non l'article 146 qui aurait contraint de faire naître une sorte de troisième Allemagne, synthèse des deux autres, donc plaçant l'État libre et l'État non libre sur un même pied de légitimité. L'article 23 a fait entrer le territoire et les citoyens d'une RDA disparue dans la République fédérale, donc également dans la Communauté européenne. En 1990, l'article 23 fut aboli dans le sens du préambule remanié : l'unité allemande était *vollendet*, parachevée, ce qui impliquait une acceptation définitive de la frontière polonaise. En 1992, une nouvelle révision, effectuée dans la perspective du traité de Maastricht, fit renaître un article 23 comme texte constitutionnel permettant le transfert de droits souverains à l'Union européenne. Comme elle se révélait alors fausse, la formule prêtée à Jean-Pierre Chevènement au lendemain du 9 novembre 1989 : « Le mur de Berlin est tombé. Un mort : Jacques Delors » !

Les controverses sur l'Allemagne de l'Est en France avaient souvent été fort pénibles, d'autant plus qu'à côté des communistes un nombre appréciable d'intellectuels, même pas compagnons de route du parti, animaient une association de soutien à la RDA. Un curieux raisonnement implicite était à la base de leur attitude. La République fédérale était, à leurs yeux, si conservatrice, si réactionnaire qu'elle assumait en quelque sorte l'héritage, la succession de l'Allemagne bourgeoise préhitlérienne. L'ennemi de mon ennemi étant mon ami, la République de Berlin-Est semblait porteuse de toutes les promesses d'un véritable renouveau allemand, d'autant plus qu'elle se réclamait sans cesse de l'antifascisme. J'ai eu en particulier à polémiquer contre mon collègue historien Georges Castellan, lorsqu'il publia un « Que sais-je ? » sur la RDA dans lequel, au nom de l'objectivité commandant de ne juger un régime que sur la base de ses propres critères, il omettait de parler de la justice, de la police, de l'endoctrinement, et présentait les fuites de l'Est vers l'Ouest comme de simples refus d'accepter l'heureux socialisme.

Pour ma part, j'ai toujours refusé d'accepter les invitations en RDA tant que les autorités ne m'y laisseraient pas voyager seul. En même temps, il fallait tout faire pour élargir les contacts entre Allemands et développer les moindres espaces de liberté pour ceux de l'Est, donc soutenir la *Ostpolitik* de Willy Brandt. Du côté français, l'apport le plus positif fut la création d'un institut culturel à Berlin-Est. J'y ai parlé pour la première fois en novembre 1985, le sujet annoncé concernant la société française. J'avais une certaine expérience d'un genre oratoire particulier, acquise en parlant sous Franco à l'Institut de l'entreprise à Barcelone : soutenir les courageux critiques du régime sans créer l'incident qui serait exploité contre les organisateurs. Pendant que je parlais de pluralisme syndical, de liberté de la presse, je voyais le visage de l'ambassadeur de France auprès de la RDA se renfrogner, tandis que le représentant de Bonn me regardait avec une bienveillance croissante. Lorsque j'eus fini, l'ambassadeur s'approcha de moi, l'air revêche, manifestement prêt à me faire une observation sévère. Hans-Otto Bräutigam lui coupa la route pour lui dire : « N'est-ce pas ce langage que nous avons souhaité entendre dans cet institut ? » Du coup, j'eus droit aux félicitations de notre représentant. Dans la suite, le remarquable conseiller culturel de l'ambassade me fit rencontrer des gens de toute sorte en RDA, depuis l'idéologue officiel jusqu'à l'artiste dissident.

Mes querelles en France à propos de l'Allemagne ont évidemment presque toujours porté sur l'évolution de la République fédérale. Parfois, il s'est agi d'interventions proprement politiques. Ainsi en 1976, lorsque François Mitterrand, premier secrétaire du parti socialiste, a créé un comité pour la défense des libertés en Allemagne occidentale. Ainsi en 1977, lors de la grande crise du terrorisme allemand, où j'ai tenté de lutter contre les dérives des médias français – publiquement ou, dans le cas du *Monde*, à l'intérieur du journal. Ces querelles-là se trouveront décrites au chapitre IV.

Le plus souvent, il s'agissait d'utiliser une pédagogie de la comparaison, de la démystification ou de la simple information raisonnée, bref de remplacer des préjugés passionnels par des connaissances réfléchies. Ne serait-ce que pour l'identification des générations allemandes. Elie Wiesel n'a pas été seul à croire que la puissance de procréer a été donnée aux très vieux Allemands ! « Quelles questions les jeunes Allemands posent-ils à leurs parents sur le comportement de ceux-ci sous le nazisme ? » Un garçon ou une fille de vingt ans en 1990 sont nés en 1970, donc leurs parents vers 1945. La question concerne donc les grands-parents, nés vers 1920. Ou plutôt les arrière-grands-parents : en 1945, les Alliés ont décidé de ne pas mettre systématiquement en accusation les jeunes gens nés à partir de 1919, donc âgés de quatorze ans ou moins lors de l'arrivée de Hitler au pouvoir. Ne fut-ce pas une décision de sagesse ? Le chancelier Kohl s'est attiré de vigoureuses critiques pour avoir évoqué « la grâce de la naissance tardive ». Il avait pourtant raison. Il ne parlait pas de la charge morale du passé, mais du simple fait d'avoir eu seulement quinze ans en 1945 ; son prédécesseur, Helmut Schmidt, né en 1918, a lui-même raconté, dans son discours d'adieu au Bundestag en 1986, combien il avait été schizophrène comme jeune officier, combattant pour Hitler le jour et rêvant de sa défaite la nuit.

Les sondages d'opinion ont longtemps joué un rôle néfaste dès lors qu'ils posaient des questions stéréotypées appelant des réponses conformes à ces stéréotypes, ce qui renforçait ces derniers. « Les Allemands sont-ils... ? » Voici au moins trente ans que je fais rire mes publics allemands en disant qu'en France on croit toujours que « les » Allemands sont particulièrement travailleurs. La durée hebdomadaire et annuelle du travail est depuis très longtemps supérieure en France. La République fédérale détient le record d'Europe et peut-être du monde des journées perdues pour raisons médicales – surtout le lundi et le vendredi. Peu de cadres allemands accepteraient d'aliéner leur vie familiale en ramenant des dossiers à la maison pour le week-end. Mais « les Allemands sont travailleurs ». Une seule fois, j'ai eu l'occasion de démonter le mécanisme de ce type de questionnement. En 1979, *L'Express* me confia la direction d'un numéro spécial sur l'Allemagne – après avoir déjà commandé un sondage. Je réussis tout de même à faire inclure une question supplémentaire : « Croyez-vous qu'un Allemand de votre âge et de votre profession a les mêmes problèmes que vous ? » Les réponses furent largement affirmatives.

Il n'est pas facile de faire le bilan. Non de ma part personnelle dans les évolutions positives : elle est à l'évidence limitée. Mais de prendre la mesure de la situation au bout d'un demi-siècle d'efforts entrepris par un petit nombre de gens agissant par raison et par morale, tantôt portés par les développements politiques, tantôt mis en difficulté par eux. À aucun moment, en tout cas, je ne crois avoir cédé à une quelconque sentimentalité. Il me semble que je n'ai effectivement jamais employé des termes comme « amitié » ou « réconciliation franco-allemande ». Les embrassades de dirigeants m'ont rarement ému, alors que nombre de leurs décisions m'ont profondément satisfait. Et certains gestes m'ont paru avoir une portée symbolique telle qu'ils justifiaient la joie. Ainsi, en 1996, l'installation d'une exposition « Des Allemands contre le nazisme » au mémorial du maréchal Leclerc et de la Libération de Paris, avec le musée Jean Moulin.

Au cours des années soixante et soixante-dix, j'ai connu la satisfaction de voir constituée une sorte d'infrastructure humaine des relations politiques. Dans les ministères, dans les partis, les syndicats, les Églises, bien des dirigeants des deux pays avaient été marqués par les échanges franco-allemands. Le traité de l'Élysée de janvier 1963, lui, a joué ici un rôle essentiel par la contrainte, perçue de plus en plus comme agréable et bénéfique, imposée aux ministres, directeurs de ministère, chefs de service, de se rencontrer plusieurs fois par an.

En 1981, Valéry Giscard d'Estaing et Helmut Schmidt décidaient de favoriser la naissance d'un organisme privé français qui a pu naître effectivement en 1982 parce que François Mitterrand a accepté de confirmer la décision. Sans ressources permanentes, sauf les bureaux financés par le ministère de l'Éducation nationale, le Centre d'information et de recherche sur l'Allemagne contemporaine est remarquablement dirigé depuis sa naissance par René Lasserre, d'abord maître de conférences à l'université Paris-III, aujourd'hui professeur à l'université de Cergy-Pontoise. J'en suis le président peu agissant. Le CIRAC, par ses ouvrages et ses gros bulletins – en particulier celui sur l'actualité de l'économie allemande –, par ses mises en contact de dirigeants et d'experts, joue un rôle non négligeable. Influencer, c'est aussi permettre aux influents de parfaire leur information et d'éclairer leur jugement. Ainsi, chaque année, la Fondation Bosch de Stuttgart permet à une vingtaine de journalistes français, en général non parisiens, d'effectuer un solide voyage d'études en Allemagne. Ils sont pilotés par Henri Ménudier, venu au travail franco-allemand à vingt ans parce que la guerre lui avait pris son père, très présent depuis des décennies dans les deux pays, aujourd'hui professeur à l'université Paris-III. En 1995, ces journalistes appartenaient aussi bien au *Berry républicain* qu'aux *Dernières Nouvelles d'Alsace*, à *Ouest-France* qu'au *Midi libre*. Les reportages qu'ils publient au retour, sérieux, sans enjolivements, témoignent du bien-fondé de la méthode.

Du côté des germanistes universitaires, l'évolution a été remarquablement positive, surtout par comparaison avec les romanistes allemands. Dans ma préface au volume contenant les actes du congrès tenu en 1995 par l'Association des germanistes de l'enseignement supérieur et consacré à l'Allemagne cinq années après l'unification, j'ai pu parler de victoire. Nullement une victoire sur d'autres : les siècles passés doivent être présents ; la littérature et la linguistique sont indispensables. Mais l'Allemagne vraiment contemporaine est désormais bien présente comme objet de recherche et d'enseignement. Chez les historiens, les sociologues, les économistes, les travaux communs sont multiples. Pas du tout nécessairement pour étudier l'autre pays. Au Centre Marc-Bloch, à Berlin, une coopération particulièrement fructueuse s'est instaurée entre spécialistes français et allemands du monde arabe. La coopération est cependant rendue difficile par le simple fait que de moins en moins d'experts connaissent l'autre langue, de même que l'attention nouvelle de tant de germanistes aux réalités contemporaines a de moins en moins de répercussions dans les collèges et les lycées à cause de la diminution constante de l'apprentissage de l'allemand.

Du côté négatif figure aussi la résurgence périodique des simplismes et des clichés, surtout lors de difficultés politiques. Parfois le rire s'ajoute à l'irritation, par exemple lorsque des spécialistes français de géopolitique tiennent un raisonnement irréfutable parce que absurde.

« Les données géopolitiques vont contraindre les Allemands à vouloir une Allemagne expansionniste et conquérante.

— Mais à peu près aucun Allemand ne pense ainsi.

— C'est qu'ils ne savent pas à quelles pensées la géopolitique va les forcer ! »

Beaucoup plus graves sont les rechutes des médias dans les stéréotypes ainsi que les formules péremptoires d'hommes politiques plus prompts à dire « l'Allemagne » et « les Allemands » qu'à se rendre dans le pays voisin pour s'y informer sérieusement. À certains moments, le « ils » s'étale de nouveau, avec des préjugés semblables à ceux du colonel de Gaulle écrivant, dans son livre *Vers l'armée de métier*:

> … Nous inquiète l'Allemagne, force de la nature à laquelle elle tient au plus près, faisceau d'instincts puissants mais troubles, artistes-nés qui n'ont point de goût, techniciens restés féodaux, pères de famille belliqueux [...] oppresseurs qui veulent être aimés, séparatistes qui obéissent au doigt et à l'œil, chevaliers du myosotis qui se font vomir leur bière…

En même temps, le commentaire serein, l'appréciation informée ont gagné du terrain. Avec des conclusions qui peuvent être parfaitement négatives : ce n'est pas cultiver le stéréotype que de craindre à la fois une trop grande domination de la puissante Bundesbank et les conséquences pour la France de tout affaiblissement économique de l'Allemagne. Souvent aussi, ici comme dans d'autres domaines, Paris cache le reste de la France. Les vagues émotionnelles parisiennes, les réticences systématiques, les attitudes constamment sourcilleuses et soupçonneuses de tant de membres du « milieu parisien » ne se répercutent pas souvent en province.

Et Paris ignore sereinement, tous médias confondus, ce qui se passe ailleurs, fût-ce à faible distance. En décembre 1994, j'ai eu la chance de présider à Coutances, petite ville normande équidistante de plusieurs plages de débarquement, trois journées d'ultime célébration de 1944. Le deuxième jour était consacré au bilan des nombreux jumelages franco-allemands du département de la Manche, avec la participation de maires, d'artisans, de commerçants, d'enseignants venant des localités allemandes jumelées. Le premier jour, j'ai eu à dialoguer avec huit classes de terminale des lycées de Coutances et des environs. Chaque classe posait les questions préparées dans des discussions antérieures. Leur présentation recueillait plus ou moins d'applaudissements. Les deux les plus applaudies ont été : « Pourquoi n'a-t-on pas invité plus de résistants allemands aux cérémonies commémoratives ? » et « On nous a dit que la France avait été libérée au nom des principes des droits de l'homme. Pourquoi alors la France d'aujourd'hui refuse-t-elle l'asile à des Algériennes et à des Algériens menacés de mort parce qu'ils croient en ces principes ? ». J'avoue que j'ai vu là une justification de l'action menée pendant toutes ces décennies.

Chapitre 3

Par l'enseignement et les livres

Dès que je me suis trouvé officiellement qualifié pour l'enseignement, je n'ai plus enseigné pendant quatre ans. De 1947 à 1950, j'ai vécu comme pensionnaire à la Fondation Thiers, puis je me suis trouvé pendant une année « spécialiste du programme » à l'Unesco.

La vénérable Fondation, aujourd'hui disparue, était située à la porte Dauphine, près du bois de Boulogne, au rond-point Bugeaud (aujourd'hui place du Chancelier-Adenauer…). La première promotion était entrée en 1893. L'institution avait été créée par Mlle Dosne, belle-sœur et sans doute maîtresse du petit grand homme. Elle était aussi la créatrice de la Fondation Dosne pour vieilles demoiselles, séparée par un mur de la Fondation Thiers, ouverte, elle, seulement aux garçons, au double sens du terme : les pensionnaires devaient être de sexe masculin et célibataires. Agrégés des lycées, ils étaient supposés préparer la thèse d'État qui leur ouvrirait l'enseignement en faculté. Ou bien, docteurs en droit, ils préparaient l'agrégation d'enseignement supérieur qui les ferait également professeurs d'université. Les promotions étaient au maximum de cinq.

« Selon quels critères m'a-t-on choisi ? » ai-je demandé avec gourmandise au vénérable conservateur des archives et de la bibliothèque. « Nous n'avions pas d'autres candidats. » Il est vrai que le luxe ne nous attendait pas. La grande bâtisse, très imposante du dehors, avait été construite autour d'un monumental escalier intérieur. Le directeur (à l'époque l'helléniste Paul Mazon) disposait d'un appartement de treize pièces. Chaque pensionnaire avait sa chambre, sans eau courante et avec un chauffage antique. La nourriture était spartiate. Depuis 1945, les pensionnaires étaient attachés de recherche au CNRS, mais celui-ci versait leur traitement au trésorier de la Fondation et nous ne recevions qu'une sorte de faible argent de poche, alors qu'il était interdit d'exercer au-dehors une activité rémunérée. Ce furent du moins les conditions que j'ai connues et que je ne suis pas parvenu à modifier comme président des pensionnaires. (Le président était automatiquement le pensionnaire de troisième année qui, deux ans auparavant, avait par hasard franchi le premier le portail d'entrée : excellent moyen d'éviter toute procédure électorale, susceptible de froisser des vanités !) Ma chambre fut ensuite occupée par Michel Alliot, futur rédacteur de la loi Edgar Faure de 1968 et futur recteur. Champion de la revendication, il a obtenu comme président, lui, l'eau courante et le versement direct du traitement aux pensionnaires, avec paiement d'une mensualité négociée à la Fondation.

Tout le monde ne travaillait pas toute la journée à sa thèse. Nos rapports de fin d'année n'étaient pas des modèles de sincérité. La consultation des rapports de nos aînés, réunis dans de superbes volumes, montrait qu'il en avait toujours été ainsi. Mais, parfois, ils étaient écrits avec un humour fort désinvolte. Étiemble signalait d'abord qu'il lui fallait apprendre le russe. Un an plus tard, le chinois à son tour lui était devenu indispensable. Dernier rapport : ayant eu son temps pris par l'apprentissage – d'ailleurs à peine entamé – des deux langues, il n'avait pas eu le temps d'avancer sa recherche. Mais, chose étonnante, la plupart des pensionnaires que j'ai connus sont effectivement devenus professeurs d'université.

Pour ma part, le Comité d'échanges me prenait beaucoup de temps, tandis que ma thèse ne m'inspirait que médiocrement. Me voyant intéressé par la spiritualité protestante, Edmond Vermeil m'avait persuadé de travailler sur le théologien Philipp Jakob Spener, fondateur du piétisme à la fin du XVIIe siècle. J'ai lu presque toutes ses œuvres, fort volumineuses, à la bibliothèque de la Faculté de théologie protestante, boulevard Arago. Sans doute pas comme il aurait fallu, car j'ai surtout retenu trois de ses attitudes. À l'égard de sa femme : elle lui avait, comme on disait, donné onze enfants ; dans sa très abondante correspondance, il ne l'évoque qu'une fois, vers la fin de sa vie, en écrivant à un ami : « Elle ne m'a jamais gêné. » À l'égard de sa carrière : chaque fois qu'on lui offrait un poste plus important dans l'Église, il consultait Dieu (on ouvre la Bible au hasard et on pointe le pouce sur un verset – supposé contenir la réponse) ; Dieu a toujours donné un avis favorable. Enfin, à propos de l'obéissance. Consulté pour savoir si on avait le droit de couper du bois le dimanche, il répondit, au bout de quelques centaines de pages : « Oui, dès lors qu'on en a reçu l'ordre, car le péché ne peut être attribué qu'au donneur d'ordre. » J'y ai vu une terrible préfiguration de bien des soumissions à l'époque hitlérienne.

La grande thèse devait être accompagnée d'une « petite thèse », travail d'édition ou d'érudition. Pour moi, ce devait être une édition critique des *Confessions d'une belle âme* de Goethe. Il en est simplement résulté un article, « Le jeune Goethe et le piétisme », paru dans la revue *Études germaniques* en 1949, pour le deux centième anniversaire de la naissance du grand homme. Pour ce numéro spécial, j'avais également effectué un gros travail dans des bibliothèques poussiéreuses afin d'établir une « Bibliographie de Goethe en France depuis 1932 » (il y avait eu une bibliographie pour le centenaire de sa mort). J'avais ainsi pu faire une constatation désabusée. Les traductions de Goethe en français ont toujours été très rares et les seules œuvres qui semblaient avoir intéressé le public cultivé de France étaient celles qui avaient inspiré un opéra français : *Faust*, *Werther*, *Mignon*. Dans la même revue, j'avais aussi publié, l'année précédente, « Rilke traducteur du *Cimetière marin* ». J'eus la satisfaction d'y montrer que les fautes de traduction relevées jusqu'alors n'en étaient pas, parce que Rilke avait travaillé sur une édition préoriginale, légèrement différente, et qu'en revanche de grosses erreurs d'interprétation n'avaient pas été relevées, alors qu'elles n'étaient nullement accidentelles : le poète allemand, épris de fusion entre l'homme et la nature, entre la vie et la mort, n'avait pas compris la pensée cartésienne du poète français, pour lequel « le vers rongeur » était la conscience de la conscience, la distanciation par rapport à soi.

La Fondation Thiers m'a surtout permis de vivre dans l'amitié la fameuse interdisciplinarité tant à la mode à partir des années soixante-dix. Dans ma promotion, nous n'étions que trois. Claude Fohlen était historien et a occupé ultérieurement la chaire d'histoire des États-Unis à la Sorbonne. Claude Digeon, littéraire, a fait de sa thèse le livre fondamental *La Crise allemande de la pensée française (1871-1914)*. Dans les autres promotions, il y avait d'autres historiens, un helléniste, des philosophes, un juriste, un angliciste, deux économistes – et même un médecin endoctrinologue dont nous nous plaisions à heurter la surprenante pudeur. J'ai beaucoup appris de chacun d'eux.

En principe, j'aurais dû, à la sortie de la Fondation Thiers, prendre un poste dans un lycée. Mais, au printemps de 1950, je reçus une proposition qui me fit grand plaisir et que j'acceptai sans trop hésiter. Le Conseil exécutif de l'Unesco avait décidé de créer en République fédérale d'Allemagne trois instituts internationaux. L'un serait consacré aux problèmes de jeunesse. La décision serait mise en œuvre par un bureau de l'organisation installé à Wiesbaden et dirigé par un Canadien anglophone comprenant et parlant l'allemand. Il aurait trois adjoints. Je serais celui qui préparerait l'Institut de jeunesse, son implantation, son conseil d'administration, sa direction. Disons-le tout de suite : j'ai échoué. J'ai négocié avec les autorités allemandes, avec les organisations de jeunesse, j'ai eu de multiples entretiens à Copenhague, à l'Internationale des jeunesses socialistes, à Genève, au Conseil œcuménique des Églises, à Bruxelles, à La Haye, dans nombre de villes allemandes. En juin 1951, tout paraissait réglé. Le Comité directeur provisoire allait nommer directeur un membre des Jeunesses catholiques allemandes qui avait déjà joué un rôle considérable dans les rencontres internationales, notamment celles organisées avec l'aide des autorités françaises. C'est cela qui lui fut finalement fatal. Le manque de compréhension des mouvements socialistes et syndicalistes à son égard créait une impasse. Malgré le soutien du socialiste belge, malgré l'appui chaleureux du président du Comité, à la tête des organisations de jeunesse juives aux États-Unis, le blocage fut tel qu'on se sépara en repoussant la création de l'institut à une date indéterminée.

Je rentrai à Paris pour travailler au siège, à l'époque situé à l'ancien hôtel *Majestic*, au département de l'Éducation. J'y ai appris l'absurdité de la routine administrative : au cours de la seule réunion des

« gradés » du département, le problème central fut celui de la distribution du courrier intérieur. Et j'ai pu constater que l'inégalité était allègrement vécue par ceux qui étaient plus égaux que les autres. Déjà en difficulté financière, l'Unesco avait trouvé un moyen de dépenser moins, à savoir la diminution des petits salaires. J'étais situé au bas de la hiérarchie haute. J'ai lancé une pétition en faveur d'une réduction proportionnelle de l'ensemble des traitements. Je n'ai recueilli qu'une dizaine de signatures parmi les fonctionnaires de rang A. L'esprit de l'organisation m'a paru encore moins humaniste lorsque j'ai annoncé à mes collègues que j'avais renoncé au renouvellement de mon contrat et quitterais donc l'Unesco.

« Mais combien allez-vous gagner comme assistant à la Sorbonne ?

— Moins d'un tiers, soumis à impôt, de ce que je gagne ici sans être imposable.

— Alors pourquoi ? »

L'une des raisons, déjà évoquée, était qu'un fonctionnaire des Nations unies n'avait pas le droit de parler ni d'écrire librement.

Avant mon départ, j'ai encore eu une très grande chance. La WAY (*World Assembly of Youth*), la confédération des fédérations nationales de mouvements non communistes, allait tenir son congrès aux États-Unis, sur le campus de l'université Cornell, à Ithaca. L'Unesco m'a demandé d'y aller pour expliquer les problèmes de l'Institut en Allemagne. Ce fut mon premier voyage aux États-Unis. Dans l'avion et à Cornell, j'ai lié amitié avec quelques-uns des congressistes, par exemple avec le secrétaire général très intelligent, mais un peu « chien fou », de la JEC (Jeunesse étudiante chrétienne). Il sera encore question ultérieurement de Jean Boissonnat. Après le congrès, j'ai circulé pendant cinq semaines aux États-Unis, faisant des découvertes et des expériences que je racontai au retour dans une série d'articles pour *Réforme.*

***

En 1950 avait été créé le premier poste d'assistant d'allemand à la faculté des lettres de Paris. Je m'étais discrètement porté candidat, mais Edmond Vermeil m'avait dit que le titulaire, en principe pour quatre ans, serait Pierre Grappin, mon aîné par l'âge, par l'ancienneté à l'agrégation et à la Fondation Thiers. Pour moi, il était surtout un modèle de courage politique, intellectuel et physique. Il avait été, lui, un vrai résistant et avait souffert dans sa chair de son engagement – ce qui me fit comprendre, en 1968, le choc que fut pour lui l'injure de « fasciste » lancée par des étudiants « révolutionnaires » de Nanterre s'en prenant stupidement au doyen de la faculté.

Pendant l'été de 1951, Edmond Vermeil me convoqua et m'expliqua que Pierre Grappin allait devenir maître de conférences à l'université de Nancy et que les professeurs germanistes de la Sorbonne avaient décidé de me proposer son poste. J'ai donc été assistant d'allemand de 1951 à 1955. En Allemagne, j'ai toujours dû expliquer qu'en France on n'était pas assistant (exploité) d'un professeur particulier, sauf sans doute en médecine, mais auprès d'une institution.

À mon arrivée, j'ai découvert qu'il existait une association des assistants. Je me suis rendu à l'une de ses réunions – et n'y suis plus jamais retourné. J'avais demandé quelle pédagogie l'association recommandait. Le mot n'y avait sans doute jamais été prononcé, celui d'« étudiants » probablement pas davantage. En revanche, il fut question d'échelons indiciaires et de la lutte à mener pour prolonger l'assistanat de quatre à six ans. Je découvris cependant avec quel sérieux travaillaient en fait les assistants individuels, en particulier ceux que je fréquentais le plus, ceux d'histoire.

Pour ma part, il y eut d'un côté mes obligations, de l'autre les activités complémentaires librement choisies. En propédeutique, thème, version et initiation de non-germanistes à la culture allemande. En licence, exercices linguistiques et cours (sur le luthéranisme, sur l'économie allemande au XIXe siècle, etc.). En agrégation, une heure en principe d'exercices pratiques, malheureusement située le jeudi de dix-sept à dix-huit heures. Les malheureux, presque tous enseignants du secondaire venant à la Sorbonne pendant leur journée libre, avaient déjà eu six heures de cours dans la journée. Il me fallut donc assurer l'animation et j'enseignai sur les sujets du programme du concours que les professeurs ne traitaient pas. Hors obligations, je faisais fonctionner une dizaine de groupes de travail. Seul assistant pour quelque deux cents étudiants, je ne pouvais évidemment les connaître tous, mais ils étaient un bon nombre à venir visiter les musées, à assister à la représentation d'une pièce allemande ou encore à passer une après-midi dans la forêt de Saint-Germain.

Les joies pédagogiques et humaines de ces quatre années se trouvaient un peu ternies par une frustration et un ressentiment. La frustration venait de l'absurdité du système universitaire – en France comme aux États-Unis ou en Allemagne. M'occupant beaucoup des étudiants, je n'avais pas le temps de travailler à ma thèse. Or, seule la thèse compte pour la carrière à l'université. Qu'on enseigne bien ou mal, qu'on s'intéresse ou non aux étudiants – quelle importance? Le ressentiment était né précisément de ma compréhension pour les soucis des étudiants, pourtant minimes à une époque qui ne connaissait pas encore l'université de masse. Au programme figurait la lecture obligatoire d'un énorme ouvrage allemand sur la période goethéenne. À une réunion avec les quatre professeurs, j'ai demandé: « Savez-vous combien d'exemplaires du Korff existent à Paris ? » D'une seule voix, ils dirent: « Pourquoi ? » Je ne leur donnai nullement mauvaise conscience en leur révélant qu'il n'y avait que deux exemplaires et qu'il était donc exclu que les étudiants pussent assumer leur obligation. Depuis quarante ans, je sais que la grande misère de nos bibliothèques universitaires vient, dans une très large mesure, du désintérêt des professeurs, dont aucun syndicat, aucune association n'a placé les lectures offertes aux étudiants parmi ses revendications prioritaires.

Il m'est pourtant resté assez de temps pour écrire un livre en 1952. Paru en janvier 1953, *L'Allemagne de l'Occident, 1945-1952* bénéficia d'une préface, à vrai dire assez distanciée, d'Edmond Vermeil, mais fut accueilli par l'ensemble des maîtres de la germanistique comme extérieur à la discipline. Ah, si j'avais écrit sur le génitif au XIIe siècle ou sur les habitudes culinaires de Goethe! Il me parut logique de sortir de la germanistique et de chercher un lieu plus accueillant pour mes préoccupations.

Dès 1953, je me suis trouvé triplement présent à l'Institut d'études politiques de l'université de Paris et à la Fondation nationale des sciences politiques, la seconde gérant le premier, tout en assurant la documentation et la recherche, conformément à l'ordonnance de 1945 nationalisant l'École libre des sciences politiques. À l'IEP, je fus chargé d'un séminaire sur la politique allemande. Le grand cours professé une année sur deux était assuré par Edmond Vermeil, qui ne voulait pas aller au-delà de 1939. Il me demanda de prendre en charge la dernière partie du cours. Lorsqu'il quitta son enseignement, le directeur me confia l'ensemble de cet enseignement sur l'Allemagne au XXe siècle. En même temps, la Fondation avait créé, sous la direction de Jean-Baptiste Duroselle, un Centre d'études des relations internationales (CERI signifiant ultérieurement Centre d'études et de recherches internationales). Je devins responsable de la section Allemagne et pus ainsi assurer la préparation de deux volumes collectifs parus en 1954 et 1956.

Devenu secrétaire général de la Fondation en 1954, Jean Touchard, spécialiste de l'histoire des idées, le plus chaleureux et le plus créatif des hommes, eut l'idée d'un troisième cycle de sciences politiques qui serait la première institution de ce genre dans les sciences humaines. En effet, la formation à la recherche débouchant sur un doctorat de spécialité n'existait alors que dans les facultés des sciences. Il n'était pas certain d'obtenir autorisation et crédits du ministère. Il était probable, mais nullement certain, qu'en cas de création l'un des deux postes à plein temps espérés serait pour moi. Je décidai cependant de prendre le risque de ne pas demander de poste à la fin des quatre ans d'assistanat et de rester en disponibilité pour 1955-1956.

Grâce à Jean-Baptiste Duroselle, ma décision n'entraîna aucune difficulté financière et m'ouvrit un nouveau champ d'activité. En 1954, il avait été de l'équipe de création d'une institution à laquelle j'allais me trouver attaché pendant quatorze ans. L'un des professeurs de l'université Johns Hopkins de Baltimore, enseignant à sa *School of Advanced International Studies* de Washington, s'intéressait à l'Europe et avait une passion pour l'Italie. Il obtint la mise en place à Bologne d'un centre de la SAIS où des professeurs de diverses nationalités, en grande majorité américains et italiens, formeraient pendant une année, au niveau de la maîtrise, quelques dizaines d'étudiants américains et européens. Duroselle suggéra à Grove Haines de me prendre comme professeur. Haines vint me voir et m'expliqua qu'il avait besoin de quelqu'un capable d'assurer deux enseignements, l'un sur les partis et les syndicats en Allemagne, l'autre sur les partis et les syndicats en France. Comme je lui objectais mon manque de formation pour le second sujet, il me répondit qu'à mon âge et avec mes capacités de travail je n'avais qu'à sacrifier mon été à l'élargissement de mes compétences. Je n'ai jamais cessé de lui en être reconnaissant, à titre professionnel et dans ma vie privée. Sans son insistance, aurais-je pu me lancer dans la politique comparée, aurais-je pu écrire sur la vie politique française ? Et je n'aurais certainement pas été en mesure d'assumer, en 1957, la direction d'une recherche sur « la politisation des grèves en France après 1945 ». Or, je me suis marié en 1959 avec l'étudiante ainsi dirigée, puis détournée !

J'ai donc vécu à Bologne en 1955-1956. Puis, réinstallé à Paris, j'ai enseigné à Bologne au rythme de deux voyages par mois : arrivée le vendredi matin, cours/séminaires de quatorze à dix-huit heures, soirée – souvent dansante – avec des étudiants, cours/séminaires de huit heures à midi le samedi, puis départ pour Paris. J'ai beaucoup aimé le Centre de la SAIS. À cause de la ville, belle et pourtant épargnée par le tourisme de masse. À cause du petit nombre d'étudiants et de leurs qualités intellectuelles et morales. (Malheureusement, très peu de Français parmi eux : une année à l'étranger, quel temps perdu pour préparer l'ENA ou pour acquérir des diplômes universitaires nationaux !). À cause aussi de leur accès rapide à des situations de responsabilité dans les ambassades, à la Commission de Bruxelles, dans les entreprises internationales. Le département d'État envoyait chaque année un diplomate à Bologne pour formation complémentaire. L'un d'entre eux devint aussitôt consul des États-Unis à Strasbourg. Le préfet lui demanda qui il voulait rencontrer.

« Entre autres, les dirigeants syndicalistes.

— Je vais prendre rendez-vous pour vous à Force ouvrière et à la CFTC.

— J'ai dit *les* syndicats.

— Vous ne voulez tout de même pas, comme diplomate américain, rencontrer la CGT !

— Si, précisément. »

Mon enseignement n'avait donc pas été inutile. J'ai gardé le contact avec nombre d'autres anciens de Bologne – Américains, Britanniques, Allemands, Italiens, Autrichiens, Néerlandais. Un unique regret : comme j'enseignais en anglais, je n'ai pas réussi, malgré le nombre de mes passages à Bologne, à vraiment apprendre l'italien.

Ma seule autre expérience d'enseignement régulier à l'étranger a eu lieu en 1965, car l'université française ne connaît pas la règle des « années sabbatiques » et j'ai toujours eu quelque scrupule à abandonner mes enseignements et mes directions de recherche, ce qui m'a amené à assurer la rentrée de notre troisième cycle à l'automne de 1964. Pour remplir alors mes obligations de *Kratter visiting professor of modern European history* au département d'histoire de l'université Stanford en Californie, il a fallu enseigner pendant le trimestre d'été, ce qui nous a privés, ma femme et nos deux fils de cinq et deux ans, d'un plus long périple à travers les États-Unis.

Kratter était un industriel new-yorkais auquel un de ses fils avait écrit de Stanford que l'Europe contemporaine y était insuffisamment enseignée. Le père a donc créé une chaire à occuper chaque année par un autre professeur européen. Pendant mon séjour, un autre fils Kratter était sur le campus. Nous lui avons en vain demandé de signaler à son papa d'autres lacunes : Mr. Kratter s'en est tenu à cette unique création ! Mais y avait-il vraiment un besoin ? J'ai fait des cours sur la France et sur l'Allemagne pour une centaine d'étudiants. Pour mon séminaire de doctorat, le doyen, le remarquable spécialiste de la France rurale qu'était Gordon Wright, m'a dit son regret qu'il fût si surchargé, puisqu'il comprenait dix étudiants. J'avais prévu de travailler dur pour un livre à la célèbre bibliothèque Hoover, mais, entre notre maison de Palo Alto et la *Hoover Tower*, il y avait les terrains de tennis et il ne pleut pas souvent en Californie…

***

Le 1er octobre 1956, le cycle supérieur d'études politiques de la Fondation nationale des sciences politiques a effectivement commencé à fonctionner. Aux côtés de Jean Touchard, une équipe de quatre enseignants devait en assurer le fonctionnement, avec appel régulier à des « extérieurs » comme François Goguel ou Jean-Marcel Jeanneney. Deux des directeurs d'études et de recherches n'étaient là qu'à temps partiel, demeurant professeurs dans leurs universités respectives, Maurice Duverger pour la politique française et la politique comparée, Jean-Baptiste Duroselle pour les relations internationales. Deux autres occupaient les postes budgétaires créés par le ministère, René Rémond, d'un côté, dont le livre *La Droite en France* faisait déjà autorité, moi de l'autre. Nous étions déjà amis. Notre collaboration allait devenir fraternelle. Il était historien, j'étais germaniste d'origine, mais nous étions désormais les premiers vrais spécialistes français de sciences politiques, puisque nous étions les premiers et les seuls à être rémunérés à ce titre. Maurice Duverger avait publié en 1954 son livre de base sur les partis politiques, mais statutairement il était professeur de droit public, comme la plupart des auteurs français parlant de politique. D'autres experts étaient sociologues, psychologues, géographes. Nous étions en quelque sorte des autodidactes d'une discipline en train de se constituer, chargés de former des chercheurs et des enseignants qui, eux, ne seraient pas des autodidactes. Nous avons effectivement formé des professeurs d'université français, canadiens, espagnols, indiens, suisses. Des hommes et des femmes des médias aussi, ainsi que des dirigeants d'institut de sondages.

Jacques Chapsal, directeur de l'Institut et administrateur de la Fondation, m'a fait promettre de rester au moins trois ans. En fait, ma vie professionnelle s'est déroulée rue Saint-Guillaume pendant trente-six années et je ne m'en suis pas vraiment éloigné ensuite. En effet, grâce à Raymond Barre, Premier ministre, l'Université française connaît aujourd'hui des « professeurs émérites ». Étymologiquement, on devrait être émérite d'une institution, puisqu'on a fini d'y servir – ce qui est la signification d'*emeritus*. On est en fait, sur décision du Conseil scientifique, professeur émérite *à*, ce qui veut dire qu'on a le droit, si on le désire, d'y assurer des séminaires, de diriger des recherches, bref de ne pas rompre d'un coup l'appartenance. Je n'ai jamais cessé, pendant ces décennies, de me sentir appartenir à l'institution et, je l'avoue, en situation d'allégeance par rapport aux trois directeurs-administrateurs successifs, même si le dernier, Alain Lancelot, avait d'abord été notre étudiant.

L'une des raisons de cet attachement – qui, je le crois, n'a jamais empêché la distance critique – venait de l'esprit d'équipe existant au troisième cycle dont j'ai assuré la direction de 1966, lorsque Jean Touchard a voulu s'en décharger, jusqu'en 1980, où j'ai passé la main à Jean Leca. Notre équipe a parfois été accusée de constituer une mafia. L'accusation était parfaitement justifiée si elle signifiait que, par-delà des divergences scientifiques et politiques, nous formions un groupe qui se renouvelait sans doute, mais qui gardait une caractéristique essentielle ; pas une rivalité personnelle, pas un conflit d'appétits, pas de dérogation à la règle non écrite selon laquelle chacun devait être courtois, tolérant, bref civilisé et aussi faire sienne le mieux possible la formule initiale de Jean Touchard: «Prendre au sérieux ce que l'on fait et non pas ce que l'on est.» Avec les conséquences qu'une telle attitude impliquait: nous n'avons jamais eu envie de coopter un doctrinaire, quelqu'un ayant une clé ouvrant toutes les portes, donc, selon nous, montrant une attitude peu scientifique, la clé fût-elle la propriété des biens de production ou le statut social reçu en héritage.

Les premières années ont été marquées par une extrême liberté – dans le choix des orientations, dans les relations avec les étudiants acceptant de vivre en commun l'aventure d'une expérience originale. Nous décernions sur des critères fort impressionnistes, donc assez justes, un diplôme de la Fondation, puis reçûmes le droit de diriger des doctorats de recherche qui devaient être soutenus à la Sorbonne, avec l'un de nous au jury. L'esprit initial s'affaiblit un peu lorsque René Rémond devint, en 1964, professeur d'histoire contemporaine à Nanterre, tout en restant fort présent à la Fondation. C'est surtout à partir de 1974 que les choses ont changé. Le cycle était rattaché à l'Institut pour entrer dans le cadre des troisièmes cycles habilités à délivrer eux-mêmes des diplômes d'études approfondies. Ces DEA étaient des diplômes nationaux, avec une réglementation nationale imposant des totaux de notes, des examens, bref des contrôles dont la préparation entravait la liberté et la joie des étudiants comme des enseignants.

Au niveau du second cycle de l'Institut, donc en vue du diplôme de Sciences-Po, j'ai longtemps assuré un enseignement de politique comparée. J'ai surtout fait régulièrement deux cours annuels en alternance, l'un sur l'Allemagne, l'autre sur la politique extérieure de la France depuis 1944. À la fin des années quatre-vingt, la drastique réforme de la scolarité, dans l'ensemble fort positive, introduite par Alain Lancelot, a fait disparaître ce type d'enseignement spécialisé en amphithéâtre. Je l'ai regretté parce que tous les étudiants pouvaient auparavant, s'ils le désiraient, s'intéresser à des sujets importants hors de leur spécialisation. Et aussi parce que j'ai toujours défendu le «cours magistral», par goût de la communication avec une salle et par conviction: aucun séminaire ou groupe de travail ne peut se substituer à l'effort de synthèse et de mise à jour accompli par l'enseignant compétent. J'ai fermement défendu ce point de vue face à la contestation de mai-juin 1968.

Ce furent des semaines passionnantes qui se prolongèrent en fait jusqu'à l'automne. La « révolution » a gagné Sciences-Po assez rapidement. Une première assemblée générale étudiante, tenue dans le grand amphithéâtre, aboutit, malgré mon intervention en faveur de la raison, courtoisement écoutée, à l'occupation des bâtiments par les étudiants contestataires. Elle était présidée par un étudiant de vingt-quatre ans, déjà diplômé de HEC. Jacques Lehn, devenu ultérieurement PDG de Hachette-Matra, s'est retiré assez vite. L'occupation eut ses côtés cocasses. Le drapeau rouge et le drapeau noir de l'anarchie flottant sur la façade prêtaient à sourire. À l'intérieur, aucun dégât, aucune peinture sur les murs, grâce à l'action des rares étudiants communistes, en général d'origine modeste, mettant en pratique la tradition ouvrière : on n'abîme pas l'instrument de travail. L'ultra-gauche, composée surtout de fils et de filles des beaux quartiers, avait moins de scrupules à jouer à la révolution. Sans pour autant se couper toujours de son milieu. Je me souviens de l'étudiant casqué, matraque à la main, montant la garde face à une éventuelle attaque fasciste. À l'heure du déjeuner, une voiture somptueuse, conduite par un chauffeur, s'est arrêtée devant lui. Maman en est descendue pour apporter des sandwichs à son révolutionnaire de fils. Il y avait aussi le désir d'un renouvellement politique complet. Ainsi, les étudiants veillant aux lourdes portes ont-ils refusé l'entrée à un politicien qui voulait les récupérer. C'est ainsi que le « has been » nommé François Mitterrand a dû rebrousser chemin.

Les révolutionnaires n'étaient pas nécessairement proches du peuple. L'administration de l'IEP – qui continuait à fonctionner dans l'immeuble occupé – avait laissé les étudiants utiliser le téléphone. Certains d'entre eux se sont étonnés que le standard fût fermé à dix-neuf heures et ne soit pas ouvert le dimanche. Nous leur avons fait remarquer que les standardistes avaient des droits sociaux. Et je n'oublie pas le spectacle des deux femmes de ménage à cheveux gris balayant régulièrement les monceaux de tracts jonchant le hall d'entrée sans jamais recevoir un regard, sans jamais être traitées en êtres humains par les contestataires de la société d'exploitation.

Parmi les enseignants, il y eut trois comportements différents. Dans leur immense majorité, ils n'étaient pas des permanents de la maison, mais des professeurs d'autres établissements, des hauts fonctionnaires, des industriels assurant des cours ou des « conférences de méthode». Il était normal d'en voir disparaître la plupart jusqu'au retour au calme, à la rentrée d'automne. Un petit nombre se livra à la démagogie. Tel membre de la Cour des comptes changeait de vêtement en quittant son bureau pour venir attiser la révolution rue Saint-Guillaume. D'autres gardaient une tenue stricte afin d'encourager les révolutionnaires à renverser tous les ordres établis. Quelques-uns décidèrent d'être présents, de dire leurs accords et leurs désaccords, pour tenter de canaliser le flot et aboutir à des orientations raisonnables.

L'essentiel fut la mise en place d'une commission paritaire étudiants/enseignants chargée de préparer la réforme de l'Institut. Du côté des étudiants, il y eut des élections fort honnêtement organisées, ce qui donnait une vraie représentativité aux élus, tous membres cependant de groupes ou groupuscules dont les socialistes formaient la droite. Du côté des enseignants, la direction accepta l'organisation d'une élection. La participation fut plus qu'honorable, malgré les réticences de bien des professeurs révulsés par ce qui se passait. Mes collègues de la commission paritaire m'élurent comme coprésident de cette commission. Le coprésident étudiant avait vingt-deux ans. Il s'appelait Alain Barrau, futur député socialiste de l'Hérault et maire de Béziers. J'avoue que ni ses camarades ni mes collègues n'ont su qu'il venait nuitamment à mon domicile pour préparer la séance du lendemain. Nous avons ainsi travaillé jusqu'en septembre, alors que la situation extérieure s'était depuis longtemps complètement modifiée.

C'est que tout le monde prenait la réforme fort au sérieux. Les étudiants révolutionnaires acceptèrent d'emblée que l'essentiel fût préservé : la gestion de l'Institut par la Fondation et non par le ministère, ainsi que la sélection permettant le travail en petits groupes et une confortable utilisation de la meilleure bibliothèque française de sciences sociales. De façon surprenante, les enseignants ne parvenaient pas à faire discuter le contenu des enseignements. Les délégués étudiants ne s'intéressaient qu'aux structures. Ce furent de vraies négociations, menées plus en coulisses qu'en séance plénière. Le principal rédacteur du nouveau texte fut un auditeur au Conseil d'État – ultérieurement secrétaire général du gouvernement sous les cabinets socialistes –, Jacques Fournier. L'étudiant le plus efficace parce qu'il était à la fois subtil, ironique et fort organisé, s'appelait

Philippe Jaffré, aujourd'hui président fort peu révolutionnaire d'Elf-Aquitaine. Nous avons si bien travaillé que le statut fut accepté par le ministre, Edgar Faure, et n'a jamais été vraiment remis en cause depuis 1968. Le pouvoir quotidien continuait à appartenir à un directeur dont la position se trouvait singulièrement renforcée par une disposition que le gouvernement n'a acceptée que très difficilement : jusqu'en mai 1968, le directeur était nommé et pouvait être révoqué par le pouvoir ; le nouveau texte exigeait un avis *conforme* du conseil de direction. Ce conseil, auquel appartenaient les décisions essentielles, était désormais tripartite : un tiers de représentants élus des enseignants, un tiers de représentants élus des étudiants et un tiers de membres extérieurs à l'Institut, venant de la direction de la fonction publique, des universités, des syndicats, du patronat. Une commission paritaire enseignants/étudiants était consultée sur les orientations pédagogiques et était chargée des problèmes des libertés publiques à l'Institut. Dans l'ensemble, ces libertés ont pu constamment fonctionner grâce à elle, grâce aussi à un réel esprit de tolérance. Ainsi y avait-il un horaire pour l'occupation des tables dans le hall qui permettaient de présenter les journaux et les tracts des groupes organisés. Telle association d'extrême gauche devait céder la place à dix-sept heures. À 17 h 05, un digne appariteur venait l'avertir que l'horaire était dépassé. « Oh, pardon ! » Et on rangeait pour qu'une organisation de droite puisse s'installer.

La portée de la « révolution » à Sciences-Po, on la constata lorsqu'il s'agit pour le conseil de voter sur le nom d'un directeur. À l'unanimité, on élut Jacques Chapsal, qui exerçait cette fonction depuis vingt-huit ans ! Mais cela ne signifiait-il pas tout simplement que l'institution avait du bon ? J'en étais d'autant plus convaincu que je me suis trouvé, à l'automne, membre d'une commission d'orientation dont la tâche était de choisir les premiers organisateurs et professeurs de la nouvelle faculté de Vincennes. Nous avons demandé à la principale animatrice comment on allait procéder si l'innovation réussissait et si, au lieu des cinq mille étudiants prévus, il s'en présentait ultérieurement six fois plus. « Nous procéderons alors par tirage au sort ou par ordre d'arrivée pour l'inscription. » Pendant près de trente ans, depuis un article dans *Le Monde* avant le vote de la loi sur les universités jusqu'à un article quelque peu véhément dans *Ouest-France* en août 1996, j'ai combattu de mon mieux les injustices de la non-sélection qui élimine des universités surchargées les étudiants dont les familles n'ont pas fait d'études et ne peuvent pas aider leurs enfants à s'orienter dans le désordre. La cause semble désespérée, puisque le mot sélection reste maudit, même en Bretagne où le tribunal administratif a annulé, en 1995, au nom de l'interdit, de simples épreuves d'aptitude pour les candidats au professorat d'éducation physique, l'université remplaçant ces épreuves l'année suivante par une course au Minitel, seuls les premiers utilisateurs de l'instrument se trouvant inscrits.

En ce qui me concerne, les suites de Mai 68 ont été d'un autre ordre. La loi Edgar Faure a fait naître la possibilité de devenir docteur d'État sur travaux. Considérant immodestement que l'ensemble de mes livres dépassait l'équivalent d'une grosse thèse classique, j'ai demandé à soutenir seulement sur *L'Allemagne de notre temps* et sur *Au nom de quoi?* en écartant mes ouvrages sur la politique française. Dans la belle salle Louis-Liard de la Sorbonne, j'ai ainsi comparu devant un jury fort interdisciplinaire et fort cordial, présidé par Jean-Baptiste Duroselle et composé, en plus de deux germanistes, de Georges Vedel et de Raymond Aron. Celui-ci me demanda publiquement si, sans la nouvelle loi, j'aurais rédigé une thèse traditionnelle. Je répondis par la négative. Il répliqua: « Pourquoi alors vous présenter devant nous? » Je dis que je donnerais ma réponse en privé. Je lui demandai ensuite s'il avait voulu que je proclame la vérité: pour régler ma situation administrative. Jusqu'alors, j'étais statutairement un détaché de l'enseignement secondaire. En 1971, je devins professeur des universités, sur un poste créé à l'IEP. Grâce à mon ancienneté de fonctionnaire, je fus classé de façon telle que je pus finalement accéder au sommet des échelons indiciaires!

L'important était le fait de pouvoir rester rue Saint-Guillaume, ce qui fut possible grâce au changement de statut de l'IEP. Les décrets de 1974 et 1984 ont accentué son caractère de chauve-souris. « Je suis université: voyez ma quinzaine de professeurs titulaires, voyez mes doctorats, voyez mon directeur siéger parmi les présidents d'université! » « Je suis grande école: voyez mon statut dérogatoire de "grand établissement", voyez mon droit à la sélection et à l'autonomie des programmes! »

En 1980, j'ai eu envie de tenter un enseignement de type nouveau. Michel Gentot, le successeur de Jacques Chapsal, me permit de faire l'expérience – qui devint une habitude, puisque j'ai assuré pendant dix ans ces séances hebdomadaires de commentaire distancié et quelque peu moralisateur de l'actualité. Les étudiants venaient nombreux, alors qu'il n'y avait pas d'examen au bout, ni un programme : le sujet de la semaine était affiché dans le hall l'avant-veille. Je pouvais passer librement des missiles Pershing au sida, de Jean-Marie Le Pen au suicide d'une étudiante de l'IEP. J'ai arrêté en 1990 parce que Alain Lancelot créait pour les étudiants de dernière année un cours intitulé avec simplicité « Les grands enjeux du débat politique, économique et social ». Le but était clair : les étudiants avaient passé beaucoup de temps à recevoir des réponses ; il fallait aussi qu'ils découvrent, avant leur diplôme, qu'il existe des questions ! Mon enseignement a été accueilli de façon pour le moins différenciée. Une partie des étudiants étaient irrités ou choqués par ma façon de les impliquer, de relier le questionnement à leurs préoccupations, à leur avenir professionnel et humain, y compris la perspective de leur mort. Une autre était satisfaite qu'un enseignement soit conçu comme une pratique socratique, plutôt que comme une simple transmission de connaissances.

Je pouvais savoir en fin d'année ce que mes auditeurs pensaient car, à Sciences-Po, les étudiants sont appelés à évaluer les enseignants. Organisant à Dijon un congrès de réflexion sur les universités, Claude Allègre, bras droit de Lionel Jospin, nous a demandé d'exposer notre façon de faire aux présidents d'université et autres notabilités. Je crois n'avoir jamais reçu un accueil aussi froid. « Cela ne peut fonctionner qu'avec de tout petits groupes. » Je répliquai que je venais d'entamer pour la seconde fois un cours devant trois cents étudiants et que j'avais pu commencer la première séance en leur disant : « Voici l'évaluation faite par vos camarades de l'année dernière. Je passe sur les appréciations positives. Je distinguerai trois types de critiques : les justifiées, qui vont me permettre d'améliorer le cours, les justifiées dont je prends note sans pouvoir les utiliser parce que j'ai, sur ces points, atteint mon niveau d'incompétence ; enfin celles dont je vais vous expliquer pourquoi je les estime injustifiées. » Il est vrai que, si on introduisait l'évaluation dans les universités, bien des manquements professoraux seraient mis en lumière, à commencer par les absences ou retards, les corrections insuffisantes ou tardives, les travaux insuffisamment dirigés, puis lus tard et mal. Oui, il y a beaucoup de professeurs à la fois excellents et consciencieux. Mais, dans l'enseignement supérieur comme dans le secondaire, les manquements aux règles déontologiques élémentaires sont fréquents – et encore moins sanctionnés et même sanctionnables. La grande misère des universités n'est pas seulement due à un manque de moyens.

***

Une partie, mais une partie seulement, des étudiants de l'Institut d'études politiques, ceux de la section Service public, visent le concours d'entrée à l'École nationale d'administration. Une petite fraction d'entre eux sont admis, mais ils constituent tout de même plus de quatre-vingt-dix pour cent de chaque promotion « étudiants » de l'ENA. Il est donc clair que ma critique de celle-ci porte également sur la formation reçue rue Saint-Guillaume : la conviction acquise qu'on sait tout puisqu'on est capable de bien parler de tout, et l'ignorance de la vie quotidienne et du langage des millions de gens dont on va organiser, gérer, réglementer, diriger l'existence. Comme enseignant, je n'ai fait qu'une brève apparition à l'ENA, en 1977-1978. À la fin de l'année, j'ai écrit à la responsable de la formation : « Tant que le système ne sera pas changé, je ne renouvellerai pas l'expérience. » Dressant le bilan de l'« option Allemagne », je disais aussi :

> Pour moi, une « option » était une recherche libre, élargissant les perspectives habituelles des élèves et leur permettant de comprendre des réalités peu familières [...] Or, la nature de l'épreuve (importante pour le classement) portant sur l'option est telle qu'ils n'ont aucun intérêt à comprendre, mais seulement à ajouter quelques connaissances techniques à celles qu'ils ont déjà [...] De concession en concession, j'ai fini par accepter qu'on travaille sur les problèmes de défense [...] Le dossier d'examen que vous me communiquez est tristement conforme à ce que j'attendais. J'ignore la composition du jury. Mais, comme les élèves, je suppose qu'y figurait au moins un haut fonctionnaire du Quai d'Orsay, ce qui enlevait d'avance toute sincérité à l'exercice de style auquel les élèves devaient se livrer : rédiger, comme premier secrétaire à l'ambassade à Bonn, une note pour l'ambassadeur

décrivant les réactions allemandes à la note française sur le désarmement. Je suis certain qu'aucun d'entre eux n'aura osé reproduire ce que je leur ai dit avoir été la pensée des dirigeants allemands sur les attitudes françaises en matière de défense et de désarmement...

Mon enseignement à l'École des hautes études commerciales s'est achevé un peu de la même façon, puisque, au printemps de 1988, j'ai écrit au directeur pour annoncer que je ne souhaitais pas continuer l'enseignement assuré depuis 1986.

Sauf à de rares moments et pour de rares participants, je n'ai pas eu l'impression que les étudiants se trouvaient engagés dans une réflexion personnelle sur les problèmes de fond qui se posent dans les deux sociétés (française et allemande), ni, pendant les parties de séances consacrées à l'actualité, dans les grands débats de la vie nationale et internationale.

Mais il y avait eu antérieurement, de 1962 à 1966, du temps où HEC était rue de Tocqueville, à Paris, un cours d'initiation à la vie politique qui m'avait pleinement satisfait et que j'ai seulement arrêté, après le transfert de l'école sur le superbe campus de Jouy-en-Josas, parce que la direction ne consentait pas à regrouper les heures d'enseignement. Pour la création du cours, le directeur m'avait demandé un schéma. Il s'est montré effrayé en constatant que j'allais parler du général de Gaulle, du parti communiste, de la guerre d'Algérie. Il obtint cependant l'autorisation de la chambre de commerce pour qu'une matière aussi dangereuse soit enseignée et la chambre de commerce – dont je sus ensuite qu'elle avait envoyé un observateur à mes séances – me nomma professeur. Le cours, en principe obligatoire pour toute une promotion, aboutissait chaque fois à une discussion animée et franche et les contacts hors cours ont été nombreux. Le transfert a, me semble-t-il, contribué à donner à nombre d'élèves une idée exagérée de leur valeur et de l'avenir brillant que le titre « diplômé de HEC » allait inévitablement leur assurer.

Je n'ai pas eu la même impression lorsque l'École polytechnique a été transférée de la Montagne-Sainte-Geneviève dans les bâtiments et sur le domaine surdimensionnés de Palaiseau. Mon plaisir d'y assurer un enseignement d'initiation politique n'a jamais été entamé de

1974 à 1995. J'ai eu simplement à regretter son constant rétrécissement. Que le cours fût partagé entre plusieurs, c'est moi qui l'avais demandé à Jouy, ici encore afin d'éviter les déplacements trop nombreux. Mais, rue Descartes, il s'agissait de douze heures pour toute une promotion. On a abouti à sept heures pour une fraction de promotion. La direction de Polytechnique se flatte de la variété de ses enseignements « non scientifiques ». Elle oublie qu'elle les a placés en parallèle les mêmes jours à la même heure, contraignant les élèves à choisir.

Les polytechniciens auxquels j'ai pu m'adresser et avec lesquels j'ai pu discuter avaient en commun, à la différence de tant d'élèves de l'ENA et de HEC, une claire conscience de leurs ignorances – une conscience qui évidemment était destinée à s'estomper lorsqu'ils seraient devenus « anciens élèves ». Il est vrai que je leur ai toujours fait un tableau assez précis de leurs privilèges et de leurs lacunes. Aujourd'hui, j'aurais à leur fournir des chiffres actualisés : un étudiant de faculté coûte en moyenne trente-quatre mille francs à la collectivité, un polytechnicien quatre cent cinquante mille. Dans les « taupes », ils avaient travaillé si dur qu'ils s'étaient trouvés placés en quelque sorte hors société. À Polytechnique, ils sont formés à être ingénieurs, alors qu'un bon nombre d'entre eux deviendront chefs d'entreprise, ignorant au départ tout de la création industrielle, de la vie syndicale, des problèmes quotidiens des petits salariés, de la vie internationale.

À Polytechnique, à HEC comme à Sciences-Po, il m'est souvent arrivé de parler de mes auditeurs non étudiants, tout particulièrement des stagiaires de l'Institut de formation des cadres paysans. Je voulais faire comprendre aux étudiants d'élite que les stagiaires partaient d'une riche expérience de vie qu'ils souhaitaient mettre en perspective en découvrant la vie politique, l'économie, la réalité nuancée de la société globale, alors que les étudiants « normaux » devaient viser à découvrir, à partir de la masse de leurs connaissances abstraites, les réalités sociales et humaines dont ils étaient parfaitement ignorants. Les stagiaires de l'Ifocap, à Draveil, étaient des agriculteurs et des agricultrices déjà chargés de responsabilités, dans les coopératives, les municipalités ou les associations. Particulièrement méritantes étaient les femmes qui, du moins pendant les premières années, rencontraient l'hostilité de leur milieu lorsqu'elles « abandonnaient» famille et exploitation simplement pour acquérir des connaissances et des compétences supplémentaires. Un jour, une spécialiste des questions agricoles de la Fondation des sciences politiques m'a demandé de m'accompagner à un stage féminin où j'assurais une journée. Le soir, en la ramenant dans ma voiture, je lui ai demandé, encore plein de joie et encore plus d'admiration pour ces femmes réfléchies et curieuses de tout :

« Alors ?

— Qu'est-ce qu'elles s'expriment mal ! » fut son seul commentaire.

Cette réplique me sert depuis lors à montrer la nature d'un consternant clivage social en France.

D'autres groupes ont reçu une formation intellectuelle, mais certains de leurs membres ou l'autorité hiérarchique peuvent éprouver le besoin d'un élargissement du champ de vision. À partir des années soixante-dix, l'IEP a considérablement développé ses activités de formation continue. Je me suis constamment trouvé associé à Michel Forestié, directeur créatif de cette formation. Mais mes contacts enseignants avec trois groupes sociaux particuliers se sont développés pour une large part en dehors de ce service. Il s'agit des magistrats, des fonctionnaires de police et surtout des militaires, puisque ma première conférence à l'École supérieure de guerre aérienne a eu lieu en 1960. Sont venues ensuite l'École supérieure de guerre, l'Institut de hautes études de défense nationale, l'École de guerre navale. Comme j'ai la faiblesse de croire que ces enseignements-là constituent en même temps une action dans le champ politique, je les présenterai plus loin.

À une exception près. Il ne s'agit d'ailleurs pas d'un enseignement, mais d'un examen qui a représenté pour moi une expérience tout à fait enrichissante. En 1983, la scolarité de l'École spéciale militaire de Saint-Cyr a été profondément transformée. Elle est passée de deux à trois ans, la troisième année étant réservée à une formation non militaire. Les élèves ont eu à choisir entre trois options : sciences de la matière, stratégie et relations internationales, gestion publique. Du coup, ils sortiraient lieutenants et non plus sous-lieutenants. La très grande majorité recevrait le diplôme nouvellement institué, mais un certain nombre ne seraient pas diplômés, ce qui limiterait leur carrière au grade de capitaine. Il y aurait donc un examen de sortie dont les notes s'ajouteraient à celles acquises pendant la scolarité, notamment pour la formation militaire. L'épreuve centrale serait une conversation avec un jury. Il y aurait un jury par option, composé d'officiers supérieurs et de professeurs d'université ou autres experts. Les trois jurys seraient présidés conjointement par un général d'armée et par une personnalité civile. C'est ainsi que je me suis trouvé associé, en juin 1985, pour la mise en route du système, avec le général Bernard Philipponnat, inspecteur général de l'armée de terre, pour assumer cette présidence commune.

L'entretien ressemblait un peu au « grand oral » de l'ENA, mais l'esprit en était tout différent. Les trois jurys ont remarquablement fonctionné, en pleine harmonie entre militaires et civils. Une difficulté s'est pourtant présentée dans l'un d'entre eux. Un professeur d'université avait eu, au cours de la première séance, un comportement déplaisant. « C'est un civil. À vous de jouer ! » me dit Philipponnat. Je pris donc ce professeur à part.

« Mon cher collègue, je suis sûr que vous avez déjà fait partie du jury de l'ENA.

— C'est vrai, me répondit-il tout réjoui. Comment l'avez-vous remarqué ?

— Au lieu de chercher à savoir ce que valent les candidats, vous cherchez à les embarrasser. Et vous cherchez aussi à briller aux yeux des autres membres du jury. »

Il n'a pas répliqué et a eu ensuite la gentillesse de suivre la règle du jeu. Il fallait mettre à l'aise ces jeunes officiers qui comparaissaient devant nous en grand uniforme pour une épreuve dont le type n'avait jamais existé à Coëtquidan. Et ils recevaient parfois des questions auxquelles rien ne les avait préparés. « Quelle est la spécificité du métier d'officier ? » demanda Philipponnat. « D'accepter de mourir pour la patrie. » Mon coprésident me pointa du doigt : « Voulez-vous dire que lui, parce que civil, ne l'accepterait pas ? » Pour ne pas trop embarrasser le pauvre saint-cyrien, il lui donna la bonne et belle réponse : « C'est un métier dans lequel, par ses ordres, on met en jeu la vie de ses subordonnés. »

Pour ma part, j'ai demandé :

« Vous recevez l'ordre de torturer. Que faites-vous ?

— J'aurais des problèmes de conscience. »

Philipponnat se mit à juste titre en colère : « Vous n'avez pas à avoir de problème. Le règlement général des armées vous interdit d'obéir à un ordre immoral. Il est inacceptable qu'un officier ignore le règlement. » Je lui chuchotai à l'oreille : « Mais ce règlement est de 1966 et a été modifié en 1975. Il est donc postérieur à la guerre d'Algérie », ce dont, après la séance, il convint bien volontiers. Notre coopération fut si amicale, le fonctionnement de l'examen si satisfaisant que je refusai l'année suivante de recommencer l'expérience, de crainte qu'elle ne soit pas aussi réussie que la première.

Dans un tout autre secteur, j'ai eu aussi l'occasion de participer à un renouvellement. Lors d'une réforme des conseils d'administration des lycées, je me suis retrouvé membre extérieur coopté de celui du lycée de jeunes filles Camille-Sée. À la fin de mon mandat, je n'ai pas été réélu. J'avais déjà été en conflit larvé avec la directrice. La première fois qu'une représentante des élèves, membre de plein exercice du conseil, avait demandé la parole, elle s'était tournée vers les professeurs pour dire à voix haute : « Laissons-la parler. Il faut bien qu'elle s'exprime. » L'année était celle de la réforme Fontanet. Le ministre avait très sagement décidé que chaque établissement disposerait d'un dixième du temps scolaire pour innover, expérimenter, choisir librement des activités pédagogiques.

À la dernière réunion du conseil, j'ai demandé si le dix pour cent avait changé quelque chose au rapport pédagogique dans les classes. La déléguée d'un syndicat d'enseignants a bondi : « Mais il n'y avait rien à changer au rapport pédagogique. » Je me suis tourné vers la plus active des représentantes des élèves : « Et vous, mademoiselle, comment répondriez-vous à ma question ? » Elle ne cilla pas : « Dans les rares classes où cela a vraiment fonctionné, tout a été changé dans le rapport pédagogique. » Les voix des membres enseignants m'ont manqué au renouvellement.

Ce n'est pas non plus comme professeur que j'ai fait l'expérience de l'enseignement primaire, mais comme président de l'association de parents d'élèves du groupe scolaire de notre quartier que nos quatre fils ont fréquenté depuis leur entrée en maternelle jusqu'à la sortie vers le secondaire. L'association s'est constituée dans des conditions particulières. Au début, il n'en existait pas. Un jour, les parents ont été invités à une assemblée constitutive. Un des présents demanda : « À quelle fédération allons-nous appartenir ? Pourrons-nous choisir ? » Après une réponse embarrassée des initiateurs, il fut clair qu'il n'y aurait pas le choix : ils étaient envoyés par la fédération Cornec, la plus à gauche et surtout la plus étroitement liée au Syndicat national des instituteurs.

Tumulte. On décida par un vote d'élire un comité provisoire dont je fus élu président. Nous décidâmes alors que l'adhésion serait du ressort d'une assemblée générale qui serait précédée d'une séance d'information au cours de laquelle les deux fédérations rivales présenteraient leur programme. La fédération Cornec et la fédération Armand acceptèrent ensuite l'une et l'autre d'envoyer leur secrétaire général – et l'association du groupe scolaire Dupleix/Amette se trouva la seule dans le primaire de Paris à ne pas appartenir à la fédération Cornec. Je m'en suis félicité ultérieurement, lorsque j'ai eu l'occasion de travailler avec le président suivant de ma fédération, le docteur Lagarde, médecin de quartier havrais, bien plus proche des réalités sociales que maître Cornec, brillant – et fort sectaire – avocat au barreau de Paris.

Après le vote, le représentant du syndicat des instituteurs vint me voir. « Quand réunissez-vous votre bureau ?

— Tel jour de la semaine prochaine.

— Puis-je y assister ?

— Certainement. Et quel jour se réunit le bureau de la section syndicale ?

— Pourquoi cette question ?

— Pour que je puisse y assister.

— Mais c'est impossible !

— Alors vous ne pourrez pas non plus assister à notre réunion. »

Il en fut ainsi, mais les relations avec instituteurs et directeurs furent toujours excellentes. Cela me permit de vérifier un principe important du système. Un jour, la directrice de l'école de filles me téléphona. (La mixité ne put être organisée qu'après transformation des toilettes, ce qui prit deux ans.) « Venez, j'ai un problème. » Une nouvelle institutrice lui était arrivée d'Afrique. Elle avait cru bien faire en lui confiant une classe avec quelques élèves d'origine africaine. Or, l'institutrice, plutôt de type « colonialiste », avait placé les « colorées » ainsi que les élèves médiocres au fond de la classe et ne s'occupait que des premiers rangs. Que faire ? L'inspecteur, alerté, s'était déclaré impuissant. « Un seul moyen, dis-je à la directrice : couvrez-la d'éloges et dites aux autorités qu'elle est beaucoup trop qualifiée pour votre modeste établissement. » Ainsi fut fait et l'institutrice se trouva nommée dans une école plus huppée. N'est-ce pas par un mécanisme semblable que des enseignants médiocres finissent parfois professeurs de classes préparatoires ?

Je ne présidai l'association que pendant quelques années et les relations avec l'école furent ensuite purement privées. Lorsque notre plus jeune fils acheva sa dernière année, ma femme et moi avons voulu réunir les enseignants et directeurs que nos enfants avaient connus à la maternelle et dans le primaire. Nous pensions offrir un apéritif, mais nos invités sont restés jusqu'à tard dans la nuit, tant ils étaient heureux de se retrouver, que ce fût entre retraités et actifs ou même entre enseignants en fonction. Nous avons découvert combien les retraités devenaient solitaires, à quel point aussi la vie sociale commune des institutrices et instituteurs apparaissait pauvre en dehors de l'établissement.

***

Nos universités sont peuplées d'« enseignants-chercheurs ». Du moins est-ce devenu le terme officiel pour que soit évitée toute différenciation catégorielle apparente et afin de démontrer que la recherche est à l'honneur. Qu'est-ce donc que la recherche dans les sciences humaines ? Les jours où je me sens agressif, je dis que c'est un bon prétexte pour ne pas s'occuper des étudiants. Pour beaucoup, il s'agit d'une préoccupation proclamée qui ne se traduit jamais en réalité : que de professeurs d'université dont la production s'est arrêtée une fois la titularisation acquise ! Pour quelques-uns, c'est la pratique d'un travail ingrat, rigoureux, absorbant et pourtant source de satisfactions, dont le résultat constitue un apport à l'accumulation collective du savoir. Un résultat présenté dans des livres et des articles de revue lus par d'autres chercheurs et par les enseignants désireux de mettre à jour le contenu de leurs enseignements. D'autres enfin pensent que la double visée est d'enrichir les connaissances et les idées à transmettre aux étudiants, et de les présenter sous une forme telle que leurs livres soient accessibles à un public extra-universitaire, au « grand public », même si celui-ci ne consent pas à être grand !

J'ai d'autant plus fait partie de cette dernière catégorie que mon premier ouvrage a précisément été écrit pour le public « ordinaire ».

Au printemps de 1952, il m'a semblé que j'étais en mesure de présenter de façon ordonnée les réalités de l'Allemagne occidentale, avec l'espoir que des journalistes, des hommes politiques, des multiplicateurs de toute sorte évoquent les vaincus si proches sur la base d'une information sérieuse et raisonnée. Je m'en ouvris à Jean Schlumberger, qui demanda à Gaston Gallimard de m'accueillir. Un contrat fut signé. Je demandai audacieusement et obtins que fût rayée la clause me liant à l'éditeur pour les ouvrages ultérieurs. J'ai travaillé intensément à la bibliothèque très à jour de Sciences-Po.

Fin octobre, comme convenu, j'allai remettre mon manuscrit rue Sébastien-Bottin. Avec crainte: que dirait le lecteur de la *NRF*? Quelles remarques critiques me ferait-on? À la fin novembre, c'était toujours le silence. J'ai téléphoné timidement pour m'entendre répondre: « Vous allez recevoir les épreuves dans quelques jours. » Personne n'avait regardé mon texte, sauf pour la préparation technique avant l'envoi à l'imprimerie. J'aurais vraiment pu écrire n'importe quoi! Le livre sortit à la fin de janvier 1953, après la découverte de l'agrément du travail avec un service de presse. J'ai pris conscience de deux aspects importants de la vie des livres. Il peut y avoir divorce entre l'accueil de la presse et la vente. J'eus droit à des comptes rendus nombreux, fournis, tous très favorables. La vente n'en fut guère stimulée, malgré les apparences. En effet, il y eut bientôt sur le marché une huitième édition. Je m'en réjouis chez Gallimard. On m'expliqua gentiment que le premier tirage avait été de quatre mille exemplaires et n'était pas encore épuisé, mais qu'on avait appelé « édition » chaque production de cinq cents exemplaires.

Quatre mille exemplaires, je le sus ensuite, c'était magnifique pour un livre sérieux sur un sujet grave. Et c'était dérisoire par rapport aux « succès de librairie ». Pendant les décennies suivantes, je n'ai jamais connu l'échec complet, ni les tirages massifs. Le livre dans lequel je crois avoir apporté le plus, *La IVe République et sa politique extérieure*, s'est lentement vendu à sept mille exemplaires. Il est vrai qu'il était gros. En revanche, l'autre ouvrage le plus travaillé, *Les Occidentaux*, a eu la chance, dès le départ, puis en livre de poche, de jouir d'une présence durable, particulièrement chez les professeurs d'histoire de terminale, ce qui satisfaisait mon désir d'influence. Il y eut aussi les éditions successives mises à jour de *La Politique en France*, que François Goguel m'avait demandé de faire avec lui.

Pendant les neuf années de présence de mon coauteur au Conseil constitutionnel, il lui était défendu d'écrire sur des sujets institutionnels (alors qu'il avait le droit d'être maire d'une grande ville ou président de conseil général !). Une note parfaitement mensongère disait donc que j'avais effectué seul la mise à jour des nouvelles éditions.

En 1986, nous avons refusé d'en assurer une autre. La première édition datait de 1963 et la vie politique avait trop changé (ne serait-ce que par la cohabitation) pour qu'un simple replâtrage nous parût possible. Le plein succès et la longévité d'un livre, je ne les ai vraiment connus qu'avec la version allemande de *L'Allemagne de notre temps*, déjà diffusée à plus de cent mille exemplaires en édition normale et en Club du livre, refait en 1974 en poche, avec d'abondants tirages jusque dans les années quatre-vingt-dix. L'idée que bien des lycéens allemands apprenaient l'histoire de leur pays depuis 1945 à partir d'un regard extérieur m'a procuré une grande satisfaction.

Le contenu même du livre avait été influencé par le fait que je savais, en l'écrivant, qu'il allait paraître en même temps à Paris et à Munich, puis à Londres et New York. En même temps : un jeune éditeur allemand m'avait proposé un système qui a fonctionné en 1970 et que nous avons pu maintenir pour mes livres suivants. Pendant que j'écrivais le chapitre II, le chapitre I était traduit. Je corrigeais la traduction du I pendant la rédaction du III et la traduction du II. Comme les imprimeries françaises ferment en août, mais pas les allemandes, les deux versions paraissaient pendant la même semaine de septembre.

Ce n'est pas seulement à cause de ce travail de précision que Christoph Schlotterer, malheureusement mort en 1986, est devenu un ami. Il a été pour moi l'éditeur qui encourage, propose, stimule. Je n'ai vraiment pas eu à me plaindre de mes éditeurs français, mais les seules conversations de même type dont je me souvienne ont été menées avec le cocréateur des Éditions du Seuil, Paul Flamand, lors de la préparation en 1968-1969 de *Au nom de quoi ?* Un autre cas tout de même : un jour, Françoise Verny m'a téléphoné pour que j'aille la voir chez Flammarion. Je lui avouai que je n'avais aucun projet précis de livre après avoir écrit *Le Crime et la Mémoire.* « Eh bien, parlons ! » Au bout de trois quarts d'heure, elle m'avait accouché de trois livres potentiels. *Mein Deutschland* en est sorti et, dans une large mesure, le présent ouvrage.

J'avoue que je ne me suis jamais soucié de savoir si mes livres relevaient de telle ou telle discipline, s'ils constituaient des études ou des essais. Sauf pour *L'Explication politique*, où je me suis interrogé sur les méthodes, sur ma méthode de l'analyse comparative ; j'ai cherché à traiter au mieux le sujet choisi, avec recours, si nécessaire, aux méthodes de l'histoire, de la science politique, du droit constitutionnel, de la philosophie morale. Je crois m'être toujours situé à égale distance des passionnés de la théorie et des praticiens de la simple énumération de faits, de la simple reproduction de documents. Souvent, d'ailleurs, il s'agissait des mêmes : une longue introduction bien abstraite et fortement jargonnante était suivie d'un récit ou d'une juxtaposition de données présentés comme si l'on pouvait raconter ou énumérer sans avoir choisi, sélectionné à partir de critères conceptualisés.

Il m'a toujours paru indispensable de m'interroger sur mes présupposés, de me demander pourquoi je posais les questions comme je les posais. Ma première contribution à la *Revue française de science politique* a été un petit essai sur une quinzaine de manuels américains de relations internationales. Un fait m'avait frappé : les auteurs qui affirmaient le plus leur scientificité étaient ceux dont les livres traduisaient le plus de présupposés ; les plus sereins, les plus impartiaux, étaient ceux qui, dans l'introduction, disaient pourquoi leurs orientations personnelles les empêchaient d'être pleinement objectifs.

Par rapport aux réalités à étudier, une conviction inébranlable – c'est-à-dire hors d'atteinte des proclamations des doctrinaires : il y a toujours des causes multiples, il y a toujours intercausalité. Les données « objectives » agissent sur les représentations de la réalité, mais les représentations – ce qu'il y a dans les têtes – transforment ces données. Sans la crise économique de 1930, pas de Hitler. Mais la conviction d'Hitler, économiquement fausse, que l'Allemagne avait besoin de conquérir un « espace vital » était antérieure à la crise. La guerre et ses dizaines de millions de morts a plus été causée par cette conviction que par la crise – qui, aux États-Unis, a « produit » Roosevelt et le New Deal. Et les convictions d'Hitler n'étaient nullement le pur produit de sa situation sociale.

J'ai toujours cru qu'il serait bon de disposer des archives encore inaccessibles au moment où j'écrivais sur le second après-guerre, mais aussi qu'on pouvait s'en passer pour comprendre les évolutions et même pour déceler si les décideurs, eux, avaient compris les situations qu'ils avaient affrontées. D'autant plus qu'on dispose rapidement de témoignages et que la presse, pour peu qu'on la lise systématiquement, laisse apparaître en général ce que Jean-Baptiste Duroselle appelait le « sillage perceptible » des orientations et des réorientations, des faits et des choix. Le journaliste expérimenté en sait plus et comprend mieux que bien des ambassadeurs dans leurs dépêches – d'ailleurs souvent inspirées par la presse –, alors que ces dépêches, plus tard, seront élevées par les historiens au rang de pièces d'archives probantes.

Je reconnais que mon jugement est sans doute faussé par ma pratique des médias, plus encore par le fait que je n'ai jamais perçu un fossé infranchissable entre mes activités d'enseignant-chercheur et cette pratique.

Chapitre 4

Politique et médias

La parole et l'écriture dans l'espoir d'influencer des esprits, au mieux de peser sur des décisions : l'action politique directe n'a jamais été mon domaine et je n'ai guère connu l'ambition d'exercer une responsabilité institutionnelle, sauf dans des organismes universitaires ou pour présider des associations. Ma première, et dernière, intervention directe dans une affaire internationale en cours a eu lieu en 1949 et s'est soldée par un échec.

À la suite d'une conférence faite à Düsseldorf, j'ai été convié à rencontrer le président des *Vereinigte Stahlwerke*, la grande entreprise sidérurgique qui possédait entre autres l'*August Thyssen Hütte.* Cette énorme usine, située à Duisburg, occupait douze mille salariés. Elle avait été inscrite sur la liste des démontages industriels à effectuer dans les zones d'occupation occidentales. Hans-Günther Sohl me remit une lettre signée par Konrad Adenauer qui, à la tête du parti chrétien-démocrate, venait de remporter les premières élections législatives de l'État ouest-allemand en constitution et se préparait à le gouverner. Avais-je la possibilité de transmettre la lettre par une voie non officielle à Robert Schuman ? Elle contenait une proposition que j'estimais intéressante pour tout le monde : l'*August Thyssen Hütte* ne serait pas démantelée, mais elle deviendrait propriété française au titre des réparations. Au retour, je rédigeai une note d'accompagnement et fis passer les deux documents au chef de cabinet du ministre, que je connaissais. Je n'ai plus jamais entendu parler de l'affaire – mais peu de semaines plus tard, le gouvernement français accepta de rayer l'*August Thyssen Hütte* de la liste, sans aucune compensation, sans aucun transfert de propriété. Depuis lors, je me suis souvent référé à cette histoire comme cas d'une attitude caractéristique de la politique française face à l'Allemagne jusqu'en 1950, face aux nécessités de la décolonisation jusqu'en 1962 : on cédait sous la pression – en l'occurrence américaine – beaucoup plus que ce qui avait été demandé calmement et raisonnablement à l'origine.

À l'intérieur, j'ai participé à deux campagnes électorales. Chaque fois, le candidat que je soutenais a essuyé l'échec le plus sanglant de sa carrière. Il s'est agi d'Alain Savary, le plus droit, le plus discrètement courageux des hommes, lorsqu'il s'est présenté dans le XVe arrondissement de Paris, et surtout de Pierre Mendès France, en 1958, lors de la mise en route de la Ve République. Sa circonscription de Louviers fut conquise par Rémy Montagne, ancien président de l'Association catholique de la jeunesse française, avec lequel j'avais été lié d'amitié. J'étais choqué par le style de la campagne qu'il menait contre le seul homme d'État que j'avais souhaité servir.

Dès 1953, en effet, lorsque le mendésisme est né, j'ai écrit à celui qui était devenu un espoir et un modèle, pour lui dire que je pouvais lui être utile dans deux domaines : l'Allemagne et les relations avec les catholiques novateurs. Quand il fut chef de gouvernement, pendant les « sept mois et dix-sept jours » de 1954-1955, j'effectuai au début des voyages d'explication à Bonn où il apparaissait, aux yeux du gouvernement ainsi que de l'opposition socialiste, comme un trouble-fête européen, doté d'un entourage soupçonné de neutralisme. Un peu plus tard, il y eut une réunion chez Brigitte Gros, sœur de Jean-Jacques Servan-Schreiber, au cours de laquelle Gaston Defferre découvrit, en présence de François Mauriac, à quel point les responsables des jeunesses catholiques représentant des milieux sociaux fort variés, notamment les petites et moyennes exploitations agricoles, étaient mendésistes. Combien aussi ils pourraient apporter à Mendès France s'il lançait une politique de jeunesse interministérielle, conformément au principe de l'ACJF selon lequel il n'existait pas un problème de la jeunesse, mais des aspects « jeunes » de tous les problèmes sociaux particuliers.

En fin d'année, lorsqu'il fut question d'une réorganisation du cabinet de Pierre Mendès France au Quai d'Orsay (il était à la fois président du Conseil et ministre des Affaires étrangères), il fut envisagé que j'y entrerais pour les problèmes allemands. Mais un ultime remaniement donna le ministère à Edgar Faure. Ultérieurement, j'ai eu simplement l'occasion, en 1957, d'aller à sa place présenter et discuter – difficilement – la guerre d'Algérie en Angleterre, à l'université de Cambridge, puis de me trouver parmi les cinq pour cent d'électeurs donnant leur voix à Gaston Defferre à la présidentielle de 1969, simplement parce que le candidat avait annoncé – contrairement d'ailleurs aux conceptions constitutionnelles de Mendès France – que celui-ci deviendrait Premier ministre en cas de victoire.

Il n'y avait pas non plus véritable action politique lorsque mon nom s'est trouvé à côté de ceux de Pierre Bérégovoy, Alain Savary, Roger Quillot dans un très éphémère conseil de *France-Observateur,* futur *Nouvel Observateur.* Ni lorsque j'ai soutenu de mon mieux Michel Rocard pour le référendum créateur de paix en Nouvelle-Calédonie, ou Kofi Yamgnane, secrétaire d'État à l'Intégration, pour diffuser sa juste conception de « l'intégration républicaine » — dont ce Français togolais et maire breton constitue une réussite vivante. Et je n'ai jamais eu la passion de la manifestation, surtout quand elle répondait seulement à une pratique rituelle de « la manif ». Je garde cependant le vif souvenir du défilé sans espoir du 28 mai 1958 pour « le salut de la République » : au lieu de me comporter en bon manifestant, je n'ai pas cessé de me disputer âprement avec Pierre Juquin, que j'avais eu comme étudiant « agrégatif » à la Sorbonne, au moment où il se convertissait au communisme. Au moment de la chute de la IVe République, il faisait preuve d'une orthodoxie PC exaspérante. Il y eut aussi telle manifestation pendant la guerre d'Algérie, lorsque la police du général de Gaulle nous chargeait, alors que nous soutenions sa politique algérienne contre la majorité de ses partisans. L'image qui m'en reste est celle de Michèle Cotta, étudiante de doctorat à Sciences-Po, fuyant la charge après avoir perdu une chaussure, ce qui diminuait encore sa taille déjà petite et la rendait plus vulnérable, donc plus digne encore de sollicitude !

Pourquoi si peu d'engagement direct ? Pourquoi aucune adhésion à un parti ? En 1965, lors de la première campagne présidentielle, j'ai assuré une journée d'explication politique pour un stage de jeunes agricultrices à l'IFOCAP. Une participante m'a demandé fort judicieusement : « Vous nous incitez à l'engagement politique. Mais vous-même, vous nous dites que vous n'êtes engagé dans aucun parti. Alors ? » J'ai répondu que, si j'étais engagé, je ne serais sans doute pas là pour les engager à s'engager, car j'aurais une étiquette dans le dos qui m'empêcherait de passer à leurs yeux pour un explicateur impartial. Et je serais de toute façon entravé dans mon explication, car je devrais pratiquer un minimum de loyauté à l'égard de mon parti, donc m'imposer une certaine autocensure. Ma réponse n'était assurément pas très brillante. Elle exprimait pourtant mon attitude et correspondait à ma pratique.

***

Tout public n'accepte et ne répercute pas ce qu'on lui dit, mais toute discussion avec un public est riche d'enseignements pour l'orateur. J'ai eu l'occasion d'expliquer la vie politique française à des détenus de la prison de Fresnes (en n'évoquant pas, à la demande de la direction, la justice et la police). Je n'avais en face de moi que des délinquants mineurs, les grands criminels n'ayant pas accès à ces séances d'ouverture sur le monde extérieur. J'eus une question, posée par un Africain, sur la politique française en Afrique. Comme je parlais de l'aide, je fus interrompu par un cri fort applaudi : « Pas notre argent pour ces gens-là ! » Ces condamnés sans ressources, ces fauchés se considéraient comme codétenteurs de la richesse nationale et en refusaient les miettes aux Noirs !

Mais je n'ai jamais eu l'impression d'être complètement en dehors du champ des influences politiques à exercer dans mes relations suivies avec l'armée, la police et aussi la magistrature, dès lors qu'il s'agissait à la fois de les critiquer et d'empêcher le développement du sentiment d'isolement et de rejet qu'avait fait naître la critique outrancière et systématique. Dans les dernières années de la guerre d'Algérie, l'armée n'était pas seulement divisée ; ses éléments en conflit se sentaient tous incompris. Ainsi ai-je beaucoup admiré et ai-je cherché à aider Jean Mialet, créateur des groupes Rencontres réunissant officiers supérieurs et hauts fonctionnaires civils. Lui-même était à la fois saint-cyrien et énarque, officier jusqu'en 1955, ultérieurement conseiller à la Cour des comptes. Le dialogue ouvert et calme devait éviter une sorte de ghettoïsation du milieu militaire. J'ai pu aussi, à l'époque, exposer à l'École supérieure de guerre les données de la tragédie algérienne, avec des discussions d'une franchise et d'une ouverture impressionnantes. Au cours des décennies suivantes, j'ai toujours apprécié l'esprit de tolérance régnant dans les diverses écoles d'enseignement supérieur logées dans les vastes bâtiments de l'École militaire: en présence des directeurs, généraux ou amiraux, j'ai constamment analysé sans fard la politique de défense et la politique extérieure des gouvernements successifs, sans savoir toutefois, malgré le jeu des questions/réponses, si j'étais parvenu à ébranler des certitudes ou si j'allais dans le sens de convictions que la discipline militaire ou le souci de carrière ne permettait guère d'exprimer.

La magistrature était séparée d'une autre manière de la société globale, réelle. Elle avait raison de défendre l'application de la loi face à ceux qui ne voyaient dans celle-ci qu'un moyen pour les forts d'imposer leurs normes aux faibles. Mais elle oubliait trop les inégalités couvertes ou même engendrées par la loi. Pendant ses premières années, le Syndicat de la magistrature m'a paru digne d'attention et de soutien. Il s'était donné des dirigeants lucides et courageux – Louis Joinet, François Colcombet, Pierre Lyon-Caen. Malheureusement, il s'était donné aussi une règle stupide, à savoir le renouvellement intégral des organes directeurs. La continuité n'était pas assurée. Mais j'avais apprécié la définition de sa vocation, en 1971, dans sa publication *Justice* (« contribuer, par les voies et les moyens d'un syndicat, à permettre à la justice de jouer le rôle d'autorité morale réellement gardienne des libertés »), aussi bien que la dénonciation, par certaines de ses sections régionales, de la jurisprudence choquante, notamment dans l'application du droit du travail. La cour d'appel de Douai, véritable modèle négatif, trouvait toutes les excuses au directeur d'une boulangerie industrielle que le tribunal de police avait sanctionné pour infractions au temps de travail et de repos hebdomadaire. Pourtant un salarié avait accompli une semaine de cent une heures, quarante autres de quatre-vingts heures; des jeunes de moins de dix-huit ans travaillaient plus de soixante heures. Un autre jugement mettait hors de cause la responsabilité pénale d'un employeur n'ayant pas mis en place le dispositif de sécurité protégeant l'ouvrier utilisant l'arbre de transmission d'une machine. Il est vrai que le règlement permettait d'agir (ou de ne pas agir) ainsi si l'endroit dangereux était hors de la portée de la main – mais c'est le pied qui avait été mutilé !

Mes interventions à l'École nationale de la magistrature, à Bordeaux et à Paris, avaient plutôt trait au passé. À deux reprises, il y avait eu initiative des élèves appelés « auditeurs de justice ». Qu'est-ce qu'un crime contre l'humanité par rapport à un crime de guerre ? Avec Pierre Truche, à l'époque procureur général près la cour d'appel de Paris, nous avons cherché à répondre sur la base d'une étude remarquable de plusieurs élèves. Nous avons repris en partie la thèse qu'il avait défendue comme procureur général à Lyon dans l'affaire Barbie et que la Cour de cassation avait désavouée. La torture de résistants aurait dû être qualifiée de crime de guerre, frappé de prescription. La déportation de juifs pour simple cause d'appartenance constituait un crime contre l'humanité, proclamé imprescriptible. Sinon, ai-je ajouté, comment traiter la torture française en Algérie ? La Cour de cassation allait trouver une réponse surprenante : les mêmes faits, les mêmes crimes devaient recevoir des qualifications différentes selon la nature du régime au nom duquel ils avaient été accomplis !

À Bordeaux, dans les locaux de l'ENM, j'ai présidé un colloque sur les juges de Vichy et les juifs, publié en 1993 sous le titre *Juger sous Vichy*. Les auditeurs de justice avaient rassemblé une documentation impressionnante sur la façon de la quasi-totalité des magistrats d'appliquer les lois contre les juifs comme du droit positif ordinaire, approuvés en cela par les professeurs de droit et par les recueils Dalloz. J'eus à revenir là-dessus en déposant comme témoin à décharge devant le tribunal d'Orléans en juin 1995. Le ministre de l'Intérieur et la direction de la Police nationale avaient intenté un procès en diffamation contre une association d'aide aux travailleurs immigrés. N'avait-elle pas, dans un tract parlant des centres de rétention pour étrangers en situation irrégulière, affirmé : « Ce n'est pas encore des camps, mais cela commence à y ressembler » ? Les camps évoqués n'étaient pas Auschwitz, ni même Buchenwald, mais les camps instaurés par la IIIe République et maintenus, avec aggravation, par Vichy. À la suite de ma déposition justifiant la comparaison à partir d'une explication historique, le procureur me dit : « Mais la

IIIe République était légitime et Vichy ne l'était pas ! » Je répondis que c'était bien mon avis aussi, mais que cela n'avait nullement été celui des magistrats français entre 1940 et 1944.

J'ai souvent évoqué le même thème devant des fonctionnaires de police de tous niveaux. Dans les années soixante et soixante-dix, je rencontrais des réactions indignées quand je disais ma totale désapprobation pour la fourragère rouge (sorte de Légion d'honneur collective) décernée à la police parisienne à la Libération, alors que la même police avait effectué les rafles avec discipline. Plus tard, la découverte du passé a paru normale. Après avoir parlé aux jeunes apprentis policiers en stage à l'École nationale de la police de Saint-Malo, j'ai reçu les félicitations du directeur : « Il faut qu'ils connaissent *tout* le passé de leur corps d'appartenance. » Mais mes séances d'information pour les cadres de la police, à Sciences-Po ou à leur centre de formation à Gif-sur-Yvette, portaient davantage sur la politique française en général et sur les questions de déontologie en particulier. En 1968, j'avais admiré l'action physiquement et moralement courageuse du préfet de police Maurice Grimaud. Depuis lors, je n'ai cessé de citer sa lettre à tous ses subordonnés distinguant clairement entre le recours légitime à la force pour prendre une barricade et la violence illégitime exercée dans les voitures de police ou dans les commissariats. J'avais fait la connaissance ensuite du commissaire de police du Ve arrondissement – celui de la Sorbonne – et ai été amené à travailler avec lui pour son association « Police et humanisme. Communauté chrétienne des policiers de France », en particulier pour tirer les conclusions de son congrès de 1988. Robert Badinter y avait fort remarquablement parlé d'« ordre public et droits de l'homme ». Tout le monde pouvait faire référence alors au code de déontologie que Pierre Joxe, ministre de l'Intérieur, avait promulgué par décret en 1986. Même si Jean-Louis Debré cite encore ce code dans son arrêté du 22 juillet 1996 portant règlement général d'emploi de la police nationale, on ne saurait dire qu'il se soit toujours trouvé pleinement respecté. Ce texte dit en effet :

> Art. 7 : Le fonctionnaire de la police nationale a le respect absolu des personnes, quelles que soient leur nationalité ou leur origine, leur condition sociale ou leurs convictions politiques, religieuses ou philosophiques.

Art. 10 : Toute personne appréhendée est placée sous la responsabilité et la protection de la police ; elle ne doit subir, de la part des fonctionnaires de police, aucun traitement inhumain ou dégradant.

Déjà, en décembre 1986, lors de manifestations étudiantes, des violences illégitimes avaient été pratiquées. La voix de la raison et de la morale fut non pas celle des autorités, mais celle de Bernard Deleplace, secrétaire général de la Fédération nationale des syndicats de police, s'opposant à la hiérarchie sur les méthodes employées, tout en défendant remarquablement le métier de policier face aux médias. Ceux-ci ne reproduisirent en général que la première partie de son message. Je fis tout ce que je pus pour en faire connaître l'ensemble.

Parlant à l'étranger, je ne savais pas davantage quelle influence avaient mes interventions. Au moins dans trois cas, j'ai pu tout de même constater qu'elle avait été à peu près nulle. En 1962, Philippe Yacé, président de l'Assemblée nationale de Côte d'Ivoire, à la demande de son maître Félix Houphouët-Boigny, m'avait invité à diriger un séminaire de formation politique pour les ministres et les principaux parlementaires. J'avais été heureux de leur présenter les beautés de la démocratie pluraliste et tolérante. Peu de temps après, une partie des participants en mettait une autre en prison et mon codirecteur de séminaire, président de la Cour suprême, était suicidé en détention ! À Bucarest, en 1972, j'ai été amené, comme vice-président de l'Association internationale de science politique, à diriger un colloque de cette association, consacré à la liberté de presse. C'était pendant une période de légère « ouverture » du régime roumain. J'y appris au moins deux choses : que la télévision stalinisée projetait sans cesse des séries américaines parce qu'elle pouvait les obtenir presque gratuitement, et que le socialisme avait de bien curieuses conséquences. Assis à un dîner à côté de l'épouse du président de l'association roumaine, sur le point d'être nommé ministre des Affaires étrangères, je fus interrogé sur ma famille. « Ah, vous avez quatre enfants. Comment fait donc votre femme ? » Je le lui expliquai. « Vous n'avez pas de domestiques ? » Un temps, puis : « C'est vrai que, chez vous, c'est plus cher ! » Enfin, enseignant à l'université de Pékin pendant deux semaines, en 1987, j'ai pu constater qu'une certaine possibilité de s'informer et de discuter librement commençait à existter pour les professeurs et pour les assistants. Mon enseignement n'a rien changé au fait que cette possibilité a rapidement disparu.

***

Ma participation politique s'est le plus souvent effectuée par voie de presse. Peut-être parce que j'ai toujours été un grand consommateur de papier journal. Malgré toutes les irritations qu'a pu provoquer chez moi la lecture des quotidiens et des hebdomadaires français et allemands, j'ai toujours apprécié à sa juste valeur le haut degré de liberté dont la presse jouit dans les pays occidentaux. En septembre 1996, l'une des expositions de photos de presse montrées à Perpignan était consacrée à la tragédie des journalistes algériens, sur la base d'une terrible formule : « Si tu dis, tu meurs ; si tu ne dis pas, tu meurs aussi ; alors dis et meurs. » En moins sanglant, l'émigré allemand Ludwig Börne écrivait de Paris en 1832 :

> *Le Constitutionnel*, depuis de nombreuses années la feuille la plus puissante de l'opposition, est tombé entre les mains de Casimir Perier (donc du gouvernement). Il a acheté pour un demi-million d'actions et peut donc agir avec le journal comme il lui plaît [...] Si tout cela se passe même en France où la presse libre empêche bien des actes arbitraires, que ne se passe-t-il dans les pays où tout est muet, où personne n'a le droit de se plaindre et où chacun n'est au courant que de la douleur qu'il éprouve lui-même !

À la Libération, les signes de la liberté retrouvée ont été, pour moi, le retour au cinéma de la comédie de Capra, *Vous ne l'emporterez pas avec vous* et la reparution du *Canard enchaîné.* Comme le kiosque n'en recevait que quelques exemplaires, en cette période de pénurie de papier, la marchande les mettait en location et chacun rendait sagement le sien au bout de deux heures.

Je ne demande pas à tout journal d'être politique et je n'ai cessé d'être un lecteur assidu de *L'Équipe.* Parfois pour sourire. Dans un de ses articles lyriques sur le Tour de France, Jacques Goddet a écrit involontairement l'alexandrin le plus surprenant de la poésie française. Après une victoire d'étape de l'élégant coureur suisse Hugo

Koblet, on pouvait lire : « Il n'y a pas d'urée dans la sueur des dieux. » Mais, en écrivant pour le mensuel *Presse-Actualité* un long article, « Si je plaide pour *L'Équipe…* », c'est toute une série d'arguments sérieux que j'ai fait valoir. Et lorsque, après la parution de *Le Crime et la Mémoire*, RTL m'a demandé, pour ma participation comme « rédacteur en chef du journal improvisé », de choisir deux journalistes pour converser avec moi en fin d'émission, j'ai fait inviter Alain Duault, critique musical, et Robert Parienté, l'un des rédacteurs en chef de *L'Équipe*.

À partir de 1948, j'ai écrit souvent dans l'hebdomadaire protestant *Réforme*. Mais ma première collaboration politique régulière s'est établie en 1953. J'ai signé les exemplaires de presse de *L'Allemagne de l'Occident* chez Gallimard en face d'une femme souriante et spirituelle qui, elle, signait les exemplaires de son livre *Françoise Giroud vous présente le Tout-Paris*. Peu après, Jean-Jacques Servan-Schreiber et elle me proposaient de faire partie de l'équipe de départ d'un hebdomadaire qui s'appellerait *L'Express*. Ne doutant jamais de rien, J.-J. S.-S. me demanda de quitter la Sorbonne pour devenir journaliste à plein temps. Finalement, en dehors de quelques chroniques, je fus, assez malhonnêtement, l'anonyme « correspondant permanent à Bonn », Jean-Jacques étant, encore plus ancré à Paris que moi, le correspondant à Washington. À chaque célébration ou autocélébration de *L'Express*, une donnée est omise, une autre est à peine évoquée. Oui, le journal a mis en avant Pierre Mendès France dès son premier numéro. Mais ce fut après avoir hésité : le numéro zéro (la répétition générale d'un nouvel organe de presse) avait chanté la gloire d'Edgar Faure. Surtout, il n'y a pas eu deux personnalités pour faire grandir et prospérer l'hebdomadaire, mais trois. Pierre Viansson-Ponté, avec son calme, son sérieux, sa facilité d'écriture et de réécriture, assurait l'équilibre face aux intuitions et aux impulsions de J.-J. S.-S. Françoise Giroud, elle, prenait en charge une sorte de création journalistique continue. Dans telle réunion de la rédaction, elle écoutait sans rien dire la discussion sur un problème politique national ou international dont elle n'était vraiment pas spécialiste, puis intervenait : « Cela fera une double qui devrait être titrée ainsi, telle idée étant exprimée dans un encadré de telle taille, telle autre par une photo ou un dessin. »

La première année de la vie du journal a été assez exaltante. Les journalistes déjeunaient d'un fort médiocre plateau-repas sur la table de rédaction, avec des personnalités de passage, qu'elles aient été invitées ou qu'elles soient venues d'elles-mêmes en toute simplicité. François Mauriac ou Albert Camus conversaient sans façons. Il me semble qu'un seul visiteur restait silencieux : François Mitterrand m'a paru fort énigmatique. En mai 1954, le banquet pour le premier anniversaire a marqué une sorte d'apogée. Lorsque, le 20 juin, Mendès France a été élu chef du gouvernement, *L'Express* a perdu sa liberté de ton, d'autant plus que Jean-Jacques a voulu lui faire jouer un rôle politique direct, parfois en embarrassant Mendès France. L'affaiblissement de l'esprit initial s'est accentué lorsque, pour quelques mois, l'hebdomadaire devint quotidien, comme organe de combat en vue de l'élection législative du 2 janvier 1956. Mais il demeura journal d'influence, grâce notamment à l'admirable « Blocnotes » de François Mauriac, littérairement si éblouissant et politiquement si percutant que j'ai toujours ressenti comme une profanation la reprise de cet intitulé par un autre commentateur, qu'il s'appelât Jean-François Kahn ou Bernard-Henri Lévy.

Je n'ai plus écrit régulièrement pour *L'Express* après son passage en quotidien, mais je suis resté lié à Pierre Viansson, devenu chef du service politique du *Monde* en 1958. J'ai ainsi su quelle déception avait été pour lui le comportement de François Mitterrand dans l'affaire de l'Observatoire. Mitterrand lui a rendu visite pour lui dire à quel point il l'estimait et pouvait donc lui faire confiance pour lui dire la vérité dans tous ses détails. Dès le lendemain, Pierre Viansson découvrait qu'il s'était agi d'un tissu de mensonges. À l'automne de 1956, il a eu, en revanche, l'occasion d'une discrète et ironique satisfaction. Tout le monde commentait avec admiration la longue interview que Jean-Paul Sartre avait donnée à *L'Express* au lendemain de la répression de la révolte hongroise par les chars soviétiques. On glosait sur les nouvelles positions du maître. En fait, son entretien avec Sartre avait été si pâteux que Pierre Viansson avait tout recomposé et récrit, soumettant simplement le produit final à Sartre, qui l'avait parcouru et approuvé.

En 1955, mon ami Roger Lavialle, ancien président de l'ACJF, devenu secrétaire général de la Bonne Presse (aujourd'hui Bayard-Presse), éditrice du quotidien *La Croix*, suggéra à la direction du journal catholique de me proposer une chronique régulière.

L'amicale collaboration se poursuit toujours, avec deux chroniques par mois, et une pleine liberté dans le choix des sujets et du contenu, étant cependant tacitement entendu que je ne traiterais pas de sujets directement religieux. Et je n'ai jamais cessé de déplorer qu'un journal aussi solide, informant sur tous les sujets avec rigueur et amplitude, ait aussi peu de lecteurs, à vrai dire tous ou presque abonnés, et, surtout, soit aussi rarement lu et cité dans les ministères, les ambassades ou les autres rédactions. Un journal courageux aussi. Tout particulièrement pendant la guerre d'Algérie. Sa dénonciation de la répression et de la torture n'a pas été plus intense que celle du *Monde* ou de *L'Observateur*, mais *La Croix*, elle, écrivait contre la majorité de son public, à l'époque fort conservateur, et elle a connu une vraie vague de désabonnements.

J'ai cependant interrompu ma collaboration de 1965 à 1983 – avec mauvaise conscience. Mais comment résister à la tentation de dire oui à Hubert Beuve-Méry, admiré depuis si longtemps, et à Jacques Fauvet ? Ils me proposaient de collaborer régulièrement au *Monde,* environ deux fois par mois, avec garantie de passer en première page – à la condition de n'écrire dans aucun autre quotidien parisien. Les hebdomadaires et *Ouest-France* n'étaient pas inclus dans une exclusivité à laquelle Jacques Fauvet tenait jalousement. *Le Figaro* transformait-il une interview en article, le téléphone sonnait dans la matinée : le directeur du *Monde* me demandait une explication. En 1965, j'étais d'autant plus heureux et flatté par l'offre de collaboration que je savais que le journal, fort critique à l'égard de tous, n'aimait pas être critiqué. Or, dans mon livre sur la IVe République, j'avais distingué quatre styles dans les colonnes du *Monde.* Trois étaient à son honneur, mais le dernier m'amenait à écrire : «… La sélection de l'information est souvent orientée lorsqu'il s'agit des États-Unis ou de l'Allemagne. Bref, *Le Monde*, champion de l'honnêteté intellectuelle, n'est pas sans composer, lui aussi, avec la rigueur intellectuelle. »

Une fois collaborateur régulier, j'ai parfois transgressé l'obligation de solidarité pour reprendre mes critiques. En 1974, Jacques Fauvet m'en fit reproche. Je lui proposai alors d'observer le journal de près pendant un mois, puis de rédiger un rapport sur mes constatations, avec l'espoir d'une discussion de mon texte avec l'équipe de direction. Ma note, remise fin décembre, comportait une trentaine de pages. Elle portait sur la façon dont avait été traité *L'Archipel du goulag* et celle dont n'avaient pas été traités les livres de Simon Leys sur la Chine de Mao, ou encore sur les partis pris en faveur des grévistes de la fonction publique. Mais j'évoquais plus longuement des faits mineurs. Le titre « Jules Moch quitte le parti socialiste » (en protestation contre le programme commun avec le PC) était suivi d'une note entre crochets rappelant que Moch avait réprimé les grèves de 1947. Je suggérais que, s'il était resté au parti, le journal aurait rappelé qu'il avait été secrétaire général du gouvernement de Front populaire en 1936. À l'époque, *Le Monde* soutenait sans restriction le Syndicat de la magistrature. L'ordre des avocats avait organisé une manifestation de protestation contre une prise de position du SM. Le chapeau du compte rendu disait : « Au cours d'une manifestation "silencieuse", cinq cents avocats environ – il y a quatre mille trois cents avocats au barreau de Paris... » Ma note demandait la raison des guillemets et surtout un exemple d'indication de la population de référence après une manifestation étudiante ou ouvrière. Ladite note ne reçut aucune réponse et il n'y eut pas de discussion.

Mais, personnellement, je n'ai vraiment jamais eu à me plaindre. Mes textes n'ont connu que deux coupures ayant une autre cause que la longueur excessive. L'une après la mort de François Varillon. J'avais fait l'article nécrologique de ce jésuite ami. J'y disais entre autres qu'il avait été l'éditeur minutieux du *Journal* de Paul Claudel dans la collection de « La Pléiade », ce qui lui avait coûté dix années de travail et lui avait valu trois mille francs en tout et pour tout, car, peu au courant des questions d'argent, il avait négligé de faire établir un contrat. L'éditeur s'était montré aussi avare que Claudel lui-même et ses héritiers. La phrase a sauté. André Fontaine m'a dit que le journal risquait un procès en diffamation. Mon interprétation est différente : Gallimard était un gros annonceur. À l'approche des élections de 1978, que la gauche pouvait gagner, j'avais écrit que l'un des risques de la victoire était que le Syndicat du livre se mette peut-être à censurer le contenu des journaux. La phrase ne parut point. Je téléphonai à Fauvet : « Qui s'est permis ?

— C'est moi. Je ne veux pas d'histoire avec le syndicat ! »

J'ai mis quelque temps à comprendre les subtilités de la mise en page. En général, mes articles passaient dans la partie basse de la une. Ce qui me désignait comme collaborateur régulier, c'est que mon nom n'était pas accompagné d'un renvoi à une note précisant ma localisation sociale. Tel de mes collègues a vainement attendu de ne plus voir, à la fin de ses articles, la mention « professeur à l'université de… ». Mais ma contribution n'engageait pas le journal. En revanche, quand un article apparaissait en haut de la page, il exprimait davantage l'opinion du *Monde*, ou, du moins, la direction voulait-elle lui donner un certain retentissement. Ce fut le cas le 1er juin 1976. Sous le titre « La démocratie des autres », je critiquai vivement François Mitterrand pour avoir créé un comité de défense des droits civiques et professionnels en Allemagne dont le texte fondateur évoquait notamment le cas de Silvia Gingold et ne disait pas un mot de l'absence de liberté dans l'autre Allemagne. Il se trouvait de surcroît que le premier secrétaire était parti le lendemain pour Budapest, où il avait signé une déclaration d'intentions communes avec le parti communiste hongrois. Dès le 4 juin, dans *L'Unité*, hebdomadaire du PS, François Mitterrand consacrait toute sa page de chronique, « Ma part de vérité », à sa réponse. J'avoue qu'elle ne m'a pas convaincu. Plus tard, quand il fut président de la République, une très brève et fine allusion me montra qu'il n'avait pas oublié.

L'année suivante, la presse française jeta feu et flamme à propos de la crise du terrorisme en Allemagne. Les Allemands avaient gardé le goût de la violence : voyez les terroristes. Les Allemands avaient gardé le goût du régime policier : voyez la répression du terrorisme ! J'eus l'occasion d'intervenir multiplement à la radiotélévision et dans la presse, avec la satisfaction d'obtenir par exemple la possibilité de faire paraître dans *Le Point* un article assez véhément prenant le contre-pied de l'attitude de l'hebdomadaire. Pour *Le Monde*, ce fut plus compliqué. Une fois encore, je n'eus personnellement à me plaindre de rien. Le 9 octobre 1977, mon article assez polémique, « Les phantasmes français », parut en haut de page. Il en fut de même le 18 octobre pour « Contre le terrorisme », où je dénonçai la façon dont nombre de journalistes et intellectuels français ne donnaient pas vraiment tort aux assassins. Je conclus :

> Demander qu'on combatte le terrorisme sans renoncer aux droits et libertés qui sont le privilège de nos sociétés pluralistes, cela suppose qu'on ait clairement proclamé que, pour le moment,

elles sont libérales, elles sont humaines, donc que le langage des terroristes n'est pas recevable.

Mais c'est à l'intérieur du journal que les choses furent difficiles. Le 2 septembre, il avait publié en bas de la une un long article de Jean Genet, sans qualification de l'auteur – qui n'était pas très connu en Allemagne –, où l'écrivain faisait l'éloge de la Fraction armée rouge. Je protestai par téléphone auprès d'André Fontaine, puis par télégramme (j'étais à Strasbourg) auprès de Fauvet. Les réactions allemandes furent très vives. La *Frankfurter Allgemeine Zeitung* dérailla à son tour à propos du *Monde.* J'envoyai un violent télégramme de protestation à Francfort. Il fut publié intégralement le lendemain. J'avais fait passer mon texte dès son envoi à Jacques Fauvet en l'accompagnant de remarques critiques sur les déformations et les silences du *Monde*, en particulier sur les véritables conditions de détention des terroristes, contre lesquelles les « droit commun » avaient protesté. Le 21 octobre, je revins sur le sujet dans une nouvelle lettre à Jacques Fauvet. Je lui demandai de comprendre que, puisque j'avais l'honneur d'être un collaborateur du journal, je ne pouvais le défendre au-dehors que si j'agissais au-dedans chaque fois que, dans un domaine de ma compétence, il me paraissait s'éloigner de l'éthique professionnelle dont il se réclamait en principe.

En 1983, une nouvelle équipe changea le mode de collaboration. On m'expliqua que mes articles passeraient, sauf exception, en page intérieure, le plus souvent parmi d'autres prises de position extérieures, mais qu'il n'y aurait plus de clause d'exclusivité. Je pus donc reprendre ma collaboration à *La Croix.* Ma participation au *Monde* s'est ralentie jusqu'en 1994, où un nouveau changement ne garantit plus la parution des articles non sollicités par la rédaction. Je l'ai évidemment regretté, puisque *Le Monde* n'a jamais cessé de constituer un extraordinaire canal d'influence. Une influence exercée sur le milieu politique et sur les autres rédactions, mais pas plus grande face à son lectorat que celle de l'autre quotidien pour lequel j'écris depuis 1973. *Ouest-France*, avec sa diffusion quotidienne moyenne de plus de huit cent cinquante mille exemplaires, est en effet de loin le plus grand quotidien français, même si les journalistes étrangers et les ambassades l'ignorent et même s'il était peu cité dans les revues de presse, sauf par Ivan Levaï sur France-Inter. Dans *Ouest-France*, mes articles passent à la une, ce qui ne veut pas dire qu'ils sont lus : les rubriques locales, elles, ont un taux de lecture de plus de quatre-vingt-dix pour cent, la une beaucoup, beaucoup moins ! En général, ils sont marqués « Point de vue ». Quand cette mention ne figure pas, c'est que la direction a pris ma contribution au compte du journal. La fidélité à une déontologie précise, l'influence exercée (le fort pourcentage de voix pour l'Europe communautaire, le faible pourcentage pour Jean-Marie Le Pen dans la zone de diffusion du journal ne tiennent pas du hasard), la contribution à la vie internationale, depuis les camions pour la Pologne opprimée par Jaruzelski jusqu'à l'appui multiple à la formation d'étudiants slovènes, croates, serbes, bulgares, roumains, albanais – tout contribue à mon irritation permanente contre le mépris parisien pour « la presse de province », même si je reconnais bien volontiers l'abîme qui existe entre l'ensemble des quotidiens de Paris et, pour prendre l'exemple d'une seule région, *Nice Matin* et *Le Provençal.*

Enfin, j'ai connu, de 1979 à 1989, les joies d'un travail d'équipe à *L'Expansion.* Jean Boissonnat voulait élargir le champ de vision des lecteurs, patrons et cadres, les sortir du simplisme de la pensée libérale paresseuse et leur montrer que la monnaie, les salaires, la Bourse, la production ne se comprenaient pas sans réflexion d'ensemble, sans dimension culturelle. Il choisit donc quelques chroniqueurs qu'il réunit à intervalles réguliers et dont il coordonna les sujets. *L'Expansion* paraissait une semaine sur deux. J'écrivais pour chaque numéro – sur les sujets les plus variés, depuis les affaires militaires jusqu'à un anniversaire de Jean-Louis Barrault. Là encore, l'introduction d'une nouvelle formule entraîna la fin d'un ensemble agréablement disparate de commentateurs.

Concentrer ce que l'on veut dire en quatre, trois ou même deux feuillets ne m'a jamais paru un obstacle majeur. À la radio et, surtout, à la télévision, la règle du jeu veut en général qu'on soit plus bref encore. J'aurais toujours préféré avoir plus de temps à ma disposition, mais j'ai souvent ressenti comme un défi passionnant d'avoir à donner de l'information ou un commentaire en deux ou même en une minute, tout de même l'équivalent d'un feuillet dactylographié. Ainsi, au lendemain de l'unité allemande, TFl m'a fait improviser deux scénarios opposés pour l'avenir de l'Allemagne, chacun en quatre-vingt-dix secondes. Un réalisateur allemand m'a fait un beau compliment : « On aime bien vous interviewer, non parce que ce que vous dites est particulièrement bon, mais parce que vous êtes le seul professeur qui, si on lui dit "vous avez quatre minutes", répond "Merci. C'est beaucoup". » Heureusement, cependant, il existe des émissions dans lesquelles on dispose de plus de temps, ne serait-ce que parce qu'on peut intervenir à plusieurs reprises.

Cela vaut davantage pour la radio que pour la télévision. Les journalistes, en France, y sont aussi moins inquiets de ce que l'invité dira. J'ai toujours pu me sentir libre à France-Inter, à RTL, à Europe 1. C'est avec cette station que j'ai eu les relations les plus fréquentes, en particulier pour la couverture des élections allemandes. J'ai même failli m'y trouver plus étroitement associé. En 1981, en effet, après la victoire de François Mitterrand, Europe 1 a écarté Étienne Mougeotte, qui paraissait trop lié au président sortant. Philippe Gildas me proposa de prendre sa suite pour un commentaire matinal quotidien. Après avoir beaucoup hésité et demandé l'accord de Mougeotte (ancien président des étudiants de Sciences-Po), j'acceptai. Un communiqué de presse annonça que je m'exprimerais à 8 h 20, du lundi au vendredi, pour « commenter un fait d'actualité en fonction de sa portée, fait de politique intérieure, événement international, fait de société ». Au dernier moment, cela ne se fit pas. Ou bien – version de Philippe Gildas – parce que mon essai numéro zéro n'avait pas été jugé satisfaisant. Mon style aurait été « trop parlé » ; il est vrai que je ne voulais pas lire un texte. Ou bien – mon interprétation – parce que Matra était en négociation avec le gouvernement socialiste épris de nationalisations et que la liberté critique était déjà présente chaque matin avec Jean Boissonnat. À ma place, il y eut un chroniqueur d'une espèce rare : un gaulliste patenté, admirateur inconditionnel de François Mitterrand. De toute façon, je me suis dit que je n'aurais pas dû accepter, car je n'aurais probablement pas tenu le rythme sans sacrifier d'autres obligations.

Les rapports avec le pouvoir politique constituent en France un problème spécifique. Parfois, il est affronté avec courage. Pour la campagne présidentielle de 1981, Radio Luxembourg avait prévu de longs entretiens de chaque candidat avec deux interlocuteurs. Valéry Giscard d'Estaing devait être interrogé par Michèle Cotta et moi-même. Il nous récusa tous deux, elle parce que trop mitterrandienne, moi parce que « d'esprit trop critique ». Loin de céder, Jacques Rigaud décida que le président de la République n'aurait pas son émission. En général, les responsables sont plus respectueux. À la télévision, le respect se mêle à la prudence. J'avais demandé à un ami, devenu directeur d'Antenne 2, si je pouvais espérer disposer un jour de quelques minutes hebdomadaires ou même mensuelles pour un commentaire de l'actualité. Il me dit que non : « Avec toi, on ne sait jamais ce que tu vas dire. » Avec une étiquette dans le dos, je n'aurais pas représenté un danger.

C'est qu'en France, dès avant la naissance de la télévision, on a vécu dans une étrange confusion conceptuelle. Il m'est arrivé de diriger un débat franco-allemand, au Centre Pompidou, sur les rapports entre télévision et politique. Le président de la commission compétente de l'Assemblée nationale réagit à l'idée de stations régionales autonomes : « Il faudrait tout de même une instance gouvernementale de contrôle. » Je l'interrompis :

« Vous avez sans doute voulu dire "instance publique".

— Je ne vois pas la différence », répliqua-t-il.

À la BBC, en Allemagne, une télévision de service public n'a pas à être une télévision au service du gouvernement. En France, le progrès vers plus de liberté, vers plus de distance, a été fort lent. Juridiquement, la marche a été entamée avec le statut de l'ORTF en 1964 et s'est achevée en 1982, avec la nouvelle loi dont l'article premier proclamait enfin : « La communication audiovisuelle est libre. » Le statut de 1964 avait été élaboré par le ministre de l'Information, Alain Peyrefitte. Au cours d'un déjeuner de travail chez lui, avec Claude Contamine, son directeur de cabinet, je vis que le souci central était de dégager le gouvernement de la responsabilité de tous les contenus. En janvier 1963, Khrouchtchev, avant une visite à Paris, avait donné une longue interview à la télévision française. Il y critiquait âprement le gouvernement de Bonn. Si, au montage, on coupait le passage, le dirigeant soviétique en ferait un drame. Si on ne le coupait pas, le chancelier Adenauer serait mécontent du gouvernement français, puisqu'il savait que ce dernier avait le pouvoir de faire couper. Le statut de l'ORTF assurait en principe l'autorité et l'indépendance du directeur général. Mais Alain Peyrefitte fit nommer un haut fonctionnaire qui, en dépit du texte de loi, laissa passer cette chance et se soumit à toutes les injonctions du pouvoir.

La prudence peut aussi s'exercer à l'égard du public, de ses préjugés supposés, de ses paresses. Jointe à la crainte d'irriter le pouvoir, elle aboutit à une autocensure qu'un expert des médias a traduite en langue familière : « C'est un sujet vachement piégé. Il faut faire drôlement gaffe ! » Un jour, je reçus un coup de téléphone de l'équipe des *Dossiers de l'écran*, avec laquelle j'avais l'habitude de travailler.

« Nous préparons une émission sur Bismarck. Voulez-vous y participer ?

— Oui, mais ce qui m'intéresse, c'est de montrer que l'image qu'on a de lui en France est fausse.

— Alors voyez-vous quelqu'un d'autre qui puisse intervenir ? »

Sans m'offusquer, j'indiquai un collègue allemand qui se limiterait au factuel. Malheureusement, le factuel, c'est trop souvent une accumulation de petits faits sans signification. Dans un « Dossier » sur le 8 mai 1945, je piaffais d'impatience pendant qu'un général, ancien chef d'état-major du général de Lattre de Tassigny racontait interminablement l'histoire du stylo avec lequel son patron avait signé la capitulation allemande à Berlin, un stylo qu'il avait pris au passage au musée de l'Armée pour le montrer aux téléspectateurs. D'autres « Dossiers » ont heureusement donné lieu à de vrais débats.

La plus remarquable des séries créées par Armand Jammot était cependant, selon moi, *Aujourd'hui, Madame*, devenu *Aujourd'hui la vie*, disparu sans doute parce que de trop grande qualité. L'animatrice proposait un sujet pour l'émission suivante et on invitait les auteurs des lettres les plus intéressantes à venir discuter sur le plateau. Je ne crois pas avoir jamais mieux compris un « problème de société » qu'en participant à un débat sur la violence. La femme d'un boucher des Minguettes expliquait pourquoi son mari et elle allaient quitter ce quartier de Lyon : il était sans cesse menacé par les couteaux des frères ou des pères des gamins d'origine nord-africaine qui avaient chapardé chez lui. Une jeune journaliste de Radio Beur rappelait combien de Nord-Africains avaient été récemment tués dans le Midi et combien les Beurs redoutaient la violence. Georgina Dufoix et moi, nous avons vainement cherché à faire comprendre et admettre à chacune des deux que la peur de l'autre était justifiée.

***

Qu'il s'agisse des médias ou du discours politique, la France est certainement l'un des pays où l'on cultive le plus assidûment, le plus intensément la mémoire collective. On omet de dire qu'il ne s'agit pas d'une mémoire, c'est-à-dire d'un ensemble de souvenirs individuels, mais d'un transmis, d'un acquis. La transmission s'effectue par la famille, par l'école et ses manuels et de plus en plus, précisément, par la presse, la télévision, les discours commémoratifs qu'elles diffusent. Je ne sais s'il s'est agi d'une activité proprement politique, mais une partie importante de mes interventions publiques était et est toujours destinée à faire réfléchir sur les déformations et les mutilations que les fabricants de mémoire collective font subir à la réalité historique.

Il en est déjà ainsi pour la présentation des grands personnages défunts. Lorsque, en novembre 1990, l'Institut Charles-de-Gaulle a organisé des journées internationales sur le thème « De Gaulle et son siècle », j'ai intitulé ma contribution « Pour l'admiration critique, contre l'adulation mystifiante ». J'y demandai qu'on applique une formule du Général dans ses *Mémoires de guerre* : « On me prendrait comme j'étais ou on ne me prendrait pas. » J'ajoutai :

> Prenons-le donc comme il était vraiment. Avec ses lumières et ses ombres. Avec sa grandeur et ses petitesses. Avec ses succès, mais aussi ses échecs. Avec la reconnaissance d'avoir rendu la fierté aux Français, mais aussi avec le reproche de leur avoir fait confondre chasse au prestige et politique créatrice, autoglorification et solidarité. Dans mes livres, j'essaie de tenir la balance. En 1990, face à la béatification, à la sanctification parfois intolérante, le respect de la vérité me conduit à ne pas donner la priorité à mon respect pour le Général.

Il existe un peu partout une intolérance particulière des fidèles. À un colloque sur Pierre Mendès France, j'ai présenté les divers aspects de sa politique étrangère, parlant de sa lucidité, mais aussi de ses incompréhensions. L'accueil de la salle fut glacial et Marie-Claire Mendès France – qui fut sa seconde femme – alla jusqu'à la colère.

Pierre Daninos et moi, nous ne savons pas très bien lequel de nous deux a été le premier à faire le rapprochement, mais la mémoire française concernant les États-Unis nous a fait penser l'un et l'autre à la comédie de Labiche, *Le Voyage de Monsieur Perrichon.* Ce bon bourgeois veut accorder la main de sa fille non au jeune homme qui lui a sauvé la vie, mais à celui qui a fait semblant de se faire sauver la vie par M. Perrichon. L'exclamation de celui-ci : « Je vous ai sauvé la vie. Je ne l'oublierai jamais ! » correspond à l'amour de la France pour l'Amérique à cause de La Fayette. En revanche, on n'a guère commémoré en 1977 ou 1987, on ne commémorera guère en 1997 l'anniversaire du plan Marshall : en 1947, la France était faible ; les États-Unis nous ont aidés – cela se pardonne difficilement et doit en tout cas être oublié !

Un tel oubli est d'ordre psychologique, même s'il a des répercussions politiques. La France pratique aussi l'oubli imposé par la loi. Le recours à l'amnistie a l'avantage de contribuer à l'apaisement des antagonismes, mais il rend difficile, parfois impossible, l'entrée de crimes commis contre d'autres collectivités dans la « mémoire collective » nationale. Or, je n'ai cessé de dire et d'écrire que la bonne conscience ignorante du passé collectif empêche la compréhension pour le passé et le présent d'autrui.

La période de Vichy est en cause elle aussi, même si le recours à l'amnistie a été très réduit pour la période 1940-1945. Le plus difficile a été de faire accepter l'idée que les hommes qui ont alors gouverné la partie non occupée de la France ont pu s'appuyer sur l'appareil administratif du régime républicain. En 1974, nous avons été quelques-uns à intervenir pour que le film émouvant de Michel Mitrani, *Les Guichets du Louvre*, passe à la télévision. Il montrait, sans hausser le ton, comment les agents de police ordinaires de Paris avaient arrêté les juifs pour les parquer au Vélodrome d'Hiver. Finalement, l'œuvre est passée sur le petit écran un soir d'été à une heure tardive. En décembre 1992, j'ai intitulé un article dans *Le Monde* « Les données occultées ». Ma conclusion fut la suivante :

> Oui, il y a eu la Résistance [...] Mais ne faisons pas comme si le régime de Vichy n'avait été qu'une sorte d'îlot extérieur à la société française, comme si les cadres dirigeants de celle-ci s'étaient mis en hibernation en attendant que la parenthèse se referme et que la République reprenne sa vie momentanément

interrompue. Les victimes étrangères et françaises de Vichy ont bien été les victimes de la France. D'une France au visage grimaçant, mais bel et bien située dans la continuité de son histoire.

Cette prise de position m'a valu un échange de correspondance cordial, mais sévère, avec Robert Badinter qui défend la thèse de la parenthèse : la République ne serait nullement comptable de ce qui s'est passé en France pendant ce temps-là.

Parallèlement, je me suis sans cesse soucié de raviver ou de faire naître d'autres mémoires, ou encore de faire comprendre aux uns la légitimité de la mémoire des autres. N'était-ce pas, dans mon cas personnel, une obligation morale que de soutenir la demande arménienne ? Le souvenir, la simple connaissance du massacre de 1915 devaient être développés. En janvier 1982, dans un témoignage écrit pour la cour d'assises d'Aix-en-Provence, je n'ai nullement cherché à justifier l'accusé arménien, auteur d'un attentat contre un diplomate turc. Je m'interrogeai cependant sur « ce que seraient les sentiments et les réactions de tel ou tel jeune juif obsédé par l'horreur du passé si l'Allemagne d'aujourd'hui était autre..., si ses dirigeants affirmaient qu'aucun crime n'a été commis par le passé et faisaient pression sur le gouvernement français pour qu'il empêche l'érection de tout monument du souvenir ». En 1986, je me suis exprimé plus longuement dans ma préface à la réédition des *Archives du génocide des Arméniens* rassemblées par le témoin que fut le pasteur Lepsius et surtout dans celle écrite pour le gros ouvrage, sans doute définitif, de Vahakn Dadrian, *Histoire du génocide arménien*, paru en 1996.

Parlant à La Haye, le 8 mai 1995, sur invitation du gouvernement néerlandais, j'ai fait allusion à la façon dont les Pays-Bas se sont en quelque sorte abrités derrière l'aide apportée à Anne Frank pour ne pas tirer au clair l'attitude de leur administration sous l'Occupation. En Suisse, le préfet de police de Zurich m'a publiquement menacé d'interdiction de séjour après mon discours pour le lancement de *L'Hebdo/Die Woche*. Comme à d'autres occasions, j'y avais rappelé comment les autorités suisses avaient obtenu de l'Allemagne hitlérienne que les passeports des Juifs allemands fussent marqués d'un tampon J : ainsi la police suisse pouvait-elle plus sûrement les refouler à la frontière. Ultérieurement, j'ai provoqué des réactions très vives dans la communauté israélite de Zurich qui m'avait invité.

Comme j'avais trouvé mes interlocuteurs très sionistes, donnant à leur identité juive la priorité sur leur identité suisse, je leur ai rappelé que leur communauté n'avait nullement protesté à l'époque contre l'attitude gouvernementale et avait privilégié son appartenance helvétique. À Tel-Aviv, en 1978, lorsqu'on m'objecta, après une comparaison avec la situation algérienne de 1960, qu'il était impossible de négocier avec des terroristes, je me permis de rappeler la bombe contre l'hôtel du Roi David à Jérusalem et l'assassinat du médiateur des Nations unies, le comte Bernadotte, par des terroristes, ultérieurement hommes politiques israéliens.

Il est plus difficile de parler à un public non homogène. En mars 1991, dans la série *Océaniques*, FR3 passait le film documentaire de l'Israélien Eyal Sivan, *Izkor. Les esclaves de la mémoire.* De façon sérieuse, mais insistante, il montrait comment toute une éducation autoritaire imposait aux jeunes Israéliens le souvenir de la Shoah comme élément fondateur, constitutif de leur État. Le film était précédé d'une présentation dans laquelle je mettais en garde les téléspectateurs pro-israéliens contre un rejet sans réflexion, les anti-israéliens contre les interprétations abusives de ce qui leur serait proposé. J'ai été heureux de lire, quelques mois plus tard, dans *L'Affaire du carmel d'Auschwitz*, le livre précis et émouvant de Théo Klein, président d'honneur du CRIF :

> Nombre de jeunes pensent que nous avons des réactions trop nuancées [...] Le pire étant qu'ils justifient leur identité même, leur judéité, par cette mémoire exclusive et intransigeante de la Shoah. Ils développent alors ce que j'appellerai une judéité mortifère [...] Notre deuil, nos morts, aussi sacrés soient-ils, n'effaceront jamais le deuil et les morts des autres ; notre sensibilité est aussi respectable – mais pas plus – que celle des autres.

Pour moi, il ne s'est agi, dans ces secteurs, que d'interventions occasionnelles. J'ai parlé et écrit bien plus régulièrement à propos de la mémoire communiste et à propos de la mémoire catholique. Mais, dans le premier cas, je me suis surtout préoccupé de l'amnésie – ou du moins de la rétrospective édulcorante – pratiquée par des intellectuels, ce qui relève du chapitre suivant. Dans le second, je crois avoir participé un peu à l'évolution, à la révolution de l'affrontement au passé au sein du catholicisme français. Il en sera donc question lorsque j'évoquerai l'ensemble de ma coopération avec des mouvements et des institutions catholiques.

Il est clair que le thème de l'Europe est lui aussi lié aux questionnements des mémoires, vécues ou acquises. Mais intervenir à propos des problèmes posés par la création d'une communauté européenne, c'est prendre position sur des questions bien plus directement politiques. La déclaration écrite par Jean Monnet et lue par Robert Schuman le 9 mai 1950, je l'ai surtout perçue comme un renversement pleinement positif de la politique française : on passait de l'aigre récrimination et de la crainte frileuse à la proposition créatrice. Face à l'Allemagne occidentale, mais face aussi aux autres voisins européens, on exerçait maintenant un effet d'entraînement. Sept ans plus tard, lors du débat sur le traité de Rome, j'étais du côté d'Alain Savary et très critique envers Pierre Mendès France. Ce dernier estimait que la France, pour ouvrir ses frontières, devait d'abord guérir son économie. Le rapporteur général du traité à l'Assemblée nationale estimait, au contraire, que cette guérison devait passer par l'ouverture des frontières. Le général de Gaulle a fait sienne la position des partisans du traité puisque, revenu au pouvoir l'année suivante, il mettait en application un texte que les siens avaient vigoureusement combattu. Il est vrai qu'en même temps il assainissait les finances extérieures de la France.

De l'automne de 1950 jusqu'à l'été de 1954, je me suis trouvé rangé, à propos de la Communauté européenne de défense, dans un autre camp que celui de Monnet et Schuman. Sentimentalement, je me situais avec les défenseurs du traité instituant la CED. Mais je pensais que le réarmement allemand, présenté comme un progrès européen, bloquait en réalité toute avancée. Je voyais les dégâts psychologiques et politiques provoqués en Allemagne où les jeunes, félicités hier à l'excès pour leur antimilitarisme, se trouvaient maintenant traités en antidémocrates parce qu'ils ne voulaient pas porter les armes. Trop détaillé, le texte était aussi révoltant pour nombre de Français. Pour ne pas créer d'école militaire allemande, on prévoyait l'européanisation, en fait la suppression, de Saint-Cyr-Coëtquidan. Je ne comprenais pas non plus ce que pourrait signifier une armée commune en l'absence de toute autorité politique commune. J'ai vécu douloureusement le 31 août 1954.

À l'Assemblée nationale, deux orateurs avaient droit à la parole, avant le vote-guillotine sur la question préalable. Christian Pineau plaidait pour le traité. Il avait toute ma sympathie. Ancien détenu de Buchenwald, résistant courageux, il était « européen » pour les meilleures raisons. Le vieil Édouard Herriot adjurait ses collègues de rejeter la CED sur le ton le plus emphatique de la IIIe République – qu'il avait contribué à enterrer comme président de la Chambre des députés, en invitant ceux-ci à accorder leur pleine confiance au maréchal Pétain, le 9 juillet 1940. Dans son discours « anticédiste », il avait recours à des arguments de mauvaise foi. Les Allemands avaient, selon lui, demandé et obtenu une clause leur permettant de reconstituer des unités de SS. En fait, la France avait obtenu le maintien, comme force nationale, des compagnies de CRS.

Lors de l'audience que le général de Gaulle m'a accordée le 6 février 1962, j'ai eu la surprise de l'entendre répondre, lorsque j'ai évoqué la France regardant vers l'Afrique du Nord et la République fédérale regardant vers l'autre Allemagne, que les deux pays avaient bel et bien un intérêt commun : « L'intérêt militaire. On l'oublie trop. Les gens que vous savez ont, en plus de tout, voulu se placer sous la dépendance des États-Unis. L'Europe se fera par sa défense. » Les « gens », c'étaient les auteurs du plan Schuman (« moyen pour rendre son charbon à l'Allemagne »). C'était surtout Jean Monnet. « Je l'ai employé, même comme ministre, mais c'est un apatride. » « Le mot n'a pas de sens péjoratif pour moi, mais il ne voit pas les choses d'un point de vue national. » J'avoue que l'entretien m'a profondément impressionné. La concentration de la pensée du Général et sa présence à l'interlocuteur étaient facilitées par l'absence de tout téléphone et de toute interruption par un collaborateur. Le seul sourire que j'eus à réprimer fut provoqué par le comportement de son aide de camp, pourtant un digne colonel : en quittant la pièce après m'avoir introduit, puis en sortant avec moi, il a marché à reculons pour ne pas tourner le dos au souverain.

Dans quelle mesure l'Europe militaire a-t-elle à la fois fait faillite en Bosnie et triomphé le 14 juillet 1994 lorsque des soldats européens allemands ont participé au défilé sur les Champs-Élysées ? J'ai commenté l'événement en en montrant la double portée symbolique : la France ne serait plus puissance militaire qu'en acceptant l'Europe communautaire ; l'Allemagne ne serait européenne qu'après avoir consenti à en accepter toutes les coresponsabilités, au lieu de laisser des soldats français mourir en Bosnie en l'absence de tout soldat allemand.

La France en Europe : voilà plus de vingt ans que je cite la phrase clé du discours prononcé à l'Assemblée nationale par le premier chef de gouvernement nommé par Valéry Giscard d'Estaing. En effet, Jacques Chirac a déclaré, le 5 juillet 1974 : « La politique européenne ne fait plus partie de notre politique étrangère. Elle est autre chose et ne se sépare plus du projet fondamental que nous formons pour nous-mêmes. » On ne saurait dire que, depuis lors, sa pensée européenne ait constitué un modèle de continuité, mais l'idée m'a toujours paru refléter la réalité, même si elle n'a pas encore été admise, ni sans doute comprise par nombre de Français.

Dans la France d'aujourd'hui – mais la remarque vaut tout aussi bien pour l'Allemagne –, ce qui me frappe, c'est la prodigieuse ignorance qui règne sur les réalités communautaires déjà existantes. Une partie importante des lois adoptées par les parlements nationaux sont de simples transpositions en droit interne de dispositions européennes. À l'automne de 1996, tous les pays membres ont effectué cette transposition pour quatre-vingt-cinq à quatre-vingt-dix-huit pour cent des directives visant à consolider le Marché unique. La libre circulation des personnes, l'accès des autres Européens à des fonctions publiques, la répartition de ressources communes au profit des zones déshéritées, sans même trop insister sur les immenses avantages que Bruxelles n'a cessé d'apporter aux agriculteurs – la liste pourrait être aisément allongée.

Or, les médias ne parlent guère de tout cela, ne serait-ce qu'à cause de l'ignorance des journalistes. Au lendemain du référendum sur le traité de Maastricht, j'ai eu l'occasion de faire un commentaire sur Antenne 2. J'ai demandé ensuite à une rédactrice en chef quelles émissions la chaîne avait déjà consacrées aux accomplissements de l'Europe communautaire. Elle ne pouvait se souvenir d'aucune. La situation n'est guère différente chez les universitaires. Dans les meilleurs ouvrages sur la France des dernières décennies, y compris ceux de René Rémond, le lecteur ne peut soupçonner qu'une partie des réalités sociales et des pouvoirs institutionnels n'est plus nationale, mais européennement communautaire. N'est-il pas alors légitime de considérer comme une action politique le travail d'information dépassionné ?

Une action évidemment d'un tout autre type que telle ou telle intervention ponctuelle, même si l'on expérimente ainsi le fonctionnement de la République présidentielle. En 1985, lors d'une conférence dans une petite ville allemande, des professeurs du lycée local m'alertent sur ce qui arrive au collège français avec lequel ils pratiquent des échanges depuis vingt ans. À Fontenay-le-Comte, en Vendée, le rectorat veut supprimer l'enseignement de l'allemand comme première langue. Le travail commun se trouve en danger. Au retour, j'écris à Jean-Pierre Chevènement, ministre de l'Éducation nationale. Par précaution, j'envoie un double à Jean-Louis Bianco, secrétaire général de la présidence de la République. Bianco répond par retour qu'il verra ce qu'il peut faire. Deux semaines plus tard, coup de téléphone ému et reconnaissant du directeur de Fontenay : le rectorat l'a informé que l'allemand première langue est maintenu. Un mois plus tard, lettre courtoise du directeur de cabinet du ministre : il n'y a malheureusement rien à faire. Non seulement l'Élysée avait court-circuité le ministère, mais le recteur n'avait même pas fait remonter l'information !

Cependant, quand je reprends mes articles et revois les thèmes de mes exposés en France, je m'aperçois que j'ai privilégié deux domaines de la vie politique sans rapports directs avec l'Allemagne et l'Europe. Pour l'Algérie, il s'est agi d'appliquer la formule utilisée par Albert Camus dans un éditorial de *Combat* en octobre 1944 : « Persuadons-nous qu'en Afrique du Nord on ne sauvera rien de français sans sauver la justice. » Justice pour les musulmans, mais aussi, ultérieurement, pour les pieds-noirs. Le 1er juin 1961, au moment où tout commençait à basculer pour eux, *La Croix* m'a donné de la place pour un long article, « Les Français d'Algérie ». Je m'y prenais à l'incompréhension métropolitaine.

> Nous, Français de la métropole, que nous ayons partagé ou dénoncé leurs illusions, nous sommes vaincus avec eux. Car le désespoir et la rancœur qui les habitent, nous en sommes tous responsables [...] Au moment où des centaines de milliers de Français viennent de passer d'agréables vacances de Pentecôte, en attendant de prochaines vacances d'été, au moment où l'on se bat

à propos de salaires souvent insuffisants, mais pas toujours indécents, il est bon de relire le préambule de la Constitution de 1946, repris par celle de 1958. Il ne contient pas seulement le droit de grève, mais aussi cette phrase : « La nation proclame la solidarité et l'égalité de tous les Français devant les charges qui résultent de calamités nationales. » Pour beaucoup de Français d'Algérie, les lendemains de la guerre représenteront bien plus qu'une inondation ou une récolte perdue.

De temps en temps, les principes peuvent être violés ! Ainsi, en octobre 1962, j'ai dit « oui » au référendum instituant l'élection du président de la République au suffrage universel. François Goguel n'était pas arrivé à me convaincre de la constitutionnalité de la consultation, mais, dans une discussion publique avec Jacques Fauvet, je rejetai son invite à voter « non » pour cette raison. J'estimais que le référendum permettrait enfin aux citoyens français de désigner le détenteur du pouvoir, alors que, jusqu'à présent, ils avaient dû déléguer cette capacité à des partis ou à des députés, sans pouvoir contrôler les combinaisons et les coalitions qui résultaient de cette délégation. Au lendemain des élections du 2 janvier 1956, la coalition gouvernementale n'avait aucun rapport avec l'affrontement de la campagne électorale. L'opposition l'avait menée « contre une guerre imbécile et sans issue ». Devenu chef d'un gouvernement comprenant une grande partie de la combinaison précédente, Guy Mollet allait intensifier cette guerre.

En général, pourtant, c'est le respect de la règle, la pratique de l'État de droit qui me font souci. Le Conseil constitutionnel, chargé de limiter, au nom de libertés et de droits, la liberté de la majorité de décider n'importe quoi, a constitué une novation remarquable, faisant succéder l'héritage de Montesquieu à celui de Rousseau. Lorsqu'il a été mis en place, en mars 1959, j'ai intitulé mon commentaire dans *La Croix*, « Une déception », parce que sa composition et ses règles de fonctionnement n'étaient guère prometteuses. Mais, à partir des années soixante-dix, il a souvent été à la hauteur de mes attentes.

Le plus important, pour moi, était de ne pas aliéner l'indépendance du jugement. J'ai voté Mitterrand en 1981, en 1988 aussi. Mais, dès la formation du gouvernement Mauroy, j'ai intitulé mon article du *Monde* « La déception et l'inquiétude » puisque, selon moi, il s'agissait d'une coalition incohérente entre « courants » du parti socialiste. J'ai repris des phrases entières de ce commentaire après la formation du gouvernement Juppé, sous le titre « En 1995 comme en 1981, hélas ! ». Je n'avais pas voté pour Jacques Chirac, mais cet « hélas » résultait de l'attitude que j'ai définie dans une longue contribution à une enquête du *Monde* parue en été 1983 et intitulée « Le silence des intellectuels de gauche ».

> Je ne me considère pas comme un intellectuel de gauche puisque je donnais raison à Aron contre Sartre dès les années cinquante, puisque je n'ai jamais considéré notre société libérale comme radicalement mauvaise, puisque je me suis toujours réjoui de toute mesure positive mise en œuvre par un gouvernement contre lequel j'avais voté.

J'ajoutai cependant :

> Professeur et journaliste, je suis un intellectuel ; par mon désir de voir s'établir plus de liberté et plus de justice, par mon vote, depuis que je suis en âge de voter, je me situe à gauche.

Chapitre 5

Intellectuels et cultures

Presse et radiotélévision font partie de la vie intellectuelle. Elles l'orientent en partie. Faut-il dire hélas ? En reflètent-elles la substance ou en montrent-elles l'écume ? Les médias font partie de la vie culturelle. De quelle culture sont-ils porteurs ? Ces questions resurgissent chaque fois qu'est relancé le débat sur la définition de l'intellectuel ou celui sur la valeur de la création culturelle et des pratiques culturelles. Le premier a refait surface en 1996, avec la publication du riche *Dictionnaire des intellectuels* de Jacques Julliard et Michel Winock.

Je dois avouer ma perplexité. Je ne récuse pas les critères proposés par les uns et les autres. Je suis simplement embarrassé quand je me demande comment qualifier, comment classer des hommes que j'ai connus et estimés pour leur action sur les esprits et sur la société. Voici deux frères, nés l'un en 1915, l'autre en 1919. Laurent Schwartz, grand mathématicien, a mis son prestige scientifique au service de causes politiques ou humanitaires. Il s'est aussi engagé, hors sa spécialité, pour que la recherche et l'université gardent et intensifient leur qualité. Nul doute : il est un « intellectuel ». Bertrand, le cadet, ingénieur des Mines, a dirigé l'École de la métallurgie et des mines de Nancy. Il a consacré la plus grande partie de sa vie à la formation des adultes, à l'éducation permanente, puis à la formation professionnelle des jeunes, en cherchant la réponse à une question sociale et morale fondamentale : comment moderniser sans exclure ? Il s'est occupé d'audiovisuel et de culture au sens classique. Quand on énumère les intellectuels en activité, on ne le nomme point. Pourquoi ?

Mon admiration pour la constante activité créatrice de Bertrand Schwartz n'est pas plus grande que celle que j'ai portée à deux fonctionnaires. Un spécialiste de la sociologie administrative a heureusement distingué entre hauts fonctionnaires et grands fonctionnaires. J'ai eu la chance de connaître au moins deux de ceux-ci, François Bloch-Laîné et Paul Delouvrier. Le changement du champ d'action sociale de la Caisse des dépôts pour l'un, pour l'autre le changement de vie pour les centaines de milliers de gens allant peupler les villes nouvelles autour de Paris valent bien, comme accomplissements publics intellectuels et culturels, l'écriture de romans accompagnée de signatures de manifestes. De plus, l'un et l'autre ont agi sur la société en présidant, discrètement, mais de façon engagée, nombre d'associations volontaires agissant pour des causes de grande valeur culturelle et humaine. Devrais-je cantonner Bloch-Laîné et Delouvrier dans la catégorie pompeuse des « grands serviteurs de l'État » ?

Il m'a semblé légitime – et même flatteur pour les autres membres, dont j'étais – que Bertrand Schwartz et Paul Delouvrier fissent partie, en 1971, du Conseil du développement culturel, créé par Jacques Duhamel, ministre de la Culture, en fait constitué par son directeur de cabinet, Jacques Rigaud. Le Conseil, selon le décret qui l'instituait, devait être, en toute simplicité, un « organe de réflexion, de confrontation et de proposition sur les différentes formes de l'action culturelle et sur les orientations fondamentales de la politique culturelle du gouvernement ». En fait, le Conseil n'a vécu que quelques mois. Nous avons honorablement réfléchi et fort peu proposé, d'autant moins qu'on ne nous demandait guère notre avis – plus du tout lorsque Maurice Druon a succédé à Jacques Duhamel. Mais j'ai aimé les contacts enrichissants que cette instance m'a permis d'avoir avec tel musicien, tel acteur, tel architecte, tel réalisateur de télévision. Tous nos débats se déroulaient entre gens désireux de créer en mettant leur compétence professionnelle au service d'une vie culturelle à élargir. Jacques Rigaud avait délibérément écarté les stakhanovistes de la signature de manifestes et d'appels. Je comprends mal pourquoi le fait de laisser mettre son nom sur une liste équivaudrait à un brevet d'intellectualité.

Je reconnais que tel ou tel manifeste a constitué un acte politique courageux et fort. Les deux exemples les plus spectaculaires ont peut-être été le Manifeste des 121, appelant à l'insoumission en Algérie, et l'Appel des 343 femmes à propos de l'avortement. J'ai estimé outrancière la position de l'un comme de l'autre, la signature du second m'étant de toute façon interdite ! En général, je refuse de signer parce que je ne suis pas d'accord avec l'ensemble du texte et, comme je le dis sans modestie aux collecteurs de signatures, parce que la signature collective dévalorise la signature individuelle au bas d'articles. Je n'éprouve pas d'hostilité systématique à l'égard des signataires. J'admire ceux qui prennent des risques pour leur statut ou leur réputation en signant des textes défendant des causes impopulaires. Parfois, cependant, je souris. Un écrivain ami a signé la même semaine un appel de soutien à la politique du général de Gaulle et un autre condamnant les armes atomiques, alors que le Général fondait sa politique sur la possession de la bombe. À ma question sur sa cohérence, il me répondit : « C'étaient deux textes importants. » Je comprends aussi ceux qui aiment voir leur nom figurer à côté de ceux de célébrités.

Il m'est arrivé de signer moi aussi. En faveur de persécutés, en particulier comme membre d'Amnesty International. Parfois aussi quand il s'est agi de prendre clairement position dans le champ politique et social. Ainsi, en novembre 1995, j'ai signé le texte de soutien à Nicole Notat et à la CFDT. Faire comme si les fonctionnaires et les agents des services publics représentaient l'ensemble du peuple travailleur et prétendre que tout avantage acquis constituait une avancée sociale à préserver constituait une telle imposture qu'il était nécessaire de s'opposer aux intellectuels de renom pour lesquels les justes distinctions étaient assimilables à la barbarie.

Le désir d'être présent par son nom peut aussi être le fait de grands hommes. La frénésie de la signature, Jean-Paul Sartre en a été saisi à la fin de sa vie. Le cas Sartre est particulier à cause de tout ce qu'il a représenté dans la vie intellectuelle française – et pour moi personnellement. Dans l'immédiat après-guerre, comment ne pas se passionner pour son œuvre ? Les deux premiers volumes des *Chemins de la liberté* m'ont offert une image comparative de la France de 1938-1939, parce que « Le Sursis » m'apparaissait comme une sorte de reprise dégradée de « L'été 1914 ». Chez Martin du Gard, Jacques Thibault meurt pour son idéal pacifiste. Chez Sartre, le jeune Philippe est simplement veule dans ses velléités d'esquive. Les enthousiasmes guerriers ou socialistes de 1914 ont fait place à une grande mollesse égocentrique. Le tableau était sans doute trop chargé, mais je trouvais l'œuvre forte. Avec un grand manque, cependant : la chaleur humaine était absente. J'ai finalement gardé dans un tiroir un texte que j'avais écrit pour *Combat.* J'y cherchais à expliquer la théorie sartrienne du regard par la laideur du philosophe. Le regard, chez Sartre, « réifie », « chosifie », alors que, pour moi, il encourage, il réchauffe. Le seul exemple de pleine communication humaine par le regard, je l'avais trouvé dans « Le Sursis » : un jeune couple – qui ne jouera plus aucun rôle dans le roman – se sépare sur le quai de la gare de l'Est parce que le garçon est mobilisé.

Comme pour le féroce « L'enfance d'un chef » dans *Le Mur*, je me suis réjoui de l'allègre satire sociale, cette fois face aux États-Unis, dans *La Putain respectueuse.* Mais, très vite, Sartre a déraillé. *Morts sans sépulture* m'a choqué. Que l'essence d'une personne soit exprimée dans son comportement en situation limite, je l'avais accepté dans *Huis clos.* Mais que le critère de la valeur d'un être humain soit sa capacité de résister à la torture, voilà qui me parut à la fois absurde et offensant. J'ai eu la chance de ne jamais être torturé, mais combien de fois me suis-je demandé si j'aurais parlé. J'admire ceux qui ont résisté à la souffrance et à la perspective de son renouvellement. Mais de là à conclure à la lâcheté fondamentale de celui qui a succombé ! Puis, en 1953, on joua *Nekrassov.* Sartre y démontrait sa grande ignorance des réalités politiques et journalistiques. Alors que, sous la IVe République, les directeurs des grands journaux étaient des puissances devant lesquelles s'inclinaient les ministres éphémères, il imaginait Pierre Lazareff, patron de *France-Soir*, aux ordres d'un président du Conseil.

Le pire a été la soumission au parti communiste, même lorsque celui-ci couvrait Sartre d'injures. Il est vrai qu'aucune analyse du mécanisme psychologique de l'abdication intellectuelle n'a surpassé celle qu'offrait *Les Mains sales*, joué en 1948. Mais, si Sartre n'a pas été le Hugo de la pièce, il s'est largement décrit dans *Les Chemins de la liberté*, où Mathieu est profondément impressionné, subjugué par la force affirmative de Brunet, le militant communiste. L'Union soviétique et le PC incarnaient l'avenir parce que, par définition, ils représentaient le peuple, plus encore parce qu'ils incarnaient la volonté brutale face aux velléités d'intellectuels ratiocinants. Les dérapages sartriens ont été constants, parfois affreux, depuis les insultes à Camus, parce que celui-ci refusait les meurtres d'État comme expression de la Révolution, jusqu'à : « Le citoyen soviétique possède, à mon avis, une entière liberté de critique », dans l'interview à *Libération*, à un retour d'URSS en juillet 1954, et au terrible commentaire accompagnant son refus du prix Nobel en 1966 : « Il est regrettable qu'on ait donné le prix à Pasternak avant de le donner à Cholokhov et que la seule œuvre soviétique couronnée soit une œuvre éditée à l'étranger et interdite dans son pays. » Pasternak, l'auteur persécuté du *Docteur Jivago*, me faisait plutôt penser à Karl von Ossietzky, lauréat du prix Nobel de la paix en 1935, alors qu'il était détenu dans un camp. Cholokhov, lui, n'avait cessé d'écrire dans la ligne stalinienne du moment. Et, même en 1956, le rejet du stalinisme par Sartre s'accompagnait encore du mépris pour le peuple, pourtant en principe idolâtré. Le célèbre « Il ne faut pas désespérer Billancourt » devenait, dans l'interview de *L'Express*, fidèle ici à la formulation sartrienne :

> La faute la plus énorme a probablement été le rapport Khrouchtchev, car, à mon avis, la dénonciation publique et solennelle, l'exposition détaillée de tous les crimes d'un personnage sacré est une folie quand une telle franchise n'est pas rendue possible par une élévation préalable, et considérable, du niveau de vie de la population.

Parler ainsi, c'était renoncer à l'exigence de vérité au cœur de l'exigence de l'intellectuel. À moins évidemment d'accepter la définition que Roland Leroy, mentor des intellectuels du parti, donnait encore de la presse communiste en 1982, au 24e congrès : « C'est une presse de vérité, parce qu'elle n'a pas l'hypocrisie de dissimuler les intérêts qu'elle défend. Elle lutte ouvertement pour les travailleurs, le peuple, la nation. » La lutte définit donc la vérité du moment. La résolution finale de ce même congrès disait : « Notre juste attitude dans la question de l'Afghanistan » – à savoir l'approbation solennelle de l'action militaire soviétique. Tito héros en 1946, Tito traître en 1948, Tito célébré au congrès de 1980 comme s'il l'avait été dans la continuité : j'ai toujours trouvé choquant que des intellectuels puissent clamer leurs ces vérités successives, puissent accepter de s'humilier, de s'avilir.

Cet avilissement a conduit d'éminents médecins, même juifs, à déclarer coupables leurs confrères soviétiques, accusés par Staline, la plupart parce que juifs, d'avoir tenté de l'empoisonner. Et aussi d'éminents biologistes à chanter la gloire de l'imposteur Lyssenko. Plus encore, des historiens, des écrivains, des avocats ont accepté de couvrir d'injures les victimes. Pas seulement les victimes mortes, mais les détenus survivants, ceux qu'une protestation aurait pu contribuer à sauver. Je n'arrive pas à comprendre l'indulgence rétrospective accordée à ceux qui ont hurlé avec les loups. Après la mort de Louis Aragon, quelques voix isolées rappelant ses virevoltes, ses soumissions, ses trahisons d'amis étaient à peine audibles au milieu des chants de louange. Les constants cris de mort, poussés dans la presse communiste par un Jean Kanapa, un André Wurmser, sont absents de la volumineuse présentation que François Furet fait de l'illusion communiste. En 1996, André Stil, membre de l'Académie Goncourt, veut bien reconnaître qu'il s'est trompé, mais il ne revient pas sur sa description des révoltés de Budapest, quarante années auparavant :

> D'abord les fascistes [...] Ensuite ce lumpenprolétariat particulier qui reste la plaie des capitales de démocratie populaire [...] des milliers de condamnés de droit commun [...] L'armée soviétique s'est comportée non en ennemie, mais, comme toujours, en soutien et défenseur du peuple.

L'avocat Joe Nordmann dit bien, aujourd'hui, que son attitude, lors du procès Kravchenko, face à l'admirable Margarete Buber-Neumann, a été coupable. Mais il affirme encore qu'à l'époque il ne pouvait pas connaître la terrible réalité. Pourtant, André Gide s'était déjà fait injurier en 1937 pour avoir évoqué des aspects négatifs à son retour d'URSS. Les témoignages ont été nombreux. Que les aveux aient été truqués, arrachés, on le savait pour les procès de 1937, puis pour ceux de 1949-1952. Paul Eluard était donc bel et bien inexcusable d'avoir écrit à Camus : « J'ai trop à faire avec des innocents qui clament leur innocence pour m'occuper des coupables qui clament leur culpabilité. » Le poème *J'écris ton nom, Liberté* n'en reste pas moins admirable, mais l'intellectuel ne servira pas d'exemple de probité morale !

Si l'on veut dénoncer l'hypocrisie de bien des prétentions allemandes à l'ignorance, il faut être franc à propos des intellectuels communistes. Face aux catholiques, je demande que, lorsqu'ils défendent Rushdie menacé de mort parce que « blasphémateur », ils pensent au pauvre chevalier de La Barre. Je suis alors en droit, je me sens même dans l'obligation morale de rappeler ce qu'Annie Kriegel a écrit, lorsque je m'indigne, en août 1996, en lisant que la Cour de cassation égyptienne a confirmé la légalité du divorce imposé à un professeur pour « apostasie apparente » dans ses écrits. Lors des procès communistes, l'ordre était donné aux épouses d'abandonner leur mari. Dans la revue *Nouvelle critique*, Annie Besse, future Annie Kriegel, écrivait en avril 1953 : « Il n'est pas étonnant que la bourgeoisie crie au scandale et à la dislocation de la famille quand une femme se refuse à suivre un mari dans l'abjection. » Après sa mort, en 1995, elle a été défendue contre toute critique rétrospective par ses admirateurs et amis libéraux car elle était devenue l'une des leurs, encore qu'elle ait gardé le même tempérament polémique en changeant d'orientation. Elle-même a répondu, dans une note de ses Mémoires, aux citations que j'avais données dans *Le Crime et la Mémoire,* qu'elle ne comprenait pas ce que je lui voulais, puisqu'elle avait simplement dit ce que le parti lui avait dit de dire.

Je pense fermement que, par simple application honnête de la méthode comparative, ce langage est irrecevable. Dès le début des années soixante, j'ai polémiqué avec les dévots de Martin Heidegger qui refusaient d'admettre que le philosophe avait, en 1933, soutenu le nouveau régime et abdiqué sa dignité intellectuelle en disant aux étudiants de son université : « Ne réglez plus votre être sur des principes et des idées. Le Führer lui-même et lui seul est la réalité allemande et sa loi, aujourd'hui et dans l'avenir. » Or, en quoi, de quoi était-il donc coupable si l'on considère rétrospectivement comme sans importance les soumissions d'intellectuels communistes ? Il ne suffit pas de dire, comme le fait Robert Hue, secrétaire national du parti, dans son livre de 1996 : « Le PCF "stalinien" n'a commis aucun des crimes du stalinisme.» Il en a été le complice. Par ses dénégations, par ses négations, il a facilité de nouveaux crimes.

Il n'y a là aucune condamnation des innombrables militants communistes animés par la générosité, par le désir de promouvoir des libérations, de faire progresser la justice sociale. Mais je crois qu'il faut utiliser une formule évangélique modifiée: «Pardonnez-leur d'autant moins qu'ils savaient davantage ce qu'ils faisaient, ce qu'ils disaient, ce qu'ils taisaient.» J'accepte mal, je l'avoue, que des convertis à la liberté de l'esprit donnent des leçons de tolérance à ceux qu'ils ont naguère traités en ennemis ou en gens bornés incapables de sentir le souffle du vent de l'Histoire!

D'une façon plus générale, il est vrai, la fameuse responsabilité des intellectuels est atténuée en France dès lors qu'ils ont montré un talent d'écriture. Pourquoi s'en prendre au «Vive le Guépéou!» d'Aragon si les œuvres de Céline, *Bagatelles pour un massacre* compris, sont publiées dans la collection de «La Pléiade» et si, en 1996, une thèse sur «La langue parlée dans les pamphlets de Louis-Ferdinand Céline, de 1936 à 1941» peut être soutenue à la Sorbonne sans que le contenu du langage fasse problème pour le candidat et pour le jury? L'article de *Libération* qui décrivait la soutenance n'avait pas tort de suggérer à un futur candidat le sujet suivant: «Les propositions subordonnées dans la prose d'Adolf Hitler.»

L'indulgence est en fait étendue à toute célébrité du milieu intellectuel parisien. Quelle grande dame fut donc Marguerite Duras! Pour ma part, j'ai lu avec passion *Moderato cantabile* et j'ai passé une grande soirée théâtrale à *Savannah Bay*, joué par Madeleine Renaud et Bulle Ogier. Mais je n'en considère pas moins que la personne ne méritait pas l'éloge dû à l'écrivain. Si je veux évoquer (malgré la loi d'amnistie...) le comportement algérien de tel ancien officier, je ne puis qu'être révolté par la séance de torture décrite dans le livre de Frédérique Lebelley à la gloire de Marguerite Duras. En 1994, on pouvait y lire comment, à la Libération, elle avait torturé un dénonciateur:

> Dans la pièce où elle est enfermée avec son détenu, la petite dame de la Résistance ordonne que pleuvent les coups [...] La torture s'ensuit maintenant, facilement. Elle le fait *comme un travail, comme un devoir*, civiquement entraînée par le sentiment de

ne rien commettre d'*extraordinaire* [...] L'individu frappé est devenu, sous les coups, un être d'une autre sorte. Une différence irréversible s'est installée avec les autres hommes...

Et même si tant de gens ont déraillé dans l'affaire Villemin, si tant de journalistes ont exercé alors leur métier de façon déshonorante, comment ne pas considérer que Marguerite Duras s'est déshonorée dans *Libération*, le 17 juillet 1983, avec son article sur la mort de l'enfant? En découvrant la maison abandonnée des Villemin, elle a acquis la certitude que Christine – en fait innocente – a tué le petit Grégory et déclare cet infanticide admirable parce que geste libérateur de la femme asservie par la maternité.

***

L'admiration inconditionnelle et révérencieuse constitue l'un des éléments de « La Foire sur la place ». L'expression a servi de titre à l'une des parties du très volumineux roman de Romain Rolland, *Jean-Christophe*. Lorsque, adolescent, j'ai lu cette œuvre attachante, je n'imaginais pas à quel point la peinture du milieu intellectuel parisien serait encore pertinente près d'un siècle après sa parution de 1904 à 1911. À l'époque, la télévision n'existait pas, avec la séduction qu'elle exerce sur ceux qui veulent séduire. Mais le nombrilisme d'une élite autoproclamée, maîtresse des accès à la communication, lui, existait déjà.

Je ne suis jamais parvenu à vraiment comprendre comment s'établit et se maintient telle ou telle réputation et situation d'influence. Voici le cas de Jacques Attali. En 1977, le très sérieux *Times Literary Supplement* consacrait un article à *Bruits. Essai sur l'économie politique de la musique.* La première partie du compte rendu démolissait le livre et relevait des erreurs factuelles grossières. La seconde s'interrogeait sur le parisianisme: comment un tel ouvrage pouvait-il trouver commentaires favorables et lecteurs nombreux? En été 1981, au moment où Jacques Attali devient conseiller spécial du président de la République, la revue suisse *Cadmos* publie un long entretien:

> Quelle est votre réaction quand vous entendez le mot Europe?

J. A. : Aucune. Ou, plus exactement, une réaction très négative. C'est une chose qui, pour moi, n'a jamais existé, sauf dans l'ambition totalitaire de quelques dictateurs : Napoléon, Hitler, Charlemagne, Charles Quint... Pour moi, c'est un mot qui n'évoque rien, d'autant plus [...] qu'aujourd'hui l'Europe est vraiment un champ clos de batailles formidables entre les différents pays qui la constituent [...] Il n'y a pas d'idéaux communs européens et on n'imagine pas une communauté de destin européenne [...] Ma probabilité la plus grande, c'est que l'unité de l'Europe se fera sous le parapluie soviétique. C'est l'hypothèse la plus probable, sauf que l'Angleterre sera une sorte de gigantesque Hong Kong...

En 1992, seul ou à peu près, *L'Express* ose regarder de près le livre intitulé *1492.* Le chapeau du compte rendu dit « record des ventes, mais aussi des erreurs historiques ».

La tenue des registres paroissiaux, l'arrivée en Europe du chocolat, du tabac, du maïs, de la pomme de terre, ont, dans ce livre écrit au galop, plusieurs siècles d'avance [...] Les lecteurs du premier tirage – l'éditeur a, depuis lors, corrigé quelques bourdes – apprendront que Gutenberg, enfant de Mayence, est né à Nuremberg, que Burgos est port de mer et Milan piémontaise.

En 1996, dans le tome III de *La Décennie Mitterrand*, Pierre Favier et Michel Martin-Roland signalent que François Mitterrand avait demandé à Jean-Louis Bianco de rendre compte chaque semaine à l'historienne Georgette Elgey des propos et des activités du président.

Les auteurs ont pu consulter tous les comptes rendus de Bianco recueillis par Mme Elgey. Ces documents, reproduits à la virgule près, constituent largement plus de la moitié des pages de *Verbatim III*, bien que Jacques Attali assure dans sa préface qu'il a utilisé « exclusivement » ses « notes personnelles ».

Tout cela n'empêche pas Jacques Attali d'être consulté comme expert sur les sujets les plus divers et de parler avec autorité.

Pourquoi ? Sans doute à cause d'un mot qui n'est utilisé dans ce sens ni en anglais ni en allemand. Pour les vedettes de « la foire sur la place », peu importe que les données citées soient fausses, le raisonnement peu cohérent, les affirmations loin de la réalité – puisque leurs propos sont *stimulants.*

Il peut en aller de même pour un auteur universitaire, dès lors qu'il a du style, de l'agressivité et de la surface médiatique. Prétend-il apporter du neuf sur un sujet dont il ne savait rien avant de s'y attaquer ? Peu importe, puisque ce qu'il écrit est stimulant. Normalement, Henri Guillemin n'aurait pas dû se relever de la volée de bois vert que lui administra Régine Pernoud dans son livre *Jeanne devant les Cauchons,* paru en 1970. Elle y montrait les ignorances, les approximations, les déformations, les inventions de Guillemin dans un ouvrage supposé novateur sur Jeanne d'Arc. J'avoue que j'ai été surtout sensible à la critique stylistique. Ainsi, dans le procès de condamnation, un petit passage disait :

> — Qui vous poussa de faire citer un homme à l'officialité de Toul en cause de mariage ?
>
> — Je ne le fis pas citer, mais c'est lui qui me fit citer et là j'ai juré devant le juge de dire vérité : à cet homme, je n'avais fait aucune promesse.

On n'en sait pas plus. Mais Guillemin écrit :

> … Donc elle a aimé un garçon, elle a eu envie qu'il la prenne dans ses bras […] L'inconnu survient en ce printemps de 1428 ; et sans doute n'est-il pas indifférent de voir l'épisode se situer au printemps, lorsque les sèves montent […] Elle s'abandonne, elle le regarde et lui fait accueil. C'est un bon parti. Ils sortent ensemble, elle a bien dû lui donner ses lèvres…

Il s'agit là d'épiphénomènes. L'imposture est moins importante, selon moi, que le règne de modes successives, avec les intolérances qu'elles génèrent. Il vaut la peine de réfléchir sur le long éditorial « Trajectoires » que Jean Daniel a écrit en novembre 1984 pour les vingt ans du *Nouvel Observateur* qu'il dirigeait et dirige toujours. Une bonne partie en est consacrée au développement d'une citation initiale de Michel Foucault : « Désormais les identités ne se définissent plus par des positions, mais par des trajectoires. »

> Avons-nous changé ? Oui. Comme le fleuve du temps [...] C'est vrai, nous avons fait écho à toutes les écoles, les chapelles, les grandes idées et à tous les petits caprices, sans toujours avoir l'obsession du tri. S'il s'agit seulement de ce qu'on appelle l'histoire des idées, on trouvera dans l'histoire de ce journal une trace du meilleur et du pire. De la sémiologie à l'antipsychiatrie, nous n'avons rien laissé de côté.

En même temps, un second thème parcourt l'éditorial, résumé par la formule « se renier, ce serait se nier ». L'amicale admiration que j'éprouve pour Jean Daniel depuis l'époque du premier *Express* est précisément fondée sur la permanence de son éthique, dans son sens courageux de la mesure lors du drame algérien, sur sa capacité de reconnaître une erreur d'appréciation. Pour moi, la contradiction est forte entre la revendication de la permanence, de la solidité du jugement moral, et l'éloge de la mode, de la soumission à la mode.

À « la foire sur la place », la mode impose trop souvent ses jugements intellectuels et esthétiques. Après les outrances destructrices du « maoïsme », la mode a abouti à la glorification sans restrictions de Raymond Aron. Déjà, au lendemain de sa mort, je me suis vu reprocher d'avoir introduit quelques nuances dans mon admiratif article nécrologique de *L'Express*. Depuis lors, tel livre biographique est une simple apologie, tandis qu'une thèse montrant notamment les déformations que les *Mémoires* ont par endroits fait subir à la réalité est condamnée à rester inédite.

En 1996, le peintre Soulages se trouve au pinacle. Tout le monde affirme la perfection de ses vitraux pour l'église de Conques. Je veux être libre de penser et de dire que ces vitraux défigurent l'une des plus belles réussites de l'art roman. À Tournus, les vitraux de Saint-Philibert, modernes et également non figuratifs eux aussi, sont parfaitement intégrés dans l'admirable perspective de la nef et du chœur. À Orcival – mon église romane préférée –, il n'est point besoin de vitraux. Qui donc, parmi les laudateurs de l'homme à la mode, a vraiment visité Conques et effectué des comparaisons ? Autre exemple : la mode est à l'admiration simultanée pour Malraux et pour Chagall. Je ne me sens pas contraint pour autant à mettre sur le même plan les vitraux émouvants et intégrés de la cathédrale de Reims ou de la chapelle du *Frauenmünster* à Zurich et la décoration du plafond de l'Opéra de Paris qui jure complètement avec les dorures du siècle dernier.

De son côté, la mode de la psychanalyse mal comprise a fait des ravages. Bien que recourant à un style parfois vulgaire, René Pommier a eu raison de rassembler, en 1978, quelques joyeusetés universitaires dans le livre drôlement intitulé *Assez décodé!* Dans le joli poème de Victor Hugo, *Aux Feuillantines*, le tercet final

Tels des enfants, s'ils ont pris un oiseau des cieux,
S'appellent en riant et s'étonnent, joyeux,
De sentir dans la main la douceur de ses plumes.

évoque évidemment la manipulation d'un phallus. Dans *Madame Bovary*, la jambe de bois offerte par Emma au pauvre Hippolyte est elle aussi un symbole phallique. Dans *Les Femmes savantes*, lorsque Philaminte accable le poète Trissotin de compliments, il faut comprendre que le vers « Ce sont charmes pour moi ce qui part de vous » a une « connotation éjaculatoire »! Cette mode-là a heureusement perdu de sa virulence.

En revanche, la thématique « plus c'est écœurant, plus c'est pur » n'est pas surannée, alors qu'elle est fort ancienne. Marcel Aymé la raillait déjà dans son roman satirique *Travelingue*. Un petit boxeur voyou veut coucher avec une jeune bourgeoise d'avant-garde. Avant de se laisser faire, dans un hôtel sordide, elle téléphone à sa mère, également très à la page, pour lui dire la situation. La mère revient au salon en disant: « Ces deux enfants nus, dans une chambre d'hôtel borgne, c'est d'une pureté bouleversante! » Il n'est guère de semaine où la critique dans le ton ne vante pas au moins un film pour lequel toute descente vers l'abjection est interprétée comme une ascension vers la pureté! Le phénomène des critiques catholiques abondant dans ce sens par peur d'être considérés comme réactionnaires n'est pas récent non plus. Dans *Travelingue* figurait aussi un jugement sur l'autobiographie du boxeur, écrite par son protecteur: « C'est plat, inepte, vulgaire et ennuyeux au possible. Mais, littérairement, c'est une chose très curieuse, très forte, très belle. » J'ai pensé à ce passage en juillet 1996, lorsque j'ai lu la fin d'un long article sur le film *Crash* de David Cronenberg: « *Crash* est insupportable, inregardable, et donne envie de dégueuler. *Crash* est métaphysique, nocturne, envahissant, violent et ouvre sur le silence. »

En revanche, c'est bien au cours des dernières décennies que s'est développée la mode de l'irrespect pour les auteurs. Au théâtre et à l'opéra, le metteur en scène s'est arrogé tous les droits et en est récompensé par les applaudissements de la critique soucieuse de paraître d'avant-garde. Il est vrai que, parallèlement, si l'on aime le théâtre, l'opéra et aussi le cinéma, on dispose d'un instrument de connaissance dont l'existence me permet des satisfactions chauvines quand j'en parle à l'étranger. Textes complets – bilingues si besoin –, commentaires, rappels d'interprétations, images: les collections de *L'Avant-Scène* contiennent des trésors. Mais l'irrespect qui me choque est demeuré à la mode. Moins peut-être que dans les années quatre-vingt. En janvier 1986, Daniel Mesguich avait droit à un long article dans *Le Nouvel Observateur* à l'occasion de sa mise en scène de *Lorenzaccio*:

> Il avoue que, pour *Lorenzaccio*, ce n'est pas à Musset qu'il pense. Plutôt à Nerval ou à Rimbaud. « Ce sera *Une saison en enfer* de Lorenzaccio. Du texte de Musset, je n'ai gardé que les moments les plus sublimes. Le reste est bâclé. Il faut savoir que nous jouons une pièce du XIXe siècle sur le XVIe siècle, après avoir connu Einstein, Freud et Marx [...] Je respecte la tradition, mais je ne veux pas être son ventriloque. Un texte est, par définition, ouvert et pluriel. Quand on le met sur scène, c'est comme un nouveau-né qui remplit ses poumons d'air [...] Un spectacle est toujours signé par quelqu'un. Quand on ne voit pas le metteur en scène, c'est l'idéologie dominante qui est par-derrière... »

L'« idéologie dominante » qui écrasait Jouvet, Dullin, Jean-Louis Barrault, Jean Vilar, c'était la volonté de s'imprégner de la pièce pour mieux respecter les intentions de l'auteur, sans que cela interdise un éclairage nouveau. Ne faudrait-il pas que l'affiche annonçant l'œuvre maltraitée, au lieu de porter « d'Alfred de Musset » (d'ailleurs en petits caractères), dise « pièce de... – d'après l'œuvre de Musset ». Imaginons qu'à un récital de piano l'interprète d'une sonate de Beethoven se mette à jouer l'un des mouvements en jazz. Il se ferait huer. Le jazz et des rythmes exotiques mêlés à la musique la plus classique? Le résultat peut être magnifique, comme dans les deux concertos de Ravel. Seulement, c'est le compositeur qui a effectué le mélange, pas l'interprète. Il est vrai que, souvent, la critique encourage le metteur en scène à se déchaîner. Un soir, j'ai vu à la télévision une représentation du *Misanthrope*. Georges Descrières jouait Alceste comme je l'avais toujours rêvé et toute la troupe était à l'unisson. C'était drôle et émouvant à souhait. Commentaire dans un journal dans le vent : « Qu'est-ce que cela apporte ? »

Je ne dis pas que le respect créateur du créateur se soit perdu. Depuis l'adolescence, j'aimais la grande pièce des Lumières qu'est *Nathan le Sage* de Lessing. Je ne l'avais jamais vue à la scène. En 1987, elle est annoncée au théâtre de Gennevilliers. J'y vais avec crainte et tremblements et j'en sors comblé. Non seulement la traduction coulait de source, mais Bernard Sobel avait tout compris, tout rendu sensible, le sourire et le drame, l'anecdote et la profondeur.

Gennevilliers, mais aussi Boulogne-Billancourt avec tel Ibsen exemplaire : le centre de Paris n'a plus le monopole de la réussite théâtrale. Souvenirs de brefs séjours à Lyon pour assister à des représentations réussies à l'Opéra dirigé par Louis Erlo ; ou de la 1re Biennale de Brest, en 1970, avec l'inauguration du palais des Arts et de la Culture, où je me suis trouvé responsable de trois journées de réflexion sur les divers aspects de la société française : parfois, j'ai pu avoir l'impression que Ludwig Börne avait eu raison d'écrire à ses amis en Allemagne, voilà un siècle et demi : « Paris n'est pas la tête de la France, mais seulement le chapeau. » L'impression est confirmée par le développement de la vie musicale non parisienne. Pas seulement pour les festivals d'été, largement destinés aux Parisiens en vacances ; pas seulement parce qu'à Lille, à Toulouse, à Strasbourg, à Bordeaux des orchestres et leurs chefs ont revitalisé la province face à Paris – davantage encore parce que, grâce notamment à l'action de Marcel Landowski, pendant ses années de directeur de la musique au ministère de la Culture, la vie musicale départementale s'est intensifiée, de l'Ardèche à l'Ain. La culture musicale est certes encore tragiquement absente de nos collèges et lycées et Landowski a raison, en 1996, de réclamer un nouveau Jules Ferry pour sortir nos établissements de l'inculture. Mais il n'y a plus Paris face au désert musical français.

Pourtant, Paris continue à écraser le reste de la France, ne serait-ce que par la ventilation des subventions. Quand j'énumère mes identités, je note mon privilège de professeur-fonctionnaire face aux chômeurs réels ou potentiels, mon privilège d'homme face aux femmes, même si elles ont fortement progressé dans leur marche vers l'égalité, et mon privilège de Parisien auquel l'État donne huit ou dix fois plus d'argent pour sa vie culturelle qu'aux provinciaux. C'est clairement le cas pour l'Opéra. Avec des répercussions choquantes qui eussent pu être évitées. Quelle gloire durable pour la gestion de Rolf Liebermann ! Personnellement, sa gestion de l'Opéra de Paris m'a attristé. À Hambourg, il avait créé une troupe et un répertoire. À Paris, il a invité des vedettes internationales pour de rares représentations. S'il avait formé des chanteurs, ils eussent pu ensuite « tourner » dans d'autres villes. Les spectacles eux-mêmes auraient pu voyager, comme ceux de la Comédie-Française. Du moins aurait-on pu utiliser les ressources de la télévision. En 1948, dans *Tour-à-tour*, j'avais fait une enquête à l'issue de laquelle j'avais expliqué en plusieurs articles pourquoi les spectacles de l'Opéra n'étaient pas radiodiffusés. Pendant des décennies, rien n'a changé et la vocation nationale d'un théâtre financé par tous les contribuables français n'a pas été reconnue. Je me souviens pourtant d'une transmission télévisée de *Don Giovanni*. Elle m'avait indigné. La façon dont elle montrait le public distingué dans la salle, l'interview, à l'entracte, de jeunes gens BC-BG (dont le fils de Léon Zitrone, interviewé à part), tout évoquait les « soupers du roi » à l'époque de Louis XIV : pour un soir, le bon peuple était convié devant son écran à regarder la bonne société prendre son plaisir culturel réservé. J'avoue que je pense aussi à Louis XIV quand je constate le pouvoir et les ressources dont dispose depuis si longtemps Pierre Boulez. Mais Jean-Baptiste Lully, lui, composait beaucoup et le monarque aimait vraiment sa musique.

Un progrès est venu avec la présence d'opéras sur les chaînes publiques, en particulier sur Arte. Malheureusement, l'élitisme s'est maintenu. Les transmissions anciennes avaient été celles du festival d'Aix. Mozart était rendu accessible par les présentations vivantes d'un « vulgarisateur » compétent et non vulgaire, Max-Pol Fouchet. En 1990, sur « la 7 sur FR3 », j'ai assisté avec passion à la retransmission d'une interprétation parfaite de *Wozzeck*, due à l'opéra de Vienne. Comme *Wozzeck* est, avec *Pelléas*, l'un de mes deux opéras préférés, j'étais heureux. Mais il n'y avait eu aucune présentation, aucune introduction, aucun effort pour situer Büchner et Berg. La soirée était réservée à ceux qui connaissaient déjà. Les non-initiés étaient d'emblée exclus.

La situation est pire pour les bibliothèques. Du temps du général de Gaulle, un ambassadeur américain m'a demandé en souriant, après un affront fait à son pays, quelle méchanceté pourrait être faite à la France en représailles. Je répondis : « Que les États-Unis fassent don à Paris d'une grande bibliothèque de lecture publique sur le modèle de la *New York Library*! Ce serait à la fois humiliant et hautement utile. »

Quand on parle de l'afflux humain au Centre Pompidou, on oublie en général que sa bibliothèque est restée jusqu'à maintenant la seule à Paris qui ait une solide politique d'achats et qui soit ouverte à tous, les rares places de la Bibliothèque nationale étant réservées aux diplômés. La TGB, devenue Bibliothèque nationale de France et Bibliothèque François-Mitterrand, a coûté des sommes énormes, va en dévorer d'autres pour son fonctionnement et n'a vraiment pas été conçue prioritairement afin d'aider les bibliothèques de province, universitaires ou non, à compenser leur effroyable et grandissante misère.

La Bibliothèque nationale de France a été créée parce que le monarque l'a voulue. La volonté monarchique peut avoir des résultats de qualité fort différente, selon la nature de l'impulsion et aussi selon les principes adoptés pour la mise en œuvre. L'aile Richelieu du Louvre est d'autant plus réussie que les conservateurs du musée ont été associés au projet, alors que les bibliothécaires ne l'ont pas été pour la bibliothèque. Mais c'est le principe monarchique lui-même qui devrait faire problème. En 1980, l'hebdomadaire *Die Zeit* a publié un long entretien du chancelier Schmidt avec Günter Grass et Siegfried Lenz. Il a refusé de leur indiquer ses préférences artistiques. L'entretien portait sur sa conception du pouvoir et de la politique. Il ne voulait pas donner l'impression que le gouvernement cherchait à influencer les choix culturels en disant ses propres préférences. J'ai traduit le passage et l'ai envoyé pour information comparative à l'ami français de Helmut Schmidt, Valéry Giscard d'Estaing. L'Élysée n'a pas accusé réception.

La création du musée d'Orsay ne me choquait pas. J'aurais préféré que Jean-Louis Barrault et Madeleine Renaud ne fussent pas chassés, une fois de plus, d'un théâtre qu'ils avaient créé. Lorsque le musée fut installé, j'ai déploré que mes chers Impressionnistes se soient trouvés relégués et entassés, à l'écart de la lumière du jour et sans aucune présentation pédagogique, donc installés dans des conditions bien moins bonnes qu'au Jeu de paume. Mais le fait du prince me gênait, comme il m'avait gêné pour l'architecture du Centre Pompidou. Je suis très admiratif de la Grande Arche – mais était-ce vraiment au chef de l'État de faire le choix entre les projets des architectes en compétition ?

Il n'en résulte nullement qu'il faille rejeter la notion de politique culturelle, surtout dans un pays où l'argent privé ne se mobilise guère pour la culture. Dans les années soixante-dix, la maison Moët-Hennessy a créé la Fondation d'Hautvillers pour la rencontre des cultures et mis à sa disposition l'abbaye de ce nom – où dom Pérignon avait inventé le champagne. Sous la présidence de Pierre Emmanuel, qui avait déjà présidé le Conseil du développement culturel, nous avons réussi à organiser quelques rencontres de qualité. Mais le conseil d'administration de Moët avait posé comme condition au maintien de son soutien que d'autres grandes entreprises viennent à la rescousse. Cela ne se fit point et la Fondation d'Hautvillers disparut. Depuis 1980, Jacques Rigaud fait fonctionner l'Admical (Association pour le développement du mécénat industriel et commercial), tout en administrant RTL. On ne saurait dire qu'il amasse des sommes comparables à celles que distribuent les fondations américaines ou les mécènes qui font vivre le *Metropolitan Opera*. Et le jour où France Telecom sera privatisé, bien des festivals de musique se trouveront menacés.

Dans la querelle, par livres et articles interposés, qui a opposé Jacques Rigaud et Marc Fumaroli sur la politique culturelle à pratiquer ou non par l'État, je me suis d'autant plus trouvé du côté du premier que le second paraissait ignorer le prodigieux renouvellement culturel des lendemains de la Libération, dû à une belle interaction entre initiatives privées et impulsions gouvernementales. La réussite de Peuple et Culture ou l'essor des Jeunesses musicales de France n'ont pas signifié un embrigadement, mais un élargissement du public. Sans la fonctionnaire Jeanne Laurent, directrice des spectacles à la direction générale des Arts et Lettres au ministère de la

Jeunesse, des Arts et des Lettres, qu'aurait été le développement du théâtre en France ? C'est elle qui a lancé la décentralisation, permis à Pierre-Aimé Touchard de redonner éclat et prestige à la Comédie-Française. Sans elle, Jean Vilar n'aurait pas pu faire triompher le TNP.

Toute politique culturelle n'en est pas bonne pour autant. Sauver de la ruine des églises romanes, embellir Paris : oui, il s'agit de culture. Qui peut se promener dans le quartier du Marais sans se sentir reconnaissant pour ses embellisseurs ? Permettre à tous de devenir copropriétaires de chefs-d'œuvre grâce au mécanisme des dations, libérant les héritiers de droits de succession en échange de tableaux ou de sculptures, est une belle invention de politique culturelle. Le musée Picasso dans l'hôtel de Salé incarne simultanément l'embellissement d'un quartier et l'enrichissement du patrimoine. Je ne suis pas un admirateur inconditionnel des poses d'André Malraux, mais j'aimerais qu'il ait droit à une inscription spéciale au Panthéon : « À son bienfaiteur, Paris reconnaissant. »

Au niveau régional ou municipal, il en va de même. Angers est doublement la ville de la tapisserie : avec l'aide de l'État, *L'Apocalypse* a retrouvé sa splendeur du XIVe siècle et *Le Chant du monde*, réalisé par Jean Lurçat au milieu du XXe, a trouvé un cadre digne de la beauté de l'œuvre.

Il est cependant des extensions regrettables de la notion de culture. Toute pratique collective n'est pas automatiquement création culturelle. Le *Nouveau Petit Robert* a bien fait d'accepter l'item *tag*: « signature codée formant un dessin d'intention décorative, sur une surface (mur, voiture de métro...) ». Mais n'était-ce pas démagogique, de la part de Jack Lang, de faire comme si la maîtrise artistique ne passait pas par un apprentissage, comme si la liberté du peintre, du sculpteur, du compositeur ne naissait pas de la technique dominée ? Il faudrait montrer dans tous les collèges le film que Clouzot a fait sur ou plus exactement avec Picasso.

La politique culturelle est souvent aussi, hélas, un blocage de la créativité par des pratiques administratives routinières et incompréhensives. J'ai gardé l'entretien avec Maurice Béjart que *Le Monde* a publié à la une le 7 octobre 1981 sous le titre « Le saltimbanque et les ministres ». Le danseur-chorégraphe y expliquait pourquoi il renonçait définitivement à son projet d'école de danse au palais de

Chaillot, pourquoi sa liberté de création était assurée à Bruxelles et pas à Paris. « En France, tout est d'une lenteur ahurissante, effrayante. On se heurte sans cesse à des barrages administratifs et on ne peut même pas parler de Kafka : c'est bien loin d'en avoir la profondeur. Ni de Courteline : où est la drôlerie ?... Les administratifs veulent des créateurs pour les exhiber, mais on ne leur demande pas de créer. »

L'action culturelle de l'État pose aussi de redoutables problèmes financiers, dans deux directions opposées. Dès qu'il y a aide publique, on vit dans le provisoire et l'arbitraire. La subvention n'est pas garantie pour l'année suivante. Ou bien elle arrive avec un retard considérable et destructeur. L'aventure que j'ai vécue de 1986 à 1992 comme président d'*Eurocréation* n'engageait pas l'avenir de la France, mais a été significative. Grâce à l'équipe dirigée par Jean-Michel Djian, devenu en 1996 directeur du *Monde de l'éducation*, nous avons été en mesure d'être utiles dans divers secteurs. Nous avons permis à de jeunes créateurs culturels de lancer leur entreprise. Nous avons créé avec succès les Pépinières d'artistes dans des villes de France, d'Espagne, du Portugal, d'Allemagne, de Grande-Bretagne, de Tchécoslovaquie. Chacune accueillait pour six mois, selon ses ressources dans une activité culturelle particulière, de jeunes compositeurs, scénaristes, sculpteurs d'autres pays. Les stagiaires voyaient ensuite leurs œuvres exposées ou, dans le cas des scénaristes de télévision, réalisées sur le petit écran. *Eurocréation*, devenu centre d'impulsion d'un faisceau d'associations, a dû déposer son bilan et mettre la clé sous la porte. Nous sommes morts des agios à payer aux banques pour les emprunts contractés dans l'attente de subventions garanties, engagées. Le pire fut le traitement subi par l'aide consentie par la Commission européenne : l'argent devait transiter par le Trésor public français – qui nous les reversait avec un retard d'un ou même deux ans.

Le danger inverse a été dénoncé bruyamment et caricaturalement par Maurice Druon, ministre de la Culture. Je ne saurais dire que j'ai cultivé à son égard une admiration particulière. J'ai polémiqué avec lui, dans les colonnes du *Monde*, pour combattre son incompréhension totale de la nature et de l'apport des sondages, quelque critiquable que puisse être leur pratique. Mais lorsqu'il a évoqué ceux qui venaient trouver le gouvernement « la sébile dans une main, le cocktail Molotov dans l'autre», il n'avait pas entièrement tort. Le pluralisme tolérant de l'État ne doit assurément pas déboucher sur une censure, mais le fait de dénoncer l'affreuse société qu'il gère ne doit pas non plus constituer une garantie d'aide publique. Une pièce terriblement contestataire peut être terriblement mauvaise et se trouver jouée par des amateurs peu talentueux. L'absence de public ne démontre pas la qualité culturelle de la représentation et ne justifie pas automatiquement la subvention.

De plus, il s'est établi une sorte de chantage à la pauvreté : refuser la possibilité d'une mise en scène luxueuse, ce serait démontrer l'incompréhension bureaucratique pour les nécessités de la création. Or, c'est parfois l'argent public dépensé sans compter qui permet au metteur en scène d'écraser l'œuvre sous l'accessoire – au double sens du mot. Je ne suis pas sûr que la plus belle réussite de Lavelli n'ait pas été l'*Idomeneo* de Mozart, donné par une troupe de Touraine, quelques voilures et une seule robe coûteuse suffisant à rendre plastiquement prenant un spectacle dominé par la musique et par la tragique des situations. Ma passion pour Wagner est limitée, mais qu'elles étaient belles et émouvantes, même sur le petit écran, les mises en scène de Wieland Wagner qui, faisant de nécessité vertu, se contentait des jeux de lumière et de quelques rares objets !

Sans doute ne parlerais-je pas ainsi si le Théâtre national populaire de Jean Vilar – maintenu par Georges Wilson, puis annihilé – n'avait pas tenu une place aussi privilégiée dans ma vie culturelle personnelle. Or, Vilar est resté pauvre. Ses mises en scène étaient peu coûteuses et la troupe était peu payée. Gérard Philipe, déjà vedette de cinéma, recevait l'équivalent actuel de cent trente francs pour chaque représentation dans un grand rôle et quatre-vingt-dix francs quand il jouait Eilif, le fils de Mère Courage. L'important n'était pas là. Il s'agissait aussi de la nature du public et de sa relation au théâtre. Sartre a fortement reproché à Vilar de n'avoir pas touché le vrai peuple. Celui-ci a-t-il fréquenté les salles bourgeoises où étaient jouées les pièces de Sartre ? Vilar a brisé la barrière qui empêchait tant de gens d'accéder au théâtre. Le phénomène de la barrière ressemblait un peu à ce qui a si longtemps existé pour les lycées : les bons élèves du primaire issus de familles « populaires » étaient engagés par leurs parents dans d'autres voies parce que l'entrée au lycée était redoutée comme un dépaysement social. Vilar a élargi le public individualisé ancien des théâtres, plus encore touché un public collectif, grâce aux liens avec nombre d'associations ou de comités d'entreprise. Il y avait aussi le style de l'accueil au palais de Chaillot, l'absence de pourboires, le lever de rideau à 19 h 30 permettant le retour des banlieusards par le train et facilitant la venue de nouveaux spectateurs obligés d'aller au travail tôt le lendemain matin.

Surtout, à ce public, à tous les publics, il a offert de grandes œuvres, sans prétendre en rien les rendre accessibles en les déformant, en les « modernisant ». Une journaliste de la radio demanda à Gérard Philipe en minaudant, après une représentation du *Cid*: « À quoi est due l'extraordinaire jeunesse de la pièce ? » La réponse fusa : « À Pierre Corneille, madame ! » Pierre Corneille au service duquel s'étaient mis Jean Vilar et ses acteurs, à la grande satisfaction des spectateurs. Qu'il ne soit pas nécessaire de transformer une œuvre ancienne pour la faire aimer d'un nouveau public, j'en ai encore eu la preuve bien des années plus tard. Au petit théâtre en rond des Bouffes-du-Nord, Georges Wilson mettait en scène *Ruy Blas*, avec son fils Lambert, excellent dans le rôle-titre. Au début de la représentation, deux groupes de lycéens, manifestement amenés par leurs professeurs, s'agitaient tant qu'un des acteurs s'interrompit dès la deuxième scène pour réclamer silence et attention. À mesure que la pièce se déroulait, il n'était plus besoin de leur demander quoi que ce fût, tellement ils se passionnaient. À la fin, leur enthousiasme était beau à voir.

Jean Vilar a commis un seul crime : il a toujours refusé de laisser filmer les spectacles du TNP, contrairement à la pratique de la Comédie-Française. Qu'elle fut donc triste, la soirée organisée à Chaillot en 1969, pour le dixième anniversaire de la mort de Gérard Philipe ! Quelques photos projetées sur grand écran, pas une vraie scène de théâtre. Aujourd'hui, il ne reste de lui que ses participations cinématographiques et des enregistrements de sa voix au théâtre. Or, s'il était un excellent acteur de cinéma, il était surtout un très grand acteur sur scène – où l'expression corporelle et l'expression vocale ne font qu'un. Pas nécessairement le plus grand : mon plus prodigieux souvenir, c'est Laurence Olivier qui me l'a donné, dans un *King Lear* vu à Londres en 1946. Et ma plus grande émotion ponctuelle au théâtre, je la dois sans doute à Daniel Sorano dans la grande tirade de Shylock quand il jouait *Le Marchand de Venise.* J'ai aussi vu le même Sorano, en Don César de Bazan, faire paraître un peu pâle

Gérard Philipe-Ruy Blas. Mais mon admiration pour « Gérard » – comme l'appelaient ses groupies, mais comme je ne l'ai jamais appelé, même dans mes pensées – a été illimitée.

Elle était née avant le TNP, avec une amorce en 1942. À Cannes, il jouait dans *Une grande fille toute simple* d'André Roussin. Elle s'est épanouie lorsqu'il a eu la chance de voir Albert Camus lui confier le rôle-titre dans *Caligula*. Je ne crois pas me souvenir de façon aussi précise d'aucune autre représentation théâtrale, au point que, quand je vois jouer Michel Bouquet, à l'écran ou sur scène, je songe chaque fois au jeune et idéaliste Scipion fasciné par l'empereur criminel. Puis il y eut le duo prenant avec Maria Casarès dans la pièce poétiquement obscure d'Henri Pichette, *Les Épiphanies*. Il me semble que Gérard Philipe a été le plus parfait au début et à la fin de sa vie avec le TNP. Comme Cid et, en 1959, quelques mois avant sa mort soudaine, dans *On ne badine pas avec l'amour*, où il bénéficiait de la mise en scène de René Clair. Le couple Perdican/Camille-Gérard Philipe/Suzanne Flon a sans doute pris une place particulière dans la mémoire de chaque spectateur. Il se trouvait de surcroît que Gérard Philipe, président de syndicat consacrant beaucoup de temps au service des acteurs moins favorisés, et Gérard Philipe, mari et père, était également digne de respect. L'un des livres que je reprends le plus souvent est celui – sans cesse pillé, rarement cité – que sa femme et Claude Roy lui ont consacré dès 1960. Et quelle plus belle expression profonde et pudique de l'amour conjugal brisé par la mort que *Le Temps d'un soupir* d'Anne Philipe ? Le souvenir en a resurgi lorsque j'ai lu les pages sans pudeur que Simone de Beauvoir a osé écrire sur la déchéance et la mort de Sartre. « Vilar, Béjart, Salazar » : la monstrueuse stupidité proférée par les pseudo-révolutionnaires d'Avignon a hâté la mort du « patron ».

Béjart, lui, a répondu de la meilleure des façons aux cris d'Avignon en donnant à Paris, au Palais des Sports, dès février 1969, sa chorégraphie sur la musique de la Neuvième Symphonie. Je n'y trouvai pas seulement l'émotion esthétique. Dans le long article que *Le Monde* accepta de passer à la une, j'esquissais une interprétation morale de la chorégraphie de Béjart.

> … Dans l'adagio, la cantilène est visualisée par le geste de pitié de la femme pour la souffrance de l'homme. Puis leur couple naît

de la souffrance surmontée, du souci pour l'autre. Et ce couple ne prend de sens que dans l'ouverture à autrui, dans la communication de la joie conquise à d'autres couples.

Dans le finale, la Noire n'est portée en triomphe qu'après un long moment de poignante solitude souffrante. Est-ce bien un triomphe? Le geste des porteurs est aussi bien celui d'hommes montrant une victime à un dieu vorace ou à une foule encore fermée à la solidarité [...] Mais n'y a-t-il pas tricherie? Toute cette beauté, toute cette fraternité, toute cette liberté solidaire ne vont-elles pas nous faire oublier la laideur, l'aliénation, l'incommunicabilité? Beethoven nous abuse. Berg nous dit vrai. La réalité, ce n'est pas le chœur de la Neuvième, c'est la mort lamentable de Wozzeck. La réponse est facile. Elle consiste à crier, sans ironie aucune et en accord avec Büchner et Berg: «Libérez Wozzeck!» L'*Hymne à la joie* interprété par Béjart, c'est l'apothéose d'une humanité sortie de l'asservissement. Pas par miracle, mais par la volonté et l'action...

Je n'en confonds pas pour autant le plaisir esthétique et intellectuel avec la morale. Nul besoin cependant de séparer radicalement les diverses pratiques. Il est amusant, au contraire, de renvoyer, dans une analyse politique, à des textes littéraires pertinents. Dans *Nicomède*, Corneille a décrit d'avance les données de la crise franco-marocaine de 1947-1955, avec l'autoritaire représentant de Rome-France et le désir du jeune prince d'obtenir l'indépendance dans le respect mutuel. En février 1956, lors d'une rencontre Eisenhower-Boulganine à Genève, j'ai commencé un commentaire dans *La Croix* en reproduisant, sans guillemets, mais avec explication ultérieure, un long morceau de la terrible tirade d'Ulysse au dernier acte de *La guerre de Troie n'aura pas lieu.* Giraudoux, mais aussi Rostand: des pêcheurs mécontents bloquaient le port de Boulogne; des camionneurs furieux ont bloqué les pêcheurs. À moi l'acte IV de *Cyrano* pour présenter la situation dans *L'Expansion*:

Nous assiégeons Arras – mais nous-mêmes, pris au piège,
Le cardinal-infant d'Espagne nous assiège.

Lorsque le roi Juan Carlos, qui n'avait donné aucun signe d'infidélité à Franco quand celui-ci vivait encore, s'est révélé défenseur efficace de la démocratie parlementaire, la Comédie-Française donnait *Sertorius.* Dans *L'Expansion,* il était tentant et utile de faire dire par Corneille l'ambiguïté de la collaboration avec le tyran auquel on succédera pour faire le contraire de lui :

Je prête mon bras sans engager mon âme,
Je m'abandonne au cours de sa félicité,
Tandis que tous mes vœux sont pour la liberté...

La pratique culturelle consiste aussi à projeter ses goûts et ses aspirations dans une histoire, dans des personnages. La pratique, c'est aussi le pur plaisir de la langue. Dans les classiques, assurément, mais quelle chance d'avoir vécu à l'époque de Boris Vian et de Gainsbourg, de Brassens et de Devos! L'incommunicabilité, la solitude, l'angoisse métaphysique : il y a un monde entre le balbutiement non maîtrisé et la création verbale d'Ionesco et de Beckett!

Le goût des mots, le respect des textes s'appliquent aussi à la musique. Pas pour Wagner : la plupart des passages sont incompréhensibles, même pour l'auditeur allemand; les ridicules des allitérations redoublées sont donc cachées. Mais pour Schubert : il existe un gros livre français sur les Lieder avec un commentaire des notes, en l'absence de toute référence aux mots, alors que le compositeur a conçu sa musique comme une mise en valeur et une interprétation des poèmes. Pour mille raisons, Dietrich Fischer-Dieskau n'a cessé de susciter ma passion admirative. L'une des plus importantes est sa façon de faire comprendre les textes, alors que tant de sopranos, en ne chantant que les voyelles, démontrent une totale indifférence pour la signification de ce qu'elles chantent.

« La musique allemande, celle qui porte à rêver » : la réponse de Mme Bovary sur ses goûts musicaux est un peu la mienne. Sauf que je parle d'intériorité plutôt que de rêve. Et je dois bien reconnaître que la littérature, roman et poésie confondus, a tenu une place de plus en plus réduite dans ma vie culturelle. Chaque heure disponible est consacrée à l'écoute musicale. Avec des contenus permanents, mais sans cesse élargis. Je me réjouis de voir la musique de chambre, de Mozart à Brahms, maintenant solidement implantée en France. Je suis heureux de voir resurgir Honegger, un moment relégué parmi les vieilleries. Je suis reconnaissant au cinéma d'avoir relancé les symphonies de Mahler avec *Mort à Venise* et le trio de Ravel avec *Un cœur en hiver.* Mais j'ai accepté volontiers d'être « rééduqué » par notre quatrième fils, juriste et membre de chorales, pour lequel la musique s'est épanouie au XVIe siècle pour s'arrêter avec Händel et Bach. Je crois aussi qu'il faut se garder disponible pour des chocs imprévus. En musique, ce fut la sonate pour violon seul de Bartók. En peinture, Monet et Goya n'ont pas empêché les surprises heureuses d'une exposition Schiele à Munich et du musée Munch à Oslo.

J'évoque des films : en France, on trouve tout naturel que le cinéma fasse pleinement partie de la culture, au même titre que le roman, le théâtre ou la musique. Il n'en est pas de même en Allemagne. J'ai été plus agacé qu'admiratif en voyant *Paris, Texas*, mais je fais lourdement remarquer à mes publics allemands que Wim Wenders est docteur *honoris causa* de l'université Sorbonne nouvelle et nullement d'une université allemande.

Notre aîné ne lit pas beaucoup de livres, mais il s'est passionné pour le cinéma dès l'âge de quatorze ans et peut dire quand tel réalisateur japonais ou américain a changé de style. S'il fréquentait le beau monde parisien, il y passerait sans difficulté pour fort cultivé, puisque inévitablement la conversation viendrait sur le cinéma. Le benjamin m'a fait me nourrir de Schütz. L'aîné m'avait fait découvrir Ozu. Il s'agit bien de deux enrichissements culturels. Je suis constamment agacé par la critique marquée par *Les Cahiers du cinéma* et je m'amuse de ses découvertes rétrospectives de metteurs en scène naguère méprisés, Marcel Carné en tête. Mais, de toute façon, que d'heures heureuses passées dans les salles obscures, dans l'émotion ou dans le rire ! Ou plutôt les rires, depuis celui que provoque la déraison ordonnée – *Buffet froid* ayant pris place à côté de *Drôle de drame* – jusqu'à la jubilation devant la perfection tous azimuts de *Chantons sous la pluie.*

Oui, le rire. Je veux bien accepter la formule passablement ridicule d'Édouard Herriot : « La République sera sauvée par des hommes sérieux et graves. Je pense être l'un d'entre eux. » Moi-même, j'ai fréquemment cité, en conclusion de conférences, la formule finale du héros de Gide dans le plaisant *Prométhée mal enchaîné* : « Excusez-moi d'avoir parlé de choses graves, mais si j'en avais connu de plus graves encore, c'est de celles-là que je vous aurais parlé. » Mais, précisément, il s'agit d'une œuvre drôle et courte qui en dit plus long que bien des œuvres sinistres et longues.

J'ai délibérément fait sursauter nombre de publics, étudiants ou non, en disant que mes deux sociologues français préférés étaient Daninos et Sempé. Daninos a joyeusement ridiculisé l'autosatisfaction et la « râlerie » répandues en France. En 1960, dans *Un certain Monsieur Blot,* il a décrit les relations humaines ou plutôt inhumaines dans une grande entreprise avant les savantes études de bien des sociologues des organisations. En 1991, j'ai considéré comme un honneur le fait d'être invité à écrire la préface au catalogue de l'exposition Sempé au forum des Halles. Il a souvent mis un doigt léger sur les travers de l'intellectualité. « Je traverse une crise épouvantable, dit un jeune homme hirsute à un ami : j'aime ma femme, j'aime mes enfants et j'ai trouvé un travail qui m'intéresse. » La dénonciation de la technique : « Et maintenant, dit le chanteur accroché, comme sa guitare électrique, aux fils des indispensables amplificateurs, voici une chanson contre cette civilisation du modernisme outrancier qui écrase l'homme. » La passion pour l'automobile : « L'important, c'est que tu veuilles guérir », dit l'automobiliste inquiet à sa voiture, pendant que le mécanicien va enfiler des gants de chirurgien avant de se diriger vers le pont-élévateur. Ou encore les mœurs des médias et des vedettes : l'interviewer, entouré de caméras et d'appareils de prises de son, dont les câbles ont envahi la maison, demande à la célébrité, en train de se brosser le dos dans sa baignoire, comment elle fait pour si bien protéger son intimité.

Du rire fin des Frères Jacques jusqu'au rire amer et agressif de Pierre Desproges, que de contrastes de prix face à tant d'attitudes sinistres ! Et si vous vous sentiez d'humeur à trouver facile la tâche des gens qui vous font rire, je vous renvoie d'une part à la réponse de Molière, de l'autre à celle, écrite dans un style plus agressif et plus dru, que donne Desproges dans une de ses *Chroniques de la haine ordinaire*, et qui dit :

> Relisons ensemble cette sentence digne de figurer au fronton du mausolée à la gloire du connard inconnu mort pour la transe : « C'est un film qui n'a pas d'autre ambition que de faire rire. »
>
> Molière a transpiré à en mourir. Chaplin a sué... Il faut plus d'ambition, d'idées et de travail pour accoucher des *Ripoux* que pour avorter un film fœtus à la Duras et autres déliquescences

placentaires où le cinéphile lacanien rejoint le handicapé mental dans un même élan d'idolâtrie pour tout ce qui ressemble de près ou de loin à de la merde.

***

Chapitre 6

Incroyant parmi les chrétiens

Les joies culturelles valent pour elles-mêmes. Elles réchauffent aussi ; elles revigorent, sans faire pour autant nécessairement partie de l'essentiel. L'essentiel de la vie conjugale et familiale. L'essentiel de l'activité professionnelle et extraprofessionnelle. L'engagement « allemand » a constitué et constitue encore un volet important de celle-ci. Mais un volet seulement.

Dans l'immédiat après-guerre, la question s'est posée de savoir avec qui travailler, sans pour autant aliéner l'indépendance. Le hasard a joué un rôle, mais le choix était de toute façon limité. Le courant de pensée que je considérais comme le mien se montrait improductif. Le libéralisme politique et le socialisme humaniste s'enlisaient dans des combinaisons sans grandeur. Deux forces, très différentes de nature et de structure, se proposaient aux vingt-ans-en-1945 ; le parti communiste et les associations agissant au sein d'un renouveau chrétien. À la Fondation Thiers, le normalien-philosophe communiste était secrétaire de la cellule du quartier. Il me proposa d'assister à une réunion. À la fin de la séance, il annonça : « Ce soir, nous avons parmi nous deux personnes qui ne sont pas au parti. Demandons-leur pourquoi ! » L'autre dit simplement : « Vous m'avez convaincu. Je demande à adhérer. » Pour ma part, je fis la comparaison avec ce qu'avaient dû être les réunions des premiers chrétiens. « Par certains côtés, vous me faites penser à eux. Mais eux se préparaient à être martyrs. Vous, vous avez tenu un langage de bourreaux. » J'indiquai que je ne pouvais accepter ni la haine ni la soumission à une autorité proclamant des vérités successives et obligatoires. En revanche, ma liberté ne s'est jamais trouvée entamée par ma collaboration avec les mouvements et les institutions catholiques.

Le choix n'a entraîné aucune exclusive. Le contact et la coopération ont été incessants avec des groupements et des associations nullement « confessionnels ». Avec une constante admiration pour les femmes et les hommes qui s'activaient pour autrui. En 1985, le Centre national du volontariat me demanda d'écrire l'article d'ouverture de ses nouveaux Cahiers. Je l'intitulai « Le volontariat justifié » :

> ... Les multiples associations de volontaires forment un ensemble assez nombreux, mais n'en constituent pas moins une minorité silencieuse (parce que peu médiatisée). Mais comme leur silence est donc radicalement différent de celui de la fameuse « majorité silencieuse », dont le silence vient trop souvent de ce qu'elle n'a rien à dire, de ce qu'elle est composée de gens engagés dans aucune action !

Je ne sais combien d'étudiants du GENEPI (Groupement étudiant national d'enseignement aux personnes incarcérées) feront partie plus tard de l'ANVP (Association nationale des visiteurs de prison), mais je sais qu'à Sciences-Po j'ai encouragé les adhésions au GENEPI et que j'aimerais voir se multiplier les lecteurs de *Jéricho*, le bulletin de l'ANVP. Ils y verraient que le souci concret des détenus individuels (accès aux soins médicaux, maintien des liens familiaux, préparation à la sortie) va de pair avec les propositions de réorganisation de l'univers carcéral, à partir du constat que « les pauvres entrent plus facilement en prison et sortent plus difficilement, après avoir vécu une détention plus rigoureuse ».

La double préoccupation correspond au double impératif dont les Compagnons d'Emmaüs de l'abbé Pierre avaient fait leur devise dès le début des années cinquante :

> Devant toute humaine souffrance, selon que tu le peux, emploie-toi non seulement à la soulager sans retard, mais encore

à détruire ses causes. Emploie-toi non seulement à détruire ses causes, mais à la soulager sans retard.

En d'autres termes, l'aide individuelle dans l'oubli des structures qui ont contribué à rendre l'aide nécessaire provoque les situations collectives durables. Les purs politiques qui visent à la transformation des structures risquent d'oublier les besoins individuels auxquels il pourrait déjà être partiellement porté remède. Le « faire la charité » du XIXe siècle et le refus de tant de révolutionnaires du XXe de porter assistance pour ne pas consolider le capitalisme sont ainsi à mettre sur le même plan.

Dans ce sens, je considère comme exemplaire l'effort du GISTI. Le Groupe d'information et de soutien aux travailleurs immigrés est né en 1972, mais son action est devenue particulièrement efficace depuis la fin des années quatre-vingt. La préoccupation centrale est la défense de l'État de droit : publication et analyse de textes, en particulier ceux qui ne sont pas rendus publics par l'administration ; appui de recours individuels devant les tribunaux ; recours au Conseil d'État contre des circulaires et des décrets illégaux ; fonctionnement d'un service de consultations juridiques. Il en est résulté une véritable « jurisprudence GISTI » de la justice administrative, en grande partie parce que notre présidente, Danièle Loschak, professeur de droit public, est particulièrement compétente et pugnace.

Les difficultés des associations de volontaires ne sont pas seulement matérielles et financières. Il existe aussi des risques d'un tout autre ordre. Le moins important est celui de faire tort à ceux que leur métier place en permanence sur le même terrain. En septembre 1980, j'ai écrit, pour *La Croix*, un compte rendu du livre de Bernard Kouchner, *L'Île de lumière*. Il y narrait l'action menée par et sur le bateau qui avait courageusement recueilli deux mille *boat people* au large des côtes du Vietnam. Ma présentation était admirative, mais j'émettais une réserve : Kouchner critiquait assez systématiquement les hommes et les femmes de la Croix-Rouge, en oubliant que ceux-ci étaient pleinement engagés au service d'autrui. J'y disais que j'avais déjà exprimé une réserve analogue dans la postface donnée au livre de Francine de La Gorce, collaboratrice du père Joseph à Aide à toute détresse, *La Gaffe de Dieu : Pierrelaye*. Sa façon de parler des assistantes sociales m'avait paru injuste. Encore Francine, elle, s'était-elle installée complètement parmi ceux qu'elle aidait et ne partageait pas sa vie entre l'action désintéressée et le parisianisme.

Aujourd'hui, l'association Médecins sans frontières est confrontée à un problème beaucoup plus grave. Il domine la réflexion du Conseil scientifique dont je fais partie. Comment aider sur le terrain sans légitimer par l'assistance l'action criminelle de régimes qui souvent ont rendu cette assistance nécessaire et en tirent avantage, ou sans jouer le rôle de substitut, d'excuse aux défaillances de l'action gouvernementale occidentale? Du Soudan à la Bosnie, l'interrogation est devenue lancinante.

Par comparaison, le danger intellectuel couru par les membres d'associations d'un autre type paraît faible. Il est pourtant réel. Les médecins de MSF, les intervenants de l'Action internationale contre la faim vont sur le terrain. Il n'en est pas de même pour la plupart des membres d'Amnesty International. En parlant pour une réunion européenne de délégués d'AI, j'ai plaidé pour l'engagement politique et ses choix difficiles. Chercher à faire cesser tortures et emprisonnements constitue un engagement si immédiatement justifié qu'on risque de se contenter du confort moral ainsi créé, et d'oublier de comprendre et de combattre les structures politiques qui ont entraîné les souffrances dénoncées – chez soi comme dans d'autres pays.

En France, on ne se demande guère qui, dans les associations sans étiquette confessionnelle, est chrétien ou non, croyant ou non. L'esprit de laïcité est solidement implanté, ce qui n'est nullement le cas dans l'Allemagne voisine. Je m'en suis aperçu dès 1949, en parlant à une rencontre entre jésuites allemands et jésuites français. J'avais dit que toute conviction, toute certitude de vérité entraînait la tentation de l'intolérance. Un participant allemand dit qu'il ne voyait pas le problème. Je lui demandai:

« Supposons que vous soyez répartiteur de papier dans une administration (la pénurie régnait encore). En donnez-vous pour l'impression des œuvres de Jean-Paul Sartre?

— Bien sûr que non!

— Mais alors, vous êtes intolérant.

— Une mère qui voit son enfant jouer sur le rebord de la fenêtre et le laisse continuer, est-elle tolérante ou imprudente? »

Les participants français avaient une attitude commune : le répartiteur exerce une fonction publique dans l'État laïque ; la question ne se posait donc même pas. L'attitude allemande a changé depuis lors, mais n'a pas disparu. En 1964, le parti libéral adopta un document sur la séparation entre Églises et État qu'il dut rengainer devant les protestations. J'en traduisis l'essentiel et montrai les passages à un évêque en Bretagne. Il lut et dit : « Et alors ? C'est ce que nous disons tous les jours ! »

Depuis 1995, l'Église catholique et l'Église protestante combattent une nouvelle loi scolaire du Land de Brandebourg. Elle introduit la matière « Éthique et connaissance des religions », mais écarte l'enseignement religieux obligatoire donné sous le contrôle des autorités ecclésiastiques.

En France, la laïcité comme pluralisme tolérant a, malgré bien des crises, fait d'énormes progrès. D'un côté, l'Église catholique a changé. De l'autre, le nombre de « Monsieur Homais », d'anticléricaux épais et agressifs, a fortement diminué. Certes, il reste des conflits et des dérapages. À mes yeux, ce n'est pas le voyage du pape en 1996 qui a constitué un tel dérapage, mais, l'année précédente, la messe à Notre-Dame de Paris pour François Mitterrand. Mon sens de la laïcité a été choqué, comme il l'avait été après la mort du général de Gaulle, puis après celle de Georges Pompidou. La République laïque ne dispose-t-elle pas d'un autre lieu pour rendre un dernier et solennel hommage à ses présidents défunts ? Qu'il y ait une messe et qu'elle constitue la seule cérémonie engageant l'État sont deux choses fort différentes. Qu'eût-on fait si le protestant Gaston Defferre était mort comme président ? Ou Daniel Mayer ?

Peut-être suis-je trop marqué par ma fréquentation de gens religieux, au point qu'un jour des amis jésuites m'ont adressé trois lettres anonymes, l'une au RP A.G. à *La Croix*, la deuxième au pasteur A.G. à *Réforme*, la troisième au rabbin A.G. à la revue juive *Évidences.* Mais j'ai considéré comme une réussite de l'esprit français d'aujourd'hui deux soirées sur la Bible auxquelles j'ai participé en 1990 et 1993 à Saint-Germain-en-Laye et à Plaisir, près de Versailles. Chaque fois, un millier de personnes étaient venues pour un entretien entre un prêtre, un rabbin, un pasteur, un orthodoxe et un incroyant. À Plaisir, les participants s'étaient réunis brièvement pour préparer la discussion. Le grand rabbin dit qu'il aimerait lire un texte biblique qu'il avait apporté. L'évêque de Versailles se montra surpris parce qu'il s'était muni du même – que je tirai également de ma serviette. Il s'agissait du « jeûne agréable à Dieu » tel que le prophète Isaïe le présente.

> Est-ce là le jeûne qui me plaît, le jour où l'homme se mortifie ? [...] Se faire une couche de sac et de cendre, est-ce là ce que tu appelles un jeûne, un jour agréable à Yahvé ?
>
> N'est-ce pas plutôt ceci, le jeûne que je préfère : défaire les chaînes injustes, délier les liens du joug, renvoyer libres les opprimés [...] partager le pain avec l'affamé, héberger chez toi les pauvres sans abri ?

Nous sommes convenus que c'était au grand rabbin de lire le passage, puisque sa religion était nettement la plus ritualiste, donc la plus concernée !

Ma présence en milieu protestant français a commencé avec mon entrée aux Éclaireurs unionistes en 1934. C'est au temple réformé de Saint-Germain-en-Laye que j'ai appris à connaître un peu croyances et pratiques. Après la guerre, la collaboration à *Réforme* a entraîné un dialogue constant avec le pasteur Finet. Mais je n'ai été que spectateur admiratif de l'action du Comité inter-mouvements auprès des évacués, créé en octobre 1939, bientôt connu par son seul sigle : la CIMADE. L'organisation n'a jamais cessé d'être courageusement dérangeante par la nature de ses engagements. Des équipes de la CIMADE ont vécu, en 1940, dans des camps comme Gurs et Rivesaltes pour aider les réfugiés espagnols et allemands antinazis, juifs ou non, qui s'y trouvaient. Puis elle a créé des refuges et des filières d'évasion pour juifs pourchassés. En 1956, la CIMADE était présente dans les centres de regroupement créés par les autorités françaises en Algérie. En 1996, elle a obtenu d'avoir accès aux centres de rétention ouverts par notre administration, tout en demeurant présente en Algérie, malgré les risques d'assassinat. Lors de la mort de Madeleine Barot, à la fin de 1995, j'aurais souhaité des hommages publics plus nombreux et plus forts à celle qui a donné son essor à la CIMADE et en était demeurée vice-présidente, alors qu'elle avait rejoint le Conseil œcuménique des Églises à Genève.

Mon dialogue avec le protestantisme est passé davantage par le débat intellectuel et moral. En mai 1994, à Vienne, j'ai parlé à l'ouverture du congrès de la soixantaine d'Églises protestantes européennes ayant accepté le texte d'apaisement théologique dit « Concorde de Leuenberg ». Parlant de « Politique et éthique dans et pour l'Europe d'aujourd'hui », je suis revenu sur ma critique du Conseil œcuménique avant la chute de l'Empire soviétique. En adoptant comme devise « Paix, justice, protection de la Création », le Conseil avait négligé la liberté à préserver et surtout à obtenir. Je me suis aussi fait le défenseur de l'Église catholique sur trois points. Peu de textes des Églises protestantes contiennent des analyses et des engagements aussi forts en matière sociale que le document décisif de Vatican II, *Gaudium et spes*, et que les encycliques de Jean XXIII, de Paul VI et surtout de Jean-Paul II, avec *Laborem exercens, Sollicitudo rei socialis* et *Centesimus annus.* La recherche exégétique catholique, acceptée et encouragée par un document surprenant d'ouverture et de compréhension, à savoir, en 1993, le texte *L'Interprétation de la Bible dans l'Église* de la Commission biblique pontificale, est sans doute plus intense aujourd'hui que la protestante. Enfin, du côté protestant, on n'est peut-être pas assez attentif aux progrès de Rome dans son attitude face aux protestants. Qui eût imaginé, voilà peu de décennies encore, que le gros *Catéchisme de l'Église catholique*, rédigé à la demande de Jean-Paul II, dirait avec noblesse : « La pastorale commune des mariages mixtes doit encourager l'épanouissement de ce qui leur [les époux] est commun dans la foi et le respect de ce qui les sépare » ?

***

Présenter à des théologiens protestants les aspects positifs de l'Église catholique était dans la ligne de ma pratique habituelle. Mais, d'une façon plus générale, je me suis fait depuis longtemps explicateur bienveillant du catholicisme au-dehors de celui-ci. Au point qu'un jour un évêque, devant lequel un prêtre ami exprimait l'espoir de ma prochaine conversion, l'interrompit dans un sourire : « Surtout pas ! Il nous est beaucoup plus utile comme cela. » Il est vrai que, sans crainte d'être « séduit » parce que tranquille dans mon athéisme, sans les souffrances ou les rancœurs de tant d'anciens fidèles en situation de rupture, ou de tant de croyants mal à l'aise dans leur Église, je suis en meilleure situation pour décrire et expliquer sans apologie ni acrimonie. En novembre 1971, lors d'un synode des évêques à Rome, *Le Monde* a accueilli en haut de la une un article-bilan intitulé « L'apprentissage des incertitudes », fort différent de ton des envois de son chroniqueur religieux, plus personnellement engagé et plus malveillant. J'essayais de montrer comment l'Église connaissait à la fois un effondrement et un renouveau. Un quart de siècle plus tard, la réalité contradictoire est toujours la même.

L'entrée dans le monde catholique s'est faite très tôt, grâce au travail de formation politique et internationale effectué par l'ACJF. L'Association catholique de la jeunesse française était née avant la guerre et ses composantes n'étaient pas non plus nouvelles : la Jeunesse ouvrière s'était constituée en organisation en 1926, la Jeunesse agricole en 1929. Mais, à partir de 1949, sur la base d'un rapport de René Rémond, dirigeant de la Jeunesse étudiante chrétienne, l'ACJF est devenue un ensemble structuré, « non plus cinq mouvements fédérés sous une même étiquette [...], mais un mouvement à branches multiples franchement spécialisées ». Chaque mouvement mettait en pratique la formule « voir, juger, agir ». Le renouvellement de l'agriculture française a été porté par la JAC. Dans le Sud-Ouest, grande fut la surprise des notables de voir des « cathos » déborder sur la gauche le radicalisme rural et proposer des changements de structure là où la gauche traditionnelle se préoccupait surtout de garanties de prix. Le Centre national des jeunes agriculteurs fut une création jaciste.

Pendant quelques années, la JOC a pratiqué une coopération sérieuse inter-mouvements, surmontant un ouvriérisme autoségrégateur, surtout pendant les années où le président de l'ACJF était un jociste. Le cas de Roger Lavialle était caractéristique du rôle positif de mouvements d'action catholique. Nous nous sommes « découverts » en 1951 à une réunion internationale à laquelle il représentait l'ACJF et moi l'Unesco. En séance et hors séance, notre entente fut si parfaite qu'une profonde amitié en est née. Il était de Clermont-Ferrand. Son père, ouvrier chez Michelin, est mort prématurément, comme tant de ses camarades de travail, des suites des émanations de caoutchouc. Roger a fréquenté l'école primaire Michelin. Sa vraie formation a été assurée par la JOC. S'il a pu devenir un grand gérant et créateur d'entreprises de presse, à la Bonne Presse d'abord, à *Ouest-France* ensuite, s'il a su susciter des publications adaptées aux besoins des adolescents ou des personnes âgées (qui aurait dit au départ que le mensuel *Notre temps* dépasserait le million d'exemplaires par numéro ?), le mérite n'en revient à aucun lycée, à aucune faculté ou grande école.

La JEC n'a pas peu contribué au développement personnel de ses dirigeants, tels René Rémond, Jean Boissonnat, Jacques Duquesne. En 1979, Rémond a publié son livre à mon sens le plus profond, *La Règle et le Consentement,* consacré à son expérience réussie de président de l'université de Nanterre au lendemain de la tourmente. Je lui fis remarquer une omission dans son analyse. Il expliquait comment l'un des moyens les plus efficaces pour sortir l'institution de la crise avait été le travail d'équipe qu'il avait su organiser à la présidence. Or, ce genre de travail, c'est à la JEC et à l'ACJF qu'il l'avait appris et non à Normale sup'ou à l'Université, où régnait l'individualisme.

En 1956, une crise grave mit fin à l'ACJF. La démission de ses dirigeants entraîna la disparition de la structure. Peut-être la crise eût-elle été moins brutale si le président avait été un jociste et non pas le jaciste André Vial, pourtant particulièrement placide et solide : la tension entre la JOC et les autres mouvements fut l'une des causes de l'éclatement. Mais la principale a été la pression des évêques s'exprimant par la bouche de l'archevêque de Cambrai, président de la Commission épiscopale du monde ouvrier.

Il s'agissait de la notion très complexe de mandat. Jusqu'à quel point les mouvements d'action catholique, mandatés par l'Église, devaient-ils être soumis à l'Église ? Jusqu'à quel point ce mandat correspondait-il à une mission d'évangélisation, de conversion, plutôt qu'à une incitation à porter témoignage dans l'action commune avec des gens d'autres appartenances religieuses et avec des incroyants ? Les évêques ignoraient qu'il est à peu près impossible de reconstituer une structure institutionnelle détruite. Plus tard, ils allaient regretter la disparition de l'ACJF, en particulier quand la JOC a connu une radicalisation « classe contre classe », quand la JAC, en 1965, est devenue le plus idéologique Mouvement rural de la jeunesse chrétienne et quand, en 1968, la JEC a été saisie par le vent de la contestation globale.

En octobre 1965, sous le titre « Crise de l'action catholique », j'ai longuement expliqué la situation dans *Réforme*, à la demande du pasteur Finet. J'y relevais un aspect particulier de la crise :

Ce qui distinguait l'ACJF des mouvements de jeunesse catholique de la plupart des autres pays, c'était l'absence de paternalisme de la part des aumôniers et l'indépendance des dirigeants à l'égard de la hiérarchie. Des prêtres comme les RR PP Varillon et Aunet, tous les deux jésuites, ont su admirablement jouer le rôle de conseillers spirituels n'entravant en rien la liberté de décision des responsables.

À des titres divers, François Varillon a joué un rôle important dans la vie des dirigeants de l'ACJF et dans la mienne, au point qu'en 1981 mon livre *Le Sel de la terre* portait en exergue « À la mémoire de Roger Martin du Gard, Jean Schlumberger, François Varillon ». Dans les années soixante et soixante-dix, quand il « montait » pour un week-end de Lyon à Paris, il dînait le samedi chez les Rémond, déjeunait chez nous le dimanche et dînait chez les Duquesne. Le dimanche matin, il parlait le plus souvent à un groupe catholique patronal. Je lui reprochais chaque fois de ne pas avoir exigé une rémunération convenable. Son vœu de pauvreté, il lui fut fidèle jusqu'à l'épuisement : que de nuits de train assis sur des banquettes de seconde classe pour ramener d'une conférence un maigre paiement destiné à la réfection du toit de la « jésuitière » du Châtelard ! C'est cette pauvreté de l'Église de France qu'évêques et prêtres allemands ont du mal à comprendre, eux qui bénéficient de l'« impôt d'Église ».

François Varillon a formé théologiquement, spirituellement, moralement nombre de militants d'action catholique. Il continue à influencer le catholicisme français par ses ouvrages au succès étonnamment durable. Dans mon compte rendu pour *L'Express* de son livre d'entretiens *Beauté du monde et souffrance des hommes*, paru en 1980, après sa mort, je rappelai son action dans la Résistance, sa constante admiration pour Mendès France, sa passion pour Fénelon, Claudel, Wagner. Mais l'essentiel était la juxtaposition, ou plutôt l'interpénétration de la spiritualité sans cesse réalimentée par les *Exercices spirituels* de saint Ignace de Loyola, et l'appel constant aux ressources de la raison. « Je suis amoureux de la cohérence » et « nul n'est dispensé d'être intelligent », écrivait-il, puisque la raison s'éduque au moins autant que le corps.

Ma fréquentation des jésuites m'a révélé combien, contrairement à leur image, ils étaient différents les uns des autres. Il en a été de même pour ma fréquentation des dominicains, commencée par une conférence à leur maison du Saulchoir, à une époque où ils étaient tous en soutane blanche, continuée depuis quelques années par la fréquentation de la communauté du Val Martel, dans les Côtes-d'Armor. Mais le principal contact s'est établi au moment où un dominicain et homme d'exception, le père Liégé, s'occupait des Scouts de France. Nous étions tous deux amis d'un polytechnicien scout immobilisé dans un poumon d'acier – où il allait finalement mourir. Nous n'allions pas auprès de lui pour le réconforter : c'est lui qui remontait le moral de ses visiteurs. Plus tard, je faisais observer à mes interlocuteurs et lecteurs croyants que Roger Lazard était évidemment rasséréné dans sa souffrance par sa foi, mais que j'avais eu également la chance de bénéficier de la gaieté et de l'appétit intellectuel d'un handicapé athée, atteint dans l'enfance d'une maladie terrible qui l'avait laissé aveugle et entièrement paralysé, incapable de se redresser, fût-ce pour être assis, seules les extrémités des doigts pouvant lire le braille et appuyer sur les touches téléphoniques.

Les militants et dirigeants de l'ACJF avaient la faiblesse de ne pas considérer le scoutisme à sa juste valeur. Qu'il s'agisse du scoutisme féminin ou masculin, le développement, avec bien des soubresauts et des conflits, a connu la continuité par une prise de conscience croissante de la réalité sociale et un engagement accentué dans cette réalité. L'image, assez méprisante, est restée celle de bons garçons et de gentilles filles faisant leurs BA, leurs bonnes actions.

Les camps d'été organisés pour jeunes de huit à dix-sept ans des quartiers défavorisés et de milieu difficile constituent-ils simplement une BA ? Lancés en 1992, les vacances-solidarité ont abouti en 1995 à dix-sept camps répartis à travers la France. La création de troupes dans les villes et banlieues à problèmes, le soutien, depuis 1991, à l'émergence des Scouts musulmans de France : on est vraiment loin de la vision dépréciative du scoutisme ! Je l'écris en pensant à 1968, où il était difficile de recruter, parmi les étudiants révolutionnaires « en lutte contre la société radicalement injuste », des volontaires pour assurer l'alphabétisation d'ouvriers nord-africains dans une cité d'urgence située tout près de Nanterre.

Mes engagements « catholiques » ont été variés. René Rémond, président du Centre catholique des intellectuels français, m'a fait participer à ses activités. Deux soirées que j'ai présidées m'ont laissé un souvenir particulier, l'une parce qu'elle fut ridicule, l'autre parce qu'elle fut émouvante. En 1966, ma compétence pour diriger un débat sur « La révolution sexuelle est-elle une libération ? » n'était pas évidente. Celle du public encore moins ; que de religieuses et de jeunes gens boutonneux ! Je pensais à Giraudoux : dans *La guerre de Troie n'aura pas lieu*, il note que ceux qui parlent le plus de la guerre ou de l'amour ne sont pas ceux qui font la guerre, qui font l'amour.

Je demandai insidieusement au participant jésuite, grand apologiste de la psychanalyse, s'il n'était pas gêné d'être prêtre d'une religion glorifiant un vierge, fils d'une vierge. Il répondit qu'il ne voyait pas le problème. Un jeune sociologue, fort catholique lui aussi, défendit véhémentement le droit à la jouissance par la souffrance infligée et par la souffrance subie. Je lui demandai ce qu'il fallait faire si le nombre des sadiques dépassait celui des masochistes. Il répondit fort sérieusement qu'il n'y avait qu'à ouvrir des maisons.

En 1967, il y eut un débat d'un tout autre ordre. Raymond Aron et le père Fessard devaient discuter de la mort. Le religieux fut médiocre et son intervention initiale d'une grande faiblesse. Or, Aron tenait Fessard en haute estime. Au lieu de se livrer à une critique qu'il aurait, selon son habitude, rendue corrosive, il choisit de ne pas répondre. Il partit dans une sorte de confession émue sur le thème « Depuis la fin de la guerre, je suis un survivant ». Pour un soir, sa réserve habituelle, sa froide logique avaient cédé à une sensibilité en général réfrénée.

Trois étés de suite, de 1974 à 1976, j'ai assumé une journée dans des stages de formation continue pour prêtres de Bretagne. À Lesneven, dans le Finistère, il me fut ainsi permis (en Allemagne, c'eût été impossible) de participer à la formation morale du clergé. L'Église n'a pas dû en vouloir au responsable puisqu'il est devenu évêque.

La coopération avec l'enseignement catholique s'est effectuée de diverses façons. (Face aux directeurs, aux professeurs, aux parents appartenant à cet enseignement, j'ai toujours dit que je me refusais à utiliser l'expression « enseignement libre », puisque j'impliquerais ainsi l'idée que j'aurais été pendant toute ma vie d'adulte au service d'un enseignement non libre !) Il s'agissait d'aider les rénovateurs à ouvrir des fenêtres et à résister aux courants traditionnels de l'auto-ségrégation et de la frilosité hostile. Face aux incompréhensifs de l'enseignement public, particulièrement nombreux dans les syndicats, je tentais d'expliquer que leurs critiques portaient souvent sur des aspects positifs que j'aurais aimé voir repris dans les écoles, collèges et lycées de l'Éducation nationale. Ainsi la constitution d'équipes enseignantes, l'existence d'un projet pédagogique propre à l'établissement, l'adoption dans telle école primaire des méthodes du père Faure, proches de celles de Célestin Freinet et de Maria Montessori.

Au début de la crise de 1983-1984, Alain Savary, ministre de l'Éducation, avait beaucoup consulté. René Rémond et moi, nous lui avons conseillé de ne pas faire de révolution et de commencer par conserver la loi Debré de 1959 : tout en finançant les établissements privés sous contrat, elle les avait placés sous le contrôle du ministère et leur avait imposé une similitude des contenus d'enseignement qui allait si loin que bien des catholiques voyaient, non sans raison, le « caractère propre » compromis, sinon aboli. La loi Guermeur de 1977, elle, avait été votée par la majorité conservatrice pour créer des faits accomplis avant une possible victoire de la gauche l'année suivante. Elle pouvait être remise en cause. Alain Savary choisit d'effectuer une réforme plus ample. Sa négociation avec Pierre Daniel, président de l'Unapel (Union nationale des parents d'élèves de l'enseignement libre), fut confiante et marquée par un grand respect de l'interlocuteur. L'un et l'autre furent poignardés dans le dos par des puissants de leur propre camp. La gigantesque manifestation du 4 mars 1984 rassembla des tendances très diverses du catholicisme français. François Mitterrand a capitulé devant elle et accepté de sacrifier Savary, laissant à Jean-Pierre Chevènement le soin d'accepter à peu près tout ce que les vainqueurs de 1981 avaient proclamé inacceptable.

À ce rassemblement hétéroclite pour l'école privée, le cardinal Lustiger s'était pourtant exprimé avec une grande clarté, sans que pour autant ses avertissements aient été compris ou acceptés par nombre de présents avides de revanche et de retours en arrière.

> Vous n'êtes pas toute la France, mais ce soir toute la France peut se reconnaître en vous quand vous tenez le respectueux langage de la tolérance et du pluralisme […] Je m'adresse aux enseignants. Ceux de l'enseignement public comme ceux de l'ensei-

> gnement privé [...] Je pense à ceux d'entre vous qui assument la mission d'être les éducateurs des plus démunis. Souvent ces jeunes sont dans leur famille la première génération scolarisée dans notre langue. Quelle reconnaissance notre pays ne doit-il pas à ces enseignants! [...] Parents, enseignants, vous demandez la liberté et ses moyens pour l'école catholique. Devenez vous-mêmes plus chrétiens [...] Vous n'avez à chercher ni un meilleur succès ni un pouvoir culturel...

Devenu en 1994 secrétaire général de l'Enseignement catholique, Pierre Daniel s'est vu obligé de reprendre les mêmes thèmes en 1996 face aux dérapages verbaux du président de l'Unapel préconisant une «stratégie de reconquête».

> L'enseignement catholique est une composante du service public d'éducation [...] Les parents qui s'adressent à l'école catholique doivent savoir, de la manière la plus claire, qu'ils s'adressent à une école ouverte [...] Elle n'est pas une école de tri social.

Cette dernière phrase est évidemment loin de correspondre complètement à la réalité. Mais l'école publique n'assume pas non plus pleinement sa mission de service des familles déshéritées. Je ne m'en rendais pas compte avant de devenir un «allié» (c'est le langage du groupe) du mouvement lancé en 1956 par le père Joseph Wresinski, lui-même issu de la plus grande pauvreté, quand il s'est installé dans le campement de Noisy-le-Sec. J'ai beaucoup appris d'ATD-Quart-Monde (Aide à toute détresse), tout en essayant de contribuer à la formation de ses militants et à l'information sur leur action au-dehors.

De leur action et plus encore des réalités au sein desquelles ils avaient accepté de vivre, les uns pour quelques mois ou années, les autres définitivement. Dans *Au nom de quoi?* j'ai cité presque en entier le récit «La violence faite aux pauvres» de la revue d'ATD *Igloos*. Il s'agissait de l'évacuation forcée et de la destruction d'un bidonville près de Paris en janvier 1968. Par une température de – 12°, les «forces de l'ordre» rassemblent tout le monde et brûlent toutes les affaires, y compris les autos (« Elles sont volées de toute façon»), puis on sépare les couples.

> «Nous préférons dormir sur la glace que d'être séparés.» On

leur répond plus d'une fois par des injures [...] « Ferme ta gueule. T'as qu'à retourner en Algérie. » Des phénomènes, « expliqués » aujourd'hui par un afflux d'immigrés en période de chômage, existaient donc déjà au temps de la prospérité...

Je me suis peu à peu éloigné d'ATD. Le succès croissant du mouvement, le retentissement du rapport sur la pauvreté fait par le père Joseph au nom du Conseil économique et social, les soutiens – pas toujours sincères ni efficaces – accordés à la Journée mondiale annuelle du 17 octobre rendent les coopérations d'individuels extérieurs moins utiles. De plus, à une divergence déjà ancienne s'en est ajoutée une autre, à mes yeux plus sérieuse. Le père Joseph soulignait à juste titre l'importance de la famille. Elle constituait le point d'accrochage de la dignité personnelle, le point d'ancrage des actions de soutien. Mais fallait-il pour autant rejeter à ce point la voie individuelle pour tel ou tel enfant végétant ou même déclinant entre un père et une mère antagonistes et en situation de déchéance physique et intellectuelle ?

Dans mes discussions avec lui et avec certains de ses volontaires, je rappelai la terrible nouvelle de Maupassant « Aux champs ». Un couple bourgeois sans enfant voit une famille paysanne pauvre lui refuser un bébé, puis une autre lui cède le sien contre une rente mensuelle. Au bout de vingt ans, un beau jeune homme éduqué et prospère vient rendre visite aux siens. Le garçon qui n'a pas été « vendu » s'enfuit du village en maudissant ses parents. Je racontai aussi l'histoire vraie apprise au début des années cinquante, lors d'une visite à un centre de liberté semi-surveillée à Reims où j'accompagnais le juge Chazal, dans la suite modèle pour tous les juges des enfants. Un gamin avait volé. Il avait été placé au centre, grâce à quoi il a pu devenir instituteur, alors que son frère, qui n'avait pas volé, a dû se contenter d'être ouvrier agricole.

L'autre objection porte sur l'une des visées proclamées et, à mon avis, jamais vraiment traduites dans les faits. Comme les bourgeois associés au mouvement ouvrier au XIXe et au XXe siècle, de Marx à Blum en passant par Jaurès, les dirigeants et les volontaires d'ATD ont voulu permettre à des hommes et des femmes privés de parole de la prendre et de se rendre maîtres de leur destin collectif. La tâche était d'autant plus difficile que les plus pauvres ne votent et ne consomment guère ; ils ne sont donc intéressants ni pour les politiques, ni pour les annonceurs, ni pour les sondeurs. Mais n'eût-il pas fallu qu'au sein même du mouvement les dirigeants-animateurs venus du dehors cèdent peu à peu la place à des gens issus du milieu dans lequel ils s'étaient eux-mêmes implantés avec tant de générosité ?

Dès les années cinquante, je me suis senti concerné par les conflits internes du catholicisme français et par les rapports parfois difficiles qu'il entretenait avec Rome. La sanction frappant les prêtres-ouvriers en 1954 était liée pour moi à un souvenir et à un vécu proche. À Marseille, en 1944, j'avais eu la chance de rencontrer, à la maison des dominicains qui jouxtait l'école Saint-Joseph, le père Jacques Loew, qui travailla comme docker parmi les dockers. Et l'une des plus belles cérémonies religieuses auxquelles j'ai assisté a été, dans une cuisine de Montreuil, le mariage de Gaby et Jacques Mamet, célébré par André Depierre, prêtre-ouvrier sanctionné peu après. Gabriele était ma lointaine cousine ; elle a toujours fait mon admiration. Elle avait connu son futur mari dans les mines de charbon du Borinage, où elle était infirmière. Lui était un étudiant belge devenu travailleur social. Ils ont ensuite vécu dans un village pour enfants à Vercheny, dans la Drôme, créé pour recevoir précisément des enfants de Montreuil.

L'un des sermons qui m'a laissé une impression profonde fut celui prononcé par le père Depierre à une messe anniversaire de la mort d'Emmanuel Mounier, au lendemain de la condamnation romaine. Son thème était l'obéissance. La première génération de prêtres-ouvriers était venue partager durablement la vie du monde prolétaire, moins pour convertir que pour excuser l'Église d'une si longue absence. Sur le moment, mais surtout plus tard, il y eut bien des dérives, parfois dues à un manque de connaissances préalables sur l'économie et la société. Dans telle émission d'un réalisateur communiste, on a pu entendre deux prêtres-ouvriers décerner à tout militant de la CGT un brevet de sainteté. L'un expliquait qu'il avait quitté ses paroissiens du village où il était vicaire : « Ils n'avaient rien à me dire et je n'avais rien à leur dire. » La seconde partie de la phrase m'a laissé perplexe.

Je me suis réjoui de voir les grands théologiens sanctionnés par Pie XII appelés par Jean XXIII à jouer un grand rôle au concile. Sous Jean-Paul II, j'ai pu constater que Rome ne frappait pas avec la même force tous les déviants. Pourtant, que de torrents de haine chez les plus conservateurs contre le « pape œcuméniste » ! Sur un tract des « lefebvriens », un côté montrait le pape refusant de recevoir Jésus à Assise, au Congrès international des religions en 1986 ; sur l'autre, le Christ barrait l'entrée du Paradis à Jean-Paul II en l'envoyant vers le Diable qui lui ouvrait les bras. Mais, au nom de la nécessité de ramener au bercail le plus possible de brebis égarées par Mgr Lefebvre, il y eut bien des acceptations, des nominations, des autorisations difficiles à admettre pour les religieux et les laïques œuvrant, eux, dans l'esprit du concile.

J'ai compati avec les théologiens découvrant dans la seconde partie de l'encyclique *Veritatis splendor* que la définition de l'infaillibilité pontificale était plus large en 1993 que lors de la proclamation du dogme plus d'un siècle auparavant. Plus encore avec l'équipe de médecins et de biologistes de l'Institut catholique de Lille. Ils avaient travaillé pour que des couples apparemment stériles puissent avoir des enfants grâce à l'insémination artificielle avec le sperme de l'époux. Ils ont été arrêtés au nom d'une vision étroite de la venue à la vie. Je plains toujours les prêtres chargés d'expliquer qu'il n'existe pas de contradiction entre l'interdit de l'avortement et celui de la contraception.

Dans le registre souriant, je disais que, si Rome était logique, elle devrait imposer la méthode Ogino à l'envers. « Vous n'avez le droit que pendant les jours féconds ! Le reste du temps, c'est déjà du gâchis illicite ! » Dans le registre grave, je reconnais que mon admiration pour Mère Teresa est limitée. J'ai vu les bébés voués à la mort dans les rues de Calcutta. C'était en 1958, où la situation était moins tragique pourtant que pendant les décennies suivantes. Or, Mère Teresa, admirable de présence et de dévouement tonique, n'en appelle pas moins au refus de la contraception.

Depuis 1995, comment ne pas être choqué par le double langage de l'encyclique *Evangelium vitae* ? L'avortement est absolument mauvais, tandis que la peine de mort, elle, peut être justifiée dans certaines circonstances ! Une horrible comparaison, faite hélas maintes fois par des évêques allemands, n'a été esquissée par le pape que dans un discours à Radom, en Pologne : le crime et les ravages de l'avortement seraient du même ordre qu'Auschwitz. Il est vrai que je n'ai pas été moins choqué en 1995 lorsque j'ai lu qu'un grand rabbin israélien voulait voir refuser à Jean-Marie Lustiger – dont la mère est morte à Auschwitz – l'accès au mémorial de la Shoah puisque la conversion au christianisme conduirait, « au même titre que l'extermination physique, à la solution finale de la question juive ».

En 1974, Simone Veil a failli s'effondrer en larmes lorsqu'un député centriste, pendant le débat sur la loi autorisant, sous certaines conditions, l'interruption volontaire de grossesse, l'a précisément accusée d'imiter Hitler. Je regrette que ce débat, par ailleurs d'une très haute tenue, n'ait pas été publié ailleurs qu'au *Journal officiel*. En particulier pour que soient mieux connues les deux interventions extraordinaires de compréhension et de noblesse faites par deux députés catholiques convaincus, Eugène Claudius-Petit et Hélène Missoffe.

Celle-ci a évoqué les huit enfants que son mari et elle avaient souhaités et avaient eu la joie de voir naître, pour mieux dire qu'elle ne se sentait pas en droit d'imposer sa vision à d'autres femmes vivant dans d'autres conditions et animées par d'autres aspirations. Sur un point, l'un et l'autre ont repris le thème développé par tous les députés-médecins, quelle que fût leur appartenance partisane : au moins la loi sauverait-elle de la mort nombre de filles et de femmes pauvres n'ayant pas accès aux cliniques suisses.

Pour ma part, j'évoque souvent en Allemagne le cas d'une vieille amie normande qui a consacré sa vie aux autres. Elle a fait fonctionner, voilà longtemps déjà, une œuvre contre l'avortement. Il ne s'agissait pas de prononcer des condamnations et de faire respecter des interdits, mais de pouvoir dire : « Si votre désir de ne pas garder l'enfant est dû à des problèmes matériels, sachez que nous pouvons vous fournir une aide à domicile pendant des mois ou même des années, ou encore vous trouver une crèche ou un emploi compatible avec la maternité. »

Ne faut-il pas, en même temps, s'en prendre aux médias pour lesquels seul ce qui touche à la sexualité constitue un sujet d'intérêt quand ils veulent parler de l'Église ? Dans les années du sida, le préservatif est, si j'ose dire, au cœur de toute interview. Un soir, à la télévision, le père Jean-Michel di Falco, porte-parole de l'épiscopat, était interrogé sur ce problème évidemment bien plus fondamental que l'injustice sociale, l'immigration ou la pauvreté. Sa réponse, brève et claire, me sembla pleinement satisfaisante. « L'Église, dit-il en substance, n'est ni pour le meurtre ni pour le suicide. Elle considère cependant qu'il existe des états humains supérieurs à d'autres. La fidélité dans le couple est l'un de ces états. Mais si l'on ne peut la vivre, il ne faut risquer ni d'être suicidaire ni d'être meurtrier. »

Il est aussi de bon ton, dans nombre d'émissions, de tourner l'Église en dérision, de faire comme si la vie sexuelle était sa seule préoccupation et comme si elle devait être, elle seule, ridiculisée à ce sujet. En février 1996, *Le Monde* donnait une « brève » :

> JUDAÏSME : Joseph Sitruk, grand rabbin de France, rappelle dans une interview [...] que la *halakha* (loi juive) ne tolère pas les rapports en dehors du mariage ni avec des partenaires multiples et qu'elle interdit l'usage du préservatif. Toutefois, en cas de risque de transmission d'une maladie, il estime que s'impose la consultation d'une autorité rabbinique.

Quel tollé si un cardinal français ou si le pape avait fait une telle déclaration ! Est-il vraiment impossible, en France, de traiter toutes les religions avec le même respect, fût-ce en les critiquant durement ? Je sais bien tous les avantages dont les autorités font encore profiter l'Église catholique. Mais j'ai trouvé plein de sens le panneau fixé à l'entrée d'une petite église de la Sarthe :

> La communauté chrétienne de la paroisse de Malicorne est heureuse de vous accueillir ici aujourd'hui. Elle vous demande de vous souvenir que, comme les synagogues et les mosquées, nos églises sont des lieux sacrés.

***

Rien de ma coopération avec des groupes catholiques n'eût été possible si l'Église catholique – en France sans doute plus qu'ailleurs – n'avait pas vécu un double changement : elle a acquis une nouvelle mémoire et elle a présenté autrement la morale chrétienne.

Il a fallu longtemps. En 1946 encore, une lettre pastorale du cardinal Faulhaber déplorait bien le gazage des juifs à Auschwitz, mais s'étonnait de ce qu'on ait même gazé ceux qui étaient devenus chrétiens. La même année, ce ne furent pas les évêques, ce fut Jules Isaac, apôtre du dialogue judéo-chrétien, qui dut batailler pour obtenir la modification du livre à succès de l'auteur catholique à succès Daniel Rops, *Jésus en son temps.* « Le cri de détresse mille fois répété » des juifs à travers les siècles y était toujours couvert « par le cri de meurtre poussé au prétoire de Pilate ». Encore en 1980, à un débat intitulé « Vivre avec la faute des pères » organisé au *Katholikentag* de Berlin, j'ai provoqué l'indignation des évêques participants en rappelant que, parmi les « pères », il y avait eu la majorité de l'épiscopat allemand.

Mais l'attitude s'est modifiée. *La Croix* a tenu à faire la lumière sur son horrible passé antisémite du temps de l'affaire Dreyfus et mis ses archives à la disposition de Pierre Sorlin pour qu'il puisse écrire son livre, *« La Croix » et les juifs*, paru en 1967. En 1984, à l'université de Tours, une thèse, *« La Croix » et l'Allemagne (1930-1940)*, recevait la meilleure mention. Elle révélait bien des faiblesses, alors qu'on n'avait en mémoire que sa fermeté.

Parmi les auditeurs attentifs de la soutenance, je reconnus, de la table du jury, le provincial des assomptionnistes, la congrégation propriétaire du journal. Je lui demandai ensuite s'il ne regrettait pas la parution prochaine de la thèse. Il me répondit qu'on ne pouvait pas à la fois se réclamer de la vérité et ne pas regarder en face les vérités déplaisantes concernant les siens. Deux années plus tard, le cardinal Decourtray répondait à Anne Sinclair dans l'émission *Questions à domicile.* Interrogé pour savoir si lui, qui combattait si vaillamment le racisme antiarabe, considérait l'antisémitisme comme un racisme à part, il répondit en substance :

> Bien sûr, puisque je suis chrétien. Comme chrétien, je suis fils d'Abraham. Je crois que Dieu s'est fait homme en un juif. Et je suis conscient de ce que les camps d'extermination ont été installés en terre chrétienne et que la plupart des bourreaux avaient été baptisés chrétiens.

L'Église a surtout réaffirmé avec éclat ses sources juives. On peut espérer que, dans quelques décennies, tous les catholiques auront découvert et admis que « Tu aimeras ton prochain comme toi-même » est un commandement exprimé dans le chapitre 19 du *Lévitique.* Un point extrême de l'étude des sources a été atteint dans le petit livre de Lucien Deiss, prêtre de la congrégation du Saint-Esprit, professeur de théologie et d'Écriture sainte. Intitulé *La Messe. Sa célébration expliquée*, publié en 1989, il montre, entre autres, que le sacrifice de l'Alliance, dans le Livre de l'Exode, a exactement la structure de la messe d'aujourd'hui, que la prière de l'offertoire « s'inspire directement de la bénédiction juive que le père de famille prononçait au début du repas » et que, chez Jésus, « sa Prière eucharistique, qui est le cœur de sa prière, plonge ses racines dans la tradition d'Israël ».

Qu'il s'agisse des massacres de musulmans effectués par les croisés, des tueries de cathares ou de la Saint-Barthélemy, la vision catholique du passé de l'Église s'est élargie, pas seulement dans les livres savants, mais aussi dans un mensuel illustré comme *Notre Histoire* ou dans les publications pour adolescents tel *Okapi*. Malheureusement, il reste, au moins chez le cardinal Lustiger et chez Jean-Paul II, une étrange déformation du passé. Les Lumières, source d'Hitler, les Lumières, source de Staline – voilà qui me heurte terriblement! L'archevêque de Paris, sans doute parce que entré dans l'Église par conversion, a tendance à sous-estimer les crimes de son histoire et à affirmer que la fureur hitlérienne a eu pour terreau le rationalisme du XVIIIe siècle. Pour ma part, je comprends mieux Voltaire écrivant dans son beau *Traité sur la tolérance*: « Je le dis avec horreur, mais avec vérité : c'est nous les chrétiens qui avons été persécuteurs, bourreaux, assassins. Et de qui ? De nos frères. »

Le 14 décembre 1991, le synode des évêques, réuni à Rome, adoptait une déclaration finale en grande partie rédigée en plus haut lieu. Elle contenait un passage que je dénonce régulièrement dans mes discours à des publics catholiques :

> L'éclatement du communisme remet en cause toutes les voies culturelles, sociales et politiques de l'humanisme européen, en tant qu'elles sont marquées par l'athéisme et non pas seulement du fait de la fin du marxisme ; cette faillite démontre dans les faits et non seulement dans les principes qu'il n'est pas permis de disjoindre la cause de Dieu de celle des hommes.

La contradiction est forte avec d'autres formules de Jean-Paul II. En novembre 1989, parlant de la Révolution à Saint-Louis-des-Français, il dit : « Voilà deux siècles, c'est en opposition au christianisme qu'a été proclamé l'idéal humaniste qui devait fonder une société renouvelée.» Et de faire l'éloge des valeurs de liberté, d'égalité, de fraternité, comme il l'avait déjà fait dans son homélie du Bourget en 1980, comme il devait le refaire lors de son voyage en France de 1996. En 1996, il a aussi parlé de la France comme d'«une société qui a beaucoup apporté pour faire reconnaître la liberté humaine et les droits de la personne».

La justice due à tous les hommes parce qu'ils sont des personnes égales, le respect de la liberté des autres, le goût de la recherche de la vérité ne sont sans doute pas des valeurs spécifiquement chrétiennes, mais elles ont été pratiquées et diffusées au nom du christianisme par des chrétiens à travers le monde et à travers les siècles. Il a fallu pourtant qu'elles soient redécouvertes ou réinventées au XVIe, au XVIIIe, au XIXe siècle et le droit de les pratiquer a dû être conquis contre les Églises, surtout contre l'Église catholique.

Mais le résultat est là. Quel prédicateur n'est pas fier de se référer à l'Épître aux Galates: «Il n'y a ni esclave ni homme libre [...] car tous vous ne faites qu'un dans le Christ Jésus»? Sait-il que, jusqu'au milieu du XIXe siècle, l'interprétation était: l'esclave peut lui aussi devenir chrétien; il n'en reste pas moins esclave? Pendant près de deux siècles, le *Code noir*, promulgué sous Louis XIV, est resté en vigueur. Il disait que les esclaves étaient des biens meubles, dont les enfants appartenaient au propriétaire. Tous les esclaves devaient cependant «être baptisés et instruits dans la religion catholique, apostolique et romaine».

C'est que nombre de passages évangéliques peuvent être interprétés dans le sens qui permettait à Karl Marx de parler de la religion comme de l'opium du peuple, c'est-à-dire comme une invite à la résignation. Le «Sermon sur la Montagne» dans l'Évangile de Luc promet le châtiment des riches et garantit la félicité aux pauvres – dans l'au-delà: pourquoi chercherait-on à sortir de la pauvreté, pourquoi se révolterait-on? La deuxième épître de Pierre affirme que le serviteur acquérant vraiment un mérite est celui qui est traité brutalement par un maître injuste. Sa résignation lui promet des félicités ultérieures.

La parabole dite du Bon Samaritain n'a reçu sa pleine signification qu'après 1945 : le prochain est le souffrant, le persécuté, même s'il n'est pas catholique, même si le persécuteur est catholique. En

1975, les évêques allemands ont enfin reconnu que la communauté ecclésiale n'avait pas défendu les juifs parce qu'elle se souciait trop de ses propres intérêts. On ne saurait dire non plus que les pieds-noirs s'affirmant catholiques aient vu dans l'archevêque d'Alger un bon interprète de la parabole. En effet, Léon-Étienne Duval s'est élevé dès décembre 1954 contre les méthodes de la répression en Algérie. Il est vrai qu'en 1996, quelques mois avant d'être assassiné, après avoir délibérément accepté le sacrifice de sa vie, Pierre Claverie, évêque d'Oran, racontait, dans une contribution aux *Nouveaux Cahiers du Sud*:

> L'émergence de l'autre, la reconnaissance de l'autre, l'ajustement à l'autre, pour moi, sont devenus des hantises. C'est vraisemblablement ce qui est à l'origine de ma vocation religieuse. Je me suis demandé pourquoi, durant toute mon enfance, étant chrétien – pas plus que d'autres –, fréquentant les églises – comme d'autres –, entendant des discours sur l'amour du prochain, jamais je n'ai entendu que l'Arabe était mon prochain.

Pour montrer comment, selon moi, l'Église a changé, je me réfère volontiers au *Messie* de Händel, splendide mise en musique d'un étonnant collage de textes bibliques. Le célèbre « Alléluia » exprime certes encore la juste jubilation du chrétien, mais le morceau qui, désormais, correspond le mieux à la visée morale et aussi théologique centrale est le long passage chanté par la mezzo-soprano, « *He was despised...* » (« Il a été méprisé... »), c'est-à-dire le Quatrième Chant du Serviteur chez le prophète Isaïe : au cœur de la religion, le Dieu qui s'est fait homme souffrant, plutôt que le Dieu à la splendeur dominatrice et quelque peu menaçante. Au siècle dernier, le *nihil obstat* et l'*imprimatur* auraient-ils été accordés pour les livres du père Varillon intitulés *La Souffrance de Dieu* et *L'Humilité de Dieu* ?

Morale d'Église et morale humaniste se sont rejointes sur des points essentiels. Laquelle des deux a rejoint l'autre ? Les sources chrétiennes – mais pas seulement chrétiennes – de la seconde sont évidentes. Il a cependant fallu bien du temps pour que l'Église devienne plus évangélique. Je sursaute donc chaque fois que je lis une affirmation comme celle du « bon pape » Jean XXIII dans *Mater et magistra*, encyclique de 1961 : « L'ordre moral ne peut s'édifier que sur Dieu ; séparé de Dieu, il se désintègre. » Je préfère la formulation d'un ami dominicain, Jean-Pierre Lintanf, aujourd'hui provincial de l'ordre à Lyon :

> La Foi en Dieu n'est pas non plus nécessaire pour fonder une morale et la morale n'appartient pas aux Églises. Affirmer, comme Dostoïevski, que « si Dieu n'existe pas, tout est permis », c'est se faire une piètre idée de l'homme, de la morale et de Dieu.

Je reconnais pourtant que la coopération du croyant avec l'incroyant présente pour le premier une difficulté qui n'est nullement réciproque. Comment considérer l'autre à partir de tant de passages évangéliques annonçant sa perte ? « Celui qui croit et sera baptisé sera sauvé ; celui qui ne croit pas sera condamné. » « Celui qui croit en lui n'est pas jugé ; qui ne croit pas est déjà jugé » : dans quelle mesure évangéliser l'ami n'est-il pas plus urgent que de lutter ensemble pour plus de justice dans la société nationale et internationale ? En 1986, la seconde lettre de la congrégation pour la Doctrine de la foi sur la « théologie de la Libération », signée par le cardinal Ratzinger, analysait avec vigueur et pertinence les situations d'injustice dans les sociétés sud-américaines. Une formule donnait l'idée du vrai désaccord : « Le péché de l'homme, c'est-à-dire sa rupture avec Dieu, est la raison radicale des tragédies qui marquent l'histoire de la liberté. » Il me paraît plus conforme à la vérité, et plus propice à l'action commune, de dire, comme Jean-Paul II l'a fait en 1988, dans une note de l'encyclique *Sollicitudo rei socialis* :

> L'Église sait et proclame que ces cas de péché social sont le fruit, l'accumulation et la concentration de nombreux péchés personnels [...] de la part de ceux qui suscitent ou favorisent l'iniquité, voire l'exploitent [...] ; de la part de ceux qui cherchent refuge dans la prétendue impossibilité de changer le monde [...]

Pour moi, ce sont les croyants qui devraient être et qui sont effectivement en difficulté. J'ai du mal à comprendre le mécanisme intellectuel qui les enferme dans un cercle logique : l'Écriture est vraie parce que la Vérité s'y exprime ; la Vérité s'y exprime parce que l'Écriture est vraie. Les résultats de l'exégèse devraient interdire de commenter les faits et les paroles comme s'ils s'étaient vraiment produits, comme si elles avaient été vraiment prononcées. Mais, puisqu'on croit à l'inspiration divine parce qu'elle est affirmée dans le texte, les normes de la critique ne s'appliquent plus.

Plus grave, plus fondamental est le problème de la souffrance des hommes d'hier et d'aujourd'hui. Bien des théologiens, des curés, des aumôniers me font penser aux hommes politiques qui répondent : « Bonne question. Quelle est la suivante ? Le problème du mal ? Vous savez, c'est une très vieille question et vous n'êtes vraiment pas le premier à la poser. Avez-vous d'autres problèmes ? » Dans ces cas-là, je cite Épicure, avec la formulation que j'ai trouvée voilà longtemps chez Anatole France dans *Les Dieux ont soif*:

> Ou Dieu veut empêcher le mal et ne le peut, ou il le peut et ne le veut, ou il ne le veut et ne le peut, ou il le veut et le peut. S'il le veut et ne le peut, il est impuissant ; s'il le peut et ne le veut, il est pervers ; s'il ne le peut et ne le veut, il est impuissant et pervers ; s'il le veut et le peut, que ne le fait-il ?

La réponse actuelle, celle de la liberté de l'homme capable de créer l'épouvante, ne me semble guère satisfaisante. Chaque fois que j'assiste à une messe, je suis frappé par la contradiction entre « Que ton règne vienne ! » et « car c'est à toi qu'appartiennent le règne, la puissance et la gloire » ou « toi qui règnes maintenant et pour les siècle des siècles ». Ce n'est pas seulement la liberté de l'homme qui crée les catastrophes humaines. Voltaire a eu raison de partir du tremblement de terre de Lisbonne. Aux réponses trop légères, je préfère la douloureuse réponse de Jacques Sommet, jésuite déporté à Dachau, écrivant en 1987 dans son livre *L'Honneur de la liberté*: devant les charniers, « la seule voie possible [...] c'est précisément la relation à Dieu, à un Dieu incompréhensible. L'abandon à l'incompréhensible de Dieu reste souverainement possible ». Sa formulation présuppose la foi. Elle ne rend guère facile de la proposer à l'incroyant.

Pour ma part, je puis dire, comme Antoine conversant avec l'abbé Vécard dans *Les Thibault*: « Mon athéisme s'est formé en même temps que mon esprit. Je n'ai rien eu à renier. » Mais je ne pense pas qu'on puisse me répondre comme le fait, dans le roman, son interlocuteur : « La religion catholique, c'est beaucoup, beaucoup plus que jamais il ne vous a été donné d'entrevoir. » Simplement, je ne puis suivre le croyant dans ce qui, pour moi, est une construction anthropomorphique de la divinité. Je suis même loin d'Albert Camus, faisant dire au docteur Rieux, dans *La Peste*: «Je refuserai jusqu'à la mort d'aimer cette création où des enfants sont torturés» et disant lui-même, dans une conférence à des dominicains: «Je partage avec vous la même horreur du mal. Mais je ne partage pas votre espérance et je continuerai à lutter contre un univers où des enfants souffrent et meurent.» Les notions de création et de lutte contre l'univers me sont étrangères. Je comprends la révolte créatrice contre ce qui fait souffrir, contre ceux qui font souffrir, non la révolte métaphysique contre la souffrance.

Je considère aussi que la mort du croyant, quelle que puisse être aujourd'hui l'incertitude des chrétiens sur la nature de l'après, constitue un sacrifice moins considérable que celui de l'incroyant pour lequel la mort est un anéantissement définitif. Dans l'article du *Monde* où je commentais, en même temps que le livre du père Sommet, celui d'André Frossard sur le père Kolbe, franciscain polonais, qui, en 1941, à Auschwitz, a pris la place d'un autre détenu, condamné à mourir de faim, j'écrivais:

> Il y a chez Maximilien Kolbe un appétit trop vif du martyre, la certitude trop forte d'un salut éternel pour que son geste admirable ait la même portée que celui des médecins incroyants de Dachau allant rejoindre les malades du typhus mis à l'écart: en risquant la mort, ils risquaient tout, eux.

Je sais bien que le croyant le plus croyant passe par des moments de doute, y compris sur son propre destin ultérieur. Parmi les plus beaux passages des grands mystiques, de Jean de La Croix à Thérèse de Lisieux, figurent leurs «nuits». L'intensité de la spiritualité m'y semble particulièrement grande, d'autant plus que, pour moi, la spiritualité est une descente en soi ou un exhaussement intérieur, ou encore une communication avec autrui, sans qu'il soit besoin d'un tiers entre moi et moi, entre moi et l'autre.

Je sais aussi qu'il est difficile à un chrétien ayant perdu un être cher de voir dans cette mort une transfiguration heureuse. Les obsèques du roi Baudouin, en 1993, ont été doublement émouvantes. Elles ont révélé la vie cachée du roi, c'est-à-dire son soutien fraternel à des exclus de la bonne société, de la société tout court. Elles ont montré comment la reine vivait la cérémonie revêtue du blanc de la joie et non du noir du deuil. Mais je crois comprendre l'étendue et la grandeur du sacrifice de ceux qui, sans chercher la mort, acceptent de mourir avec et pour les autres, de Mgr Romero, archevêque de San Salvador, assassiné en 1980, jusqu'à l'évêque d'Oran en 1996, en passant par tant de prêtres tués en Amérique latine, au Liban, en Algérie.

Peut-être est-ce à cause d'eux, peut-être est-ce à cause de mon goût de la cohérence – mais je me place constamment en situation d'exigence religieuse et morale à l'égard de ceux qui se disent chrétiens. Dans l'immédiat après-guerre, j'étais satisfait de voir la part de l'apologétique diminuer dans la relation du catholicisme avec le monde environnant. La volonté de convaincre les autres par le raisonnement a largement fait place au témoignage. À partir de la fin des années soixante, le témoignage s'est atténué, remplacé par une certaine timidité à se manifester, à se montrer en tant que chrétien. Après 1945, la distinction de Jacques Maritain entre agir en chrétien et agir en tant que chrétien s'est montrée d'une grande utilité. Elle permit à la France de ne pas avoir de parti politique se prétendant chrétien et de voir finalement la CFTC devenir la CFDT. Aujourd'hui, cependant, je dis à mes publics catholiques (et aussi protestants) que je ne comprends pas leurs timidités et leurs silences. S'ils sont convaincus d'être détenteurs d'une richesse particulière, ne devraient-ils pas se sentir coupables de ne pas permettre à d'autres d'y accéder grâce à leur témoignage ?

Que de prêtres-philosophes se réfèrent, pour parler de morale, à Heidegger ou à Habermas plutôt qu'à l'Écriture ! Que de sociologues catholiques de la religion se contentant de comptabiliser des pratiques ou des opinions plutôt que d'interroger et de s'interroger sur des contenus de foi ! Je participe à une émission régulière d'une télévision allemande. Nous y débattons pendant une heure et demie un thème de notre temps. Un jour, le sujet était le bonheur. Au bout d'une heure, je dis : « Nous avons ici Hans Küng, théologien catholique, et Antje Vollmer, théologienne protestante. Ni l'un ni l'autre n'ont évoqué jusqu'ici le bonheur spécifique du chrétien. Je vais essayer de vous en parler du dehors. » Tel prélat, à une réunion des Semaines sociales, fit une analyse très judicieuse de la société française. J'avais parlé avant lui. J'ai redemandé la parole pour dire que j'étais en plein accord avec lui – ce qui prouvait qu'il n'avait parlé ni de Dieu ni du Christ.

Depuis une dizaine d'années, ma femme et moi, nous recevons mensuellement, en « foyer d'accueil », des lycéens de l'aumônerie où elle exerce des responsabilités. Qu'ils soient en seconde ou en terminale, ils sont pleins de préoccupations et de curiosités de tous ordres. Mon rôle est en général d'être celui qui demande : « Et Dieu dans tout cela ? » Ma femme, sociologiquement catholique, est entrée dans la foi voilà une vingtaine d'années. Elle a, depuis lors, suivi nombre d'enseignements à l'École cathédrale et au Centre Sèvres des jésuites. Elle fait aussi partie de l'équipe d'une aumônerie d'hôpital, dans des services où l'on souffre et où l'on meurt beaucoup. Si elle apporte la communion à ceux qui le demandent, elle n'est pas présente auprès de malades et de leurs familles pour « convertir », mais pour écouter et les aider par cette écoute même. Elle porte cependant le badge de l'aumônerie. Il y a bien témoignage sans tentative d'accaparement. Notre couple s'en est encore trouvé renforcé parce que, en dehors de nos grandes joies et de nos rares soucis de parents et de grands-parents, nous cherchons l'un et l'autre à conduire notre vie en fonction d'exigences semblables, même si, de son côté, elle espère ma transformation, considérant comme essentielle une différence qui, pour moi, n'est qu'accessoire.

Je ne sépare pas exigence de témoignage et exigence morale, surtout quand la négligence morale est le fait d'institutions d'enseignement qui se disent chrétiens. Après une vaine démarche auprès du directeur jésuite, j'ai remué ciel et terre pour que l'école Sainte-Geneviève, à Versailles, lieu privilégié de préparation aux grandes écoles, mette fin aux bizutages, une fois qu'un témoignage publié dans *Esprit* m'eut alerté sur des pratiques dégradantes. L'ancien préfet des études, chargé de veiller à ce qu'il n'y ait pas de « débordements », vint me voir.

« Le bizutage forme l'esprit de corps.

— Comment justifiez-vous la notion d'esprit de corps en termes chrétiens ? Autre question : comment se passe le bizutage au scolasticat des jésuites ?

— Mais vous n'y pensez pas !

— Alors pourquoi à "Ginette" ? »

Moins sérieux, mais peut-être plus grave : j'ai passé une riche après-midi dans une institution catholique pour jeunes filles à dialoguer avec les élèves de première et de terminale. Au moment de la dispersion, un petit groupe s'est approché de moi : « Merci de nous avoir parlé de problèmes d'engagement moral. Ici, on nous parle seulement de réussite au bac. »

Je reconnais que je suis heureux quand je puis exprimer la double exigence à une large audience, par exemple, en avril 1995, aux deux mille responsables des Guides de France, rassemblés dans le site grandiose de Rocamadour. Et je me suis réjoui d'entendre le président de l'Association des chrétiens pour l'abolition de la torture dire, pour me présenter à l'assemblée générale de 1996 : « Alfred Grosser va nous dire un peu ce qu'il attend d'une organisation chrétienne comme l'ACAT. Nous ne sommes pas obligés de le suivre dans tout ce qu'il va nous dire. C'est un homme libre et nous sommes aussi des hommes et des femmes libres. » De même, j'ai pu me sentir fraternellement différent et accepté dans cette différence lorsque, en 1991, j'ai parlé de « Morale avec Dieu, morale sans Dieu » pour l'assemblée générale des Amis de Madeleine Delbrel, cette athée convertie vivant jusqu'à sa mort, en 1964, une vie de contemplation et d'action dans le milieu athée des banlieues ouvrières.

Je ne suis pas mécontent par ailleurs de voir les Églises transformer peu à peu le contenu de leurs croyances. Que de passages bibliques acceptés comme symboliques et non plus comme récits d'événements réels ! Que de réinterprétations en fonction de la morale d'aujourd'hui, dès lors que la Bible parle de massacres accomplis sur ordre de Dieu ou avec son aide ! Quand on essaie de me faire passer pour un « chrétien qui s'ignore », je réplique immodestement : « Au train où vont vos croyances, il ne vous reste plus que quelques pas à faire pour me rejoindre ! » Mais quand je parle sérieusement, je vois bien où passe l'infranchissable ligne de séparation.

De toute façon, indépendamment des croyances et des pratiques religieuses, je suis désolé de voir le déclin de la connaissance culturelle du christianisme. Dans les années soixante-dix, je pouvais faire sourire mes auditoires en leur disant qu'une seule citation allait leur montrer quelle éducation François Mitterrand avait reçue. En effet, dans son discours décisif du congrès d'Épinay, en 1971, il avait lancé : « Celui qui n'accepte pas la rupture avec l'ordre établi [...] celui-là, je vous le dis, il ne peut pas être adhérent du parti socialiste. » Depuis les années quatre-vingt, je suis obligé d'expliquer péniblement que cette lecture aurait dû faire sourire, puisque le lyrisme marxiste du discours était décalqué sur une phrase célèbre du Christ.

Qu'on puisse être professeur de philosophie en ignorant complètement les richesses des Pères de l'Église du IVe siècle ou les théologiens-philosophes médiévaux, passe encore. Mais un agrégatif de lettres ou d'histoire est-il encore capable de dire ce que représentent les peintures ou les retables du XVe siècle ? À Nanterre, une amie, professeur de linguistique et par ailleurs théologienne, a créé, hors tout curriculum universitaire, un cours, très suivi, de lecture littéraire de la Bible. Elle donne accès à la multiplicité des lectures, celles des juifs, des chrétiens, des musulmans, des agnostiques. Ne faudrait-il pas multiplier ce type d'enseignement, surtout pour la formation des professeurs ?

L'enracinement culturel ne passe pas seulement par la connaissance de civilisations lointaines. En France, il devrait s'appuyer sur le trépied de la pensée grecque, du droit romain et du christianisme. Je ne vois aucune contradiction entre mon plaidoyer pour la connaissance de la culture chrétienne et la joie éprouvée en parcourant l'enrichissant dictionnaire critique *Le Savoir grec*, reçu pendant la rédaction du présent chapitre !

Conclusion :

Continuités

En général, raconter une vie, raconter sa vie consiste à suivre l'ordre chronologique pour montrer des évolutions, des réorientations. Le découpage de ce livre n'est pas conforme à cette attitude. Une fois narrée l'histoire d'une implantation française, j'ai effectué un découpage par secteurs d'activité ou de préoccupation, comme si le dernier demi-siècle avait constitué une sorte d'unité plane, un espace dans lequel évoluait un acteur permanent, unifié, immuable. Je reconnais volontiers que la continuité intérieure qui sous-tend une telle permanence peut apparaître comme un sommet de naïveté. A-t-on idée de se référer toute sa vie aux lectures de l'adolescence ! Pourtant, je ne me suis pas senti infantile lorsqu'un ami, après la parution en 1969 du livre auquel je tiens le plus, me demanda : « Sais-tu où tu as pris le titre *Au nom de quoi ?* » Je répondis qu'il correspondait à un questionnement permanent. Il me dit avec raison qu'il s'agissait aussi d'une réminiscence des *Thibault.* En effet, Martin du Gard met même en italique l'interrogation d'Antoine sur son activité de médecin et sur son attitude à l'égard de la mort – celle qu'il ne veut pas donner à un bébé condamné, celle qu'il donne à son père, avant celle qu'il se donnera à lui-même pour échapper aux ravages ultimes de l'ypérite.

La continuité n'est pas moindre dans l'idée que je me fais de la

France telle qu'elle devrait être, source de mes critiques à l'égard de ce qu'elle est. Ma passion adolescente pour le Victor Hugo des *Misérables* et de *Quatrevingt-Treize* a été augmentée par des découvertes ultérieures, dans ses œuvres ou chez ses meilleurs biographes, tout spécialement dans les volumes d'Hubert Juin. « J'ai cru longtemps que la République n'était qu'une forme politique. La République est une idée, la République est un principe, la République est un droit. La République est l'incarnation même du progrès » : j'ai repris ce texte de 1851 en octobre 1996 comme entrée d'un article pour *Libération*, paru dans une série sur la République aujourd'hui. Je voulais montrer le divorce entre l'aspiration et la réalité. J'aurais peut-être dû ajouter une autre citation, tirée d'une lettre de 1878 à un journal : « Servir le pauvre, aider le faible, renseigner le citoyen, affermir la République, en un mot grandir la France, déjà si grande, tel sera votre but. D'avance, j'applaudis. »

Pourquoi faudrait-il renier l'idée de progrès ? Par rapport au XIXe siècle, bien des espoirs sont passés à l'état de faits. En juillet 1849, Victor Hugo disait à l'Assemblée nationale : « Il faut profiter de l'ordre reconquis pour relever le travail, pour créer sur une vaste échelle la prévoyance sociale, pour substituer à l'aumône qui dégrade l'assistance qui fortifie. » La Sécurité sociale ne rencontrerait pas de telles difficultés aujourd'hui si l'idée de la répartition solidaire ne s'était pas imposée depuis la fin de la Seconde Guerre mondiale. En janvier 1850, Hugo fait encore scandale en disant que « l'enseignement primaire obligatoire, c'est le droit de l'enfant ». Il ajoute, parlant de la loi Falloux : « Je veux la liberté de l'enseignement, mais je la veux sous la surveillance de l'État et, comme je veux cette surveillance effective, je veux l'État laïque, purement laïque, exclusivement laïque. » Michel Debré aurait dû citer ce texte en 1959. Et lorsque je relis pour la énième fois l'exergue des *Misérables*, écrit à Guernesey en 1862, je me dis que bien des changements positifs ont eu lieu en France, malgré des rechutes – et que tout reste à faire sur d'autres continents. Je me dis surtout que je ne vois pas pourquoi je devrais me détourner d'un tel texte parce que je l'ai découvert il y a si longtemps :

> Tant qu'il existera, par le fait des lois et des mœurs, une damnation sociale créant artificiellement, en pleine civilisation, des

enfers [...] ; tant que les trois problèmes du siècle, la dégradation de l'homme par le prolétariat, la déchéance de la femme par la faim, l'atrophie de l'enfant par la nuit, ne seront pas résolus ; tant que, dans certaines régions, l'asphyxie sociale sera possible [...] tant qu'il y aura sur la terre ignorance et misère, des livres de la nature de celui-ci pourront ne pas être inutiles.

À travers les décennies, je n'ai pas non plus perdu ma préférence pour les deux catégories d'âges les plus épargnées par l'appauvrissement que constitue la réduction de la personne à ses rôles sociaux. Simplement, mon réseau d'amitiés s'est dépeuplé, puisqu'il a longtemps été majoritairement composé de femmes et d'hommes âgés. Certains n'avaient jamais perdu leur authenticité ; d'autres l'ont retrouvée en ne se laissant plus absorber par le quotidien. Mon propre vieillissement ne me paraît pas avoir provoqué une coupure avec l'autre catégorie, à savoir les jeunes, pourtant de plus en plus éloignés par l'âge et par leur environnement. Quand je m'adresse, en France ou en Allemagne, à des collégiens, à des lycéens ou à des filles et des garçons d'un centre de loisirs dans un quartier difficile, le dialogue montre le plus souvent qu'une communication vraie s'est établie. Peut-être parce qu'ils sentent que je les respecte, ne serait-ce qu'en me contentant de simplifier un peu mon langage sans me laisser aller à prétendre adopter le leur.

Admiration et respect : l'un et l'autre sentiment, si manifestement démodés, sont présents à tous les moments de ma vie et dans tous les chapitres de ce livre. Leur première utilité est de mieux faire apparaître ce que je méprise, ceux que je ne respecte pas, à commencer par les bluffeurs et les fumistes, même s'ils jouissent de la considération de leurs contemporains. Et aussi les gens qui exercent leur métier sans conscience professionnelle ou qui ont la vanité d'une fonction ou d'une étiquette.

Oui, je n'ai jamais cessé d'aimer admirer. Raymond Aron par exemple, pour les ressources uniques de son esprit analytique, mais tout aussi bien deux vieilles tantes de ma femme, dans cette Haute-Provence où elle est née. Elles avaient été filles de ferme, servantes, puis couturières. Elles étaient d'une ouverture, d'une simplicité et, dans leurs lettres à la syntaxe et à l'orthographe évidemment rudimentaires, d'une sensibilité poétique véritablement admirables.

Dans un tout autre milieu encore : une vraie grande dame, sachant diriger un hôpital et former des infirmières aussi bien que rester extraordinairement proche de ses petits-enfants, grâce à une disponibilité et à une jeunesse d'esprit exceptionnelles, sans que cette compréhension lui fasse quitter l'allure naturelle de « grande dame », que seuls les sots qualifieraient de « bourgeoise », même si cette allure était bien le produit d'un milieu favorisé dans le domaine de l'argent et de la puissance sociale.

Lorsque j'ai lu chez Goethe devenu pontifiant que la plus grande vertu devait être le respect, je me suis rebiffé. Pourtant, je place effectivement le respect parmi les vertus cardinales, au point d'avoir écrit deux articles intitulés « Plaidoyer pour le respect », l'un dans *Le Monde* en juin 1978, l'autre dans *La Croix* en janvier 1995. Les exemples donnés étaient différents, mais la tonalité était la même : il s'agit de respecter les faibles, à commencer par ceux sur lesquels on a autorité, de respecter ceux qui n'ont pas eu la chance d'acquérir la maîtrise du langage, de respecter les institutions, de respecter les créateurs, de respecter l'autre dans le couple. Le respect était déjà à la base d'un impératif que je me suis donné dans les quelques pages de journal écrites en 1946, à vingt et un ans, un impératif auquel j'ose affirmer m'être toujours soumis :

> Je ne serai jamais orateur-démagogue, car je ne m'adresserai jamais aux instincts de l'auditoire. Seulement à sa raison et à son sens éthique.

Dans je ne sais plus quel livre, j'étais tombé, adolescent, sur l'une des façons qu'avait Louis XIV d'appeler Mme de Maintenon « Votre solidité ». Le compliment impliqué m'apparaissait magnifique. Je le crois toujours. Mais je suis aussi parfaitement conscient que toute ma solide continuité n'aurait jamais existé sans une énorme et constante accumulation de chances et de privilèges.

Je suis né dans une famille privilégiée par le savoir et le bien-être. La transplantation en France ne m'a pas fait perdre l'héritage culturel allemand ; j'ai donc eu la chance de vivre la culture française sans être tenté par l'exclusivisme et la morgue. Français, j'appartiens à une société privilégiée par rapport aux quatre cinquièmes de l'humanité. J'ai exercé un métier privilégié dans une institution elle-même privilégiée. J'ai eu l'énorme chance de ne pas connaître personnellement l'horreur avant 1945, ni la souffrance et la diminution physiques depuis lors. J'ai eu la chance d'avoir eu la mère que j'ai eue, de trouver la femme que j'ai trouvée. Aucun de nos quatre fils ne nous a posé de problème sérieux. Aucun des quatre n'est au chômage. Nos deux belles-filles non plus. Les (pour le moment) quatre petits-enfants prospèrent joyeusement.

Je crois qu'il faut avoir conscience de ses privilèges et de ses chances pour essayer de vivre à la hauteur des responsabilités qu'ils créent. À Marseille, j'ai lu avec passion les deux biographies que Romain Rolland a consacrées à des sages hindous du siècle dernier. Dans *La Vie de Vivekananda*, je suis tombé sur une phrase pas très bien formulée, mais décisive dans son orientation : « Aussi longtemps que des millions vivront dans la faim et l'ignorance, tout homme qui, ayant reçu l'éducation à leurs dépens, ne se soucie pas d'eux, je tiens cet homme pour un traître. » Traître à quoi ? D'abord à une attitude fondamentale qui me permet de diviser caricaturalement les hommes en deux catégories, les bons et les mauvais : les mauvais regardent avec envie ceux qui ont plus, les bons regardent avec quelque mauvaise conscience ceux qui ont moins. Ensuite et surtout traître à une visée intellectuelle et morale.

Je ne parviens pas à séparer l'un de l'autre. Penser juste signifie pour moi à la fois penser justement, c'est-à-dire en faisant fonctionner correctement son intellect, et penser avec justice, c'est-à-dire en application d'une morale. La justice ne progresse pas sans examen comparatif des situations, ni la liberté sans mise en cause raisonnée des dépendances et des contraintes. Il est des mots dont le sens précis m'échappe. « Postmoderne » est de ceux-là, sauf si on lui donne la seule signification présente dans le *Petit Robert* : « qui rejette le modernisme dans les arts plastiques et se caractérise par l'éclectisme, le kitsch ou le dépassement par la technique, etc. ». Le « etc. » ne comporte pas l'idée de la raison écartée, dépassée, ni l'idée de valeurs abolies.

Heureusement, il se produit depuis quelque temps un retour à la morale raisonnée ou à la raison moralisée. La montée en considération et en prestige d'Emmanuel Levinas le prouve. En effet, faire son éloge, c'est accepter la formule décisive qui figure dans *Éthique et infini* :

Il faut comprendre que la moralité ne vient pas comme une couche secondaire [...] la moralité a une portée indépendante et préliminaire. La philosophie première est une éthique.

Une éthique qui, pour moi, repose sur un principe simple et, je l'avoue, non démontré : il existe des états humains supérieurs à d'autres. Et sur un attribut de la raison : la cohérence. C'est bien la recherche de la cohérence dans le jugement moral qui m'a conduit à évoquer à plusieurs reprises la prise de distance par rapport à soi, à ses appartenances, à ses insertions. Depuis que, en 1967, je l'ai trouvée dans une interview du romancier André Schwarz-Bart, je reprends une histoire toute simple :

Un grand rabbin à qui on demandait : « la cigogne en juif a été appelée Hassida (affectueuse) parce qu'elle aimait les siens, et pourtant elle est rangée dans la catégorie des oiseaux impurs. Pourquoi ? » répondit : « Parce qu'elle ne dispense son amour qu'aux siens. »

Comment ne pas juger en fonction d'une affection limitée aux siens – famille, groupe social, nation –, tout en agissant pour une bonne part au nom de solidarités d'intensités différentes ? D'abord en s'accrochant farouchement à l'idée d'universalité de la valeur de référence. Par exemple en se proclamant scandalisé par un chancelier allemand ou un président français quand ils disent au Premier ministre chinois qu'il a le droit d'agir en fonction de « valeurs asiatiques » : les étudiants massacrés sur la grande place de Pékin sont morts au nom de la liberté de pensée, de la liberté de critique, valeur commune dont l'application doit être encouragée sur tous les continents. Ou encore, en ne confondant pas, sous prétexte de « culturalisme », tous les états humains entre eux. L'égale dignité de tous les hommes implique à la fois le respect des diversités et l'espoir actif d'un épanouissement intensifié.

Pour pouvoir tenter de participer à cette intensification chez autrui, il n'est pas interdit de citer un roman triomphant durablement dans tous les pays et méprisé par les beaux esprits. On lit en effet dans *La Peste* :

— Allons, Tarrou, qu'est-ce qui vous pousse à accepter cela ?

— Je ne sais pas. Ma morale peut-être.
— Et laquelle ?
— La compréhension.

Le risque est clair et il a été exprimé par un autre auteur au prestige incertain. Dans *Monsieur Bergeret à Paris*, Anatole France écrivait : « Je me suis toujours incliné à comprendre, et j'y ai perdu des énergies précieuses. » Dans son interview qui a abouti à notre livre *La Passion de comprendre*, Noël Copin m'a malicieusement imaginé, le 14 juillet 1789, demandant aux Parisiens prêts à assaillir la Bastille de réfléchir d'abord sur la situation de Louis XVI et de peser le pour et le contre à partir d'une compréhension. Sa critique n'était pas infondée, mais je crois avoir tout de même une pratique fort différente. J'ai choisi de montrer de la compréhension pour les jeunes Allemands seulement après la défaite d'Hitler. Au moment du « putsch des généraux », à Alger, j'expliquais, dans un article de *La Croix*, que l'urgence était de les vaincre sans esprit de compromis, avant de dire en quoi leur révolte pouvait être comprise. La victoire est souvent nécessaire dans le conflit ouvert, mais combien de fois n'aurait-il pas été nécessaire de vaincre parce que le conflit eût été évité par plus de compréhension ! Pour l'Allemagne après 1918. Pour les musulmans d'Algérie avant 1954. Pour l'armée en Algérie après 1958.

Être solidaire dans les combats, en général non sanglants, après avoir examiné et jugé en solitaire s'ils étaient légitimes : l'action et le jugement présupposent qu'on se tienne en main, qu'on se contrôle, qu'on s'impose une continuité. En mars 1971, le titre d'un article inhabituellement long dans *Le Monde* était volontairement provocateur : « Plaidoyer pour l'autorépression. » La première phrase me semble toujours valable : « Liberté, que de sottises on dit en ton nom ! » Comme je tiens toujours à la conclusion :

> Oui, il fallait réagir contre une tradition séculaire qui enseignait trop exclusivement à se changer plutôt que de changer l'ordre du monde [...] Mais l'excès inverse qui déferle en ce moment n'est pas meilleur. La société est coupable de ce que je ne puis aller au bout de mon moindre caprice !

La liberté n'est bonne que si elle est limitée par le souci de la libération des autres et par la connaissance de soi qui en fait l'exercice d'une volonté...

Le simplisme déferle moins aujourd'hui qu'alors, mais quelques constats élémentaires ne se sont toujours pas imposés. Si on se réclame d'une morale impliquant la solidarité, donc l'utilité à autrui, il convient de conduire sa vie, de mener une vie conduite, donc marquée par une autolimitation. L'épanouissement de ce qu'on attend de soi suppose qu'on ait écarté bien des velléités, qu'on ait coupé quantité de drageons. Il en est de même pour l'épanouissement de la vie privée. La liberté des parents est limitée par l'amour qu'ils portent à l'enfant. Elle l'est dans le couple s'il aspire à la durée. On est dépendant dans la réciprocité ; la tendresse se fait interinfluence acceptée, voulue.

L'autolimitation n'entraîne pas la morosité, pas plus que la raison n'exige la froideur. La joie naît plus facilement dans la vie conduite que dans le « vibrionnement ». Elle me semble plus fréquente et plus forte chez les « autolimités » actifs, conscients de leur utilité, que chez la plupart des maîtres à penser et des praticiens d'un « tout est permis » omettant de compléter la formule telle qu'on la trouve dans l'Épître aux Galates : « Tout est permis, mais tout n'est pas utile. »

Pendant longtemps, quand un journal me demandait de remplir un classique questionnaire personnel, je mettais, en réponse à la question « Quelle est votre devise ? », « Être content et ne pas se contenter » ou « Être satisfait, mais ne pas se satisfaire ». Depuis que je pratique davantage le *Petit Robert*, j'aurais envie de répondre autrement : « Accepter d'être considéré comme ringard pour pouvoir être un ringard. » En effet, on lit : « RINGARD. *Adj.* Qui est démodé, ridiculement vieillot. RINGARD. *N. m.* Tige de fer servant à attiser le feu, décrasser la grille, retirer les scories. » Le feu de l'engagement, la crasse des simplismes, les scories des incohérences intellectuelles et morales.

Je ne sais pas si mes aspirations auraient été différentes si mon père avait choisi d'émigrer aux États-Unis. Je suis simplement convaincu que mes pensées et mes conduites ont été alimentées dans le terreau de traditions et de pratiques françaises. Et aussi que peu d'autres patries m'auraient donné la chance de suivre ma ligne si uniment.

Je ne sais pas non plus quelle est la part française dans la détermination ultime de mes attitudes et de mes comportements. Depuis la mort de mon père, en 1934, il ne s'est guère passé de jour où je n'ai pensé à ma mort. Quel puissant stimulant que de se dire, dès l'adolescence, qu'il reste peu de temps et qu'il ne faut pas le gâcher avec de l'accessoire ! Ma fin ne m'effraie pas puisque j'aurai vécu en fonction de fins, pas pour les atteindre, mais pour progresser vers elles. Je n'ai jamais dédaigné les plaisirs simples du quotidien. Des deux lectures du long monologue de Samuel Beckett *Oh les beaux jours* – rien ne vaut ou tout vaut, rien n'a d'importance ou tout peut être important –, je préfère la seconde. Je crois pourtant que les joies plus fortes de l'approfondissement personnel dans la disponibilité à autrui, de la disponibilité à autrui grâce à l'approfondissement personnel, permettent de mieux vivre l'espace de temps qui sépare de la mort.

Index

Table

CET OUVRAGE A ÉTÉ COMPOSÉ
PAR LES ÉDITIONS FLAMMARION

Cet ouvrage a été réalisé par la
SOCIÉTÉ NOUVELLE FIRMIN-DIDOT
Mesnil-sur-l'Estrée
pour le compte des Éditions Flammarion
en février 1997

Imprimé en France
Dépôt légal : mars 1997
N° d'édition : FF 728102 - N° d'impression : 37820